DANIELLE STEEL

De maîtresse

Als je naar vrijheid verlangt

vertaald door Jet van den Toorn

UITGEVERIJ LUITINGH-SIJTHOFF

© 2018 Danielle Steel
All rights reserved
© 2018 Nederlandse vertaling
Uitgeverij Luitingh-Sijthoff B.V., Amsterdam
Alle rechten voorbehouden
Oorspronkelijke titel: *The Mistress*
Vertaling: Jet van den Toorn
Omslagontwerp: bij Barbara
Omslagfotografie: Trevillion Images
Foto auteur: Brigitte Lacombe
Opmaak binnenwerk: Crius Group, Hulshout

ISBN 978 90 245 7844 3 (paperback)
ISBN 978 90 245 7845 0 (e-book)
NUR 343

www.daniellesteel.com
www.lsamsterdam.nl
www.boekenwereld.com

Voor Beatie, Trevor, Todd, Nick, Sam, Victoria, Vanessa, Maxx
en Zara,
mijn geliefde en fantastische kinderen.
Ik hoop dat jullie goede keuzes zullen maken in het leven, en
mocht dat niet zo zijn,
dat jullie de wijsheid en de moed zullen hebben om andere
keuzes te maken.
Ik hoop dat jullie gelukkig en gezond zullen zijn, omringd
door mensen die van jullie houden en die het goed met jullie
voorhebben.
Ik hoop dat jullie vreugdevol en zonder grote problemen jullie
levenspad zullen kunnen bewandelen.
En vergeet alsjeblieft nooit, helemaal nooit hoeveel ik van
jullie houd.

Mama / DS

I

Het enorme motorjacht *Princess Marina* lag voor de kust van Antibes in de Middellandse Zee voor anker, niet ver van het beroemde Hôtel du Cap. Het was een warme junidag geweest en nu viel de schemering in. Vanaf de kust was het 150 meter lange jacht goed te zien. Een tiental dekknechten van de vijfenzeventigkoppige bemanning was het dek aan het dweilen, zoals elke avond wasten ze het zoute water van het schip. In de verte leken de dekknechten heel klein en dat gaf kijkers vanaf de wal een goed beeld van de geweldige omvang van het jacht. De ruimtes aan boord waren helder verlicht. Iedereen die bekend was met dat deel van de kust kende het jacht en wist wie de eigenaar was, al lagen er diverse vergelijkbare schepen in de buurt voor anker. De reusachtige superjachten waren te groot om aan te meren, behalve in havens die groot genoeg waren voor cruiseschepen. Het viel hoe dan ook niet mee om een schip met die afmetingen aan te meren, al was de bemanning nog zo talrijk en bedreven.

De eigenaar van het schip, Vladimir Stanislas, had elders in de wereld nog drie motorjachten, die ongeveer net zo groot waren. Ook bezat hij een bijna honderd meter lange zeilboot die hij van een Amerikaan had gekocht, maar die gebruikte hij zelden. Hij was het liefst aan boord van de *Princess Marina*, vernoemd naar zijn moeder, die was overleden toen hij veertien was. Het was een luxueus, drijvend praaleiland, en het had hem een fortuin gekost om het te laten bouwen.

Hij bezat ook een van de bekendste villa's aan de kust, in Saint-Jean-Cap-Ferrat, die hij van een beroemde filmster had gekocht. Maar aan land voelde hij zich nooit zo veilig, want in het oog springende villa's vielen in het zuiden van Frankrijk vaak ten prooi aan roofovervallen.

Buitengaats voelde hij zich beschermd. De meesten van zijn bemanningsleden hadden een intensieve veiligheidstraining gevolgd en wisten hoe ze zich tegen terroristen moesten weren. Hij had een compleet wapenarsenaal aan boord, inclusief een raketlanceringssysteem. Bovendien kon hij zich op het water snel verplaatsen.

Vladimir Stanislas was een van de rijkste mannen van Rusland, zelfs van de wereld. Twintig jaar geleden had hij van de regering het monopolie verkregen voor de Russische staalindustrie. Dat had hij te danken aan de uitzonderlijk goede contacten die hij sinds zijn tienerjaren met sleutelfiguren had opgebouwd. Op een cruciaal moment waren er grote sommen geld betaald en hij had onvoorstelbaar veel verdiend, meer dan iemand voor mogelijk had gehouden. Hij had daarna grote investeringen in de olie gedaan en in bedrijfstakken over de hele wereld. Het was moeilijk om je een voorstelling te maken van de hoeveelheid geld die Vladimir had verdiend. Op zijn negenenveertigste was zijn geschatte vermogen veertig tot vijftig miljard dollar en dan ging het alleen over de zakendeals en investeringen die bekend waren. Hij beheerde het leeuwendeel van het nieuwe vermogen in Rusland. Vladimir stond op goede voet met hoge regeringsfunctionarissen, tot de Russische president aan toe, en hij kende ook andere staatshoofden. Het schitterende jacht dat als een sieraad in de schemering glinsterde, was slechts een bescheiden symbool van het belang van zijn relaties en zijn briljante kennis van zaken.

Vladimir werd zowel bewonderd als gevreesd. Wat hij in al die jaren had bereikt als voorname speler in het Russische bedrijfsleven had hem zowel de bewondering als de afgunst opgeleverd van zakenmannen over de hele wereld. Hij had de reputatie meedogenloos te zijn, en hij vergaf zijn vijanden nooit. Maar zij die hem goed kenden en zakendeals met hem hadden gesloten, wisten dat dat niet het hele verhaal was. Vladimir had ook een zachtere kant. Hij had een zwak voor kunst, hield van schoonheid en wist veel van literatuur.

Hij omringde zich het liefst met mensen van zijn eigen soort en had alleen Russische vrienden, die net als hij belangrijke industriëlen waren. En de vrouwen in zijn leven waren ook altijd Russisch geweest. Alhoewel hij een prachtig huis in Londen had, de villa in Zuid-Frankrijk en een spectaculair appartement in Moskou, ging hij alleen om met landgenoten.

Ondanks zijn gezag en invloed zag je hem in gezelschap makkelijk over het hoofd. Vladimir was een bescheiden man die liever niet opviel, al hield hij zelf zijn omgeving nauwlettend in de gaten. Hij koos ervoor zich eenvoudig te kleden en zich onopvallend te verplaatsen. Pas als je in zijn ogen keek, besefte je wie en wat hij was: een man met oneindig veel macht. Zijn vooruitstekende kin en de kracht die zijn houding uitstraalde, gaven aan dat hij alles kreeg waarop hij zijn zinnen had gezet. Heel soms, wanneer hij lachte, gaf hij de indruk dat er ook warmte was.

Hij had de hoge jukbeenderen en het Mongoolse uiterlijk van zijn voorvaderen, en dat gaf hem iets exotisch. Al vanaf zijn jeugd voelden vrouwen zich tot hem aangetrokken, maar hij stelde zich nooit kwetsbaar op, voor niemand. Niemand was onmisbaar voor hem en hij had zijn wereld al heel lang volledig in zijn greep. Met minder nam hij geen genoegen. Niets in Vladimirs leven ging per ongeluk, alles paste in het grotere plan.

Vladimir was geen knappe verschijning in de klassieke zin, maar het was wel een interessante man. Hij had een lang, stevig lijf, blonde haren, scherpe gelaatstrekken en zijn ogen waren ijsblauw. Op de zeldzame momenten dat hij zich ontspande, leek hij hartelijk, en hij was een echte sentimentele Rus.

Hij had diverse minnaressen gehad sinds hij was opgeklommen in de wereld, maar in tegenstelling tot zijn collega's en tegenhangers wilde hij geen gezin stichten. Dat maakte hij meteen aan het begin duidelijk aan zijn vrouwelijke gezelschap. Hij had geen familie en maar weinig vrienden en duldde geen handenbinders.

De meesten van zijn mannelijke kennissen hadden minstens één kind bij elke vrouw met wie ze een relatie hadden gehad, meestal omdat de vrouw erop aandrong, om haar financiële positie in de toekomst zeker te stellen. Vladimir weigerde in te gaan op zulke smeekbeden. Kinderen pasten niet in zijn plannen en hij had geen spijt van deze beslissing, die hij lang geleden genomen had. Hij was best vrijgevig voor de vrouwen met wie hij een relatie had, maar deed hun geen beloften voor de toekomst, en daar durfden ze trouwens ook niet op aan te dringen, net zomin als ze hem durfden te manipuleren. Vladimir was als een roofdier dat ieder moment kon toeslaan, altijd waakzaam en waarschijnlijk genadeloos als hij dwarsgezeten werd. Er waren maar weinig mensen die de proef op de som wilden nemen en er was tot nu toe niet één vrouw in zijn leven geweest die dat had aangedurfd.

Natasha, zijn huidige metgezellin, met wie hij al zeven jaar samen was, wist dat een leven zonder kinderen een voorwaarde was om bij hem te kunnen zijn. Hij had duidelijk gemaakt dat er nooit sprake zou zijn van een huwelijk of de status die daarbij paste. En als dat eenmaal zo was afgesproken, werd er verder over gezwegen. De vrouwen die getracht hadden hem van het tegendeel te overtuigen of geprobeerd hadden hem te bedriegen, waren de laan uit gestuurd met een keurig bedrag, dat echter niet te vergelijken was met wat ze anders aan de relatie hadden kunnen overhouden. Vladimir was gewiekst en sloot alleen compromissen als hem dat zakelijk goed uitkwam. Hij luisterde altijd naar zijn hoofd en niet naar zijn hart. Als hij goedgelovig was geweest of kwetsbaar waar het vrouwen betrof, had hij nooit de positie bereikt die hij nu had. Al in zijn jeugd had hij geleerd alleen op zichzelf te vertrouwen. Daar plukte hij nog steeds de vruchten van.

Vladimir had grenzeloos veel macht en geld vergaard en genoot van wat hij bereikt had. Hij verwende zichzelf graag met allerlei speeltjes: zijn huizen, zijn jachten, de fantastische sportauto's, een vliegtuig, twee helikopters die hij continu gebruikte om de wereld rond te reizen en de kunstcollectie, die zijn passie was. Hij vond het belangrijk zichzelf met schoonheid te omringen en wilde van alles alleen het beste. Af en toe nam hij de tijd voor een pleziertje. Maar er was weinig tijd voor ontspanning; de zaken en de volgende deal gingen altijd voor.

Hij had weinig vrienden, alleen de belangrijke mannen met wie hij zakendeed of de politici die hij in zijn zak had. En hij schrok niet terug voor risico's. Het leven moest vooral niet saai zijn, dat kon zijn razendsnelle geest niet verdragen. Hoewel hij nu zeven jaar met dezelfde vrouw was, was hij haar slechts zelden ontrouw, al was dat ongebruikelijk voor mannen als hij. Vladimir had geen tijd voor geflirt en had er ook weinig zin in. Bovendien was hij tevreden met zijn partner en hun relatie kwam hem goed van pas.

Natasha Leonova was zonder twijfel de mooiste vrouw die hij kende. Hij was haar voor het eerst tegengekomen op straat in Moskou. Het was winter en ze had het ijskoud gehad, maar ze was jong en trots. Vladimir had haar direct interessant gevonden en toen ze zijn pogingen om haar te helpen had afgeslagen wilde hij haar beter leren kennen. Zijn niet-aflatende pogingen hadden na een jaar succes, en ze had zich gewonnen gegeven. Ze was destijds negentien, en sindsdien was ze zijn minnares. Nu was ze zesentwintig.

Natasha trad op als gastvrouw als hij dat nodig achtte, maar zette zichzelf nooit op de voorgrond. Hij kon spectaculair met haar voor de dag komen; ze was het tastbare bewijs van zijn succes. Maar dat was alles wat hij van haar nodig had, ook al was ze zeer intelligent. Het enige wat hij van haar wilde was haar aanwezigheid, haar schoonheid en haar beschikbaarheid, 24/7, waar hij haar ook maar voor nodig had. Zonder verdere uitleg. Natasha wist wel beter dan om informatie te vragen die hij niet zelf wilde geven. Ze wachtte op hem op de plek waar hij haar hebben wilde, in welke stad, in welk huis of op welk schip dan ook, en hij beloonde haar gul voor haar aanwezigheid en haar trouw. Ze had hem nooit bedrogen; ze zou trouwens allang weggestuurd zijn als dat wel het geval was geweest.

Deze regeling schikte hun allebei. Ze was al veel langer bij hem dan ze beiden verwacht of gepland hadden. Natasha was onderdeel geworden van de perfect afgestelde machine die maakte dat hij kon leven zoals hij wilde. Daarom was ze belangrijk voor hem. Ze wisten allebei welke rol ze in elkaars leven speelden, en meer verlangden ze niet. Hun relatie was al jaren volmaakt in evenwicht.

Natasha bewoog met de gratie van een balletdanseres door de spectaculaire hut op het jacht dat een aantal maanden per jaar hun thuis was. Als klein meisje had ze ervan gedroomd ooit ballerina te zijn. Ze vond het prettig om samen aan boord te zijn. Het gaf hun vrijheid, ze konden zo besluiten te vertrekken, waar ook maar naartoe, en konden doen wat ze wilden. En wanneer Vladimir het druk had of ergens anders was voor zaken, deed ze waar ze zin in had. Soms ging ze van boord om te winkelen, maar vaak bleef ze ook gewoon op het jacht. Natasha wist precies waar de grenzen lagen van haar leven met Vladimir. Ze had geleerd wat hij van haar verwachtte en hield zich daaraan. Op zijn beurt hield hij van haar zuivere schoonheid. Hij pronkte graag met haar wanneer ze uitgingen, net als met zijn Ferrari of een zeldzaam sieraad. Andere vrouwen in haar positie waren wel eens veeleisend of humeurig, maar Natasha was dat nooit en andere mannen benijdden Vladimir om haar. Instinctief wist ze wanneer ze haar mond moest houden en wanneer ze iets kon zeggen, wanneer ze afstand moest houden en wanneer ze toenadering kon zoeken. Ze voelde zijn stemming altijd precies aan en was flexibel en makkelijk in de omgang. Ze stelde geen eisen, en daarom gaf hij haar veel en was hij kwistig met cadeautjes. En alhoewel ze alles waardeerde en ervan genoot wat hij haar schonk, zou ze ook met minder tevreden zijn geweest, iets wat zéér ongewoon was bij vrouwen in haar situatie.

 Natasha maakte zelf geen plannen en wist dat ze niets moest vragen over de mannen die hem bezochten en de deals die hij sloot. Hij waardeerde haar discretie, beschaafde manieren, kameraadschap en spectaculaire verschijning. Soms behandelde hij haar als een kunstwerk uit een museum, waarmee hij wilde opscheppen. Alleen al door haar aanwezigheid bevestigde ze zijn status bij andere mannen en was ze een symbool van zijn goede smaak. Ze kende Vladimir als een gulle, aardige man wanneer hij dat wilde en een gevaarlijke man op andere momenten. En ze was erbij geweest als zijn stemming van het ene op het andere moment omsloeg. Ze hield zichzelf voor dat hij een goed mens was onder de harde buitenkant die anderen zagen, maar stelde die veronderstelling niet op de proef. Ze stelde de plek die zij bekleedde in zijn leven op prijs, vond hem aardig en bewonderde hem om wat hij allemaal bereikt had.

Vladimir had haar gered uit de bitterste armoede van de straten van Moskou toen ze negentien was en ze was de ontberingen van haar leven voordat ze hem ontmoette niet vergeten. Daarom kwamen de taken die ze voor hem uitvoerde altijd eerst en vergat ze nooit wat ze aan hem te danken had. Ze wilde niet terug naar de armoede die ze gekend had en riskeerde dus op geen enkele manier het leven dat ze nu dankzij hem had. Ze was veilig, want hij beschermde haar, en dat bracht ze niet in gevaar. Ze was zich er altijd van bewust wat ze voor hem betekende, en ze vroeg niet meer en had niet meer nodig. In het leven dat ze deelden speelde hij een uitzonderlijke rol en ze was hem dankbaar voor alles wat hij voor haar gedaan had.

Door het leven dat ze leidden, had ze eigenlijk geen contact met andere vrouwen en vrienden. Er was alleen plaats voor Vladimir in haar wereld. Dat was wat hij van haar verwachtte en daar klaagde ze niet over. Natasha hield zich aan al zijn regels, ze wilde niet het onderste uit de kan. Ze was intelligent en kende haar plaats. Ze genoot intens van hun leven samen, iets meer wilde ze niet van hem. Als zijn minnares had ze alles waar ze ooit van had kunnen dromen, en meer. Ze miste kinderen niet, of vrienden, en ze hoefde niet met hem te trouwen. Wat ze samen deelden was genoeg voor haar.

Natasha was zich aan het verkleden toen ze de helikopter aan hoorde komen. Ze had net gedoucht en had een witsatijnen jumpsuit aangeschoten die haar vormen perfect omsloot. Ze deed een paar diamanten oorbellen in die Vladimir haar had gegeven en stapte in de hooggehakte zilveren sandalen.

Snel borstelde ze haar golvende lange haar en deed een beetje make-up op.

Ook zonder zich op te maken bezat ze een natuurlijke schoonheid. Dat vond Vladimir heerlijk aan haar. Ze deed hem denken aan sommige van zijn favoriete schilderijen van Italiaanse meesters, en hij kon uren naar haar kijken. Naar haar lange elegante gestalte, haar perfecte gezicht, het zijdezachte, lichtblonde haar en de enorme blauwe ogen met de kleur van een zomerhemel. Maar hij praatte ook graag met haar en waardeerde haar intelligentie. Vladimir had een hekel aan ordinaire of domme vrouwen, aan graaiers, en Natasha, met haar natuurlijke elegantie en rustige aanwezigheid, was verre van dat.

Ze haastte zich de trap op naar een van de twee heliplatforms en ging tussen de bemanningsleden en bewakers staan die allemaal op hem wachtten. De helikopter landde en haar haren zwiepten om haar hoofd. Glimlachend probeerde ze door het raam een glimp van hem op te vangen.

Het geluid van de motor stierf weg en de deur ging open. Hij kwam naar buiten en knikte naar de piloot. Een van zijn lijfwachten nam zijn koffertje aan. Vladimir keek naar Natasha en lachte naar haar. Zij was precies wat hij nodig had na die vergaderingen in Londen. Hij was twee dagen weggeweest en was blij om weer thuis te zijn. Nu kon hij zich ontspannen, al had hij aan boord ook een kantoor en kon hij met een videoscherm communiceren met zijn kantoren in Londen en Moskou.

Soms waren ze maanden aan boord. Hij ging alleen op reis voor zaken als dat nodig was. De vergadering die hij net had bijgewoond was goed gegaan en hij was tevreden. Hij sloeg een arm om haar schouder terwijl ze de trap af liepen naar een grote bar op het benedendek. Een stewardess reikte hun op een zilveren dienblad een glas champagne aan.

Ze vroeg hem nooit naar zijn vergaderingen. Het enige wat ze wist van zijn werk, was wat ze had gehoord, gezien of geraden, en ze hield haar mond erover. Niet alleen haar schoonheid, maar ook haar tact was belangrijk voor hem.

Ze gingen zitten. Geen van tweeën had oog voor de lijfwachten die op enige afstand van hen stonden. Die waren onderdeel van het landschap voor hen.

Vladimir keek even uit over het water en richtte zijn blik toen op haar. 'En wat heb jij gedaan vandaag?' vroeg hij zacht. Hij nam haar bewonderend op. De witte jumpsuit omsloot haar lijf als een tweede huid. Ze gedroeg zich nooit uitdagend, behalve in de slaapkamer, maar ze had ontegenzeggelijk een sexy uitstraling, die als een magneet werkte op andere mannen. Hij genoot ervan dat ze hem daarom benijdden. Net zoals het schip een symbool was van zijn enorme rijkdom, was Natasha's schoonheid een symbool van zijn mannelijkheid en aantrekkingskracht. Dat beviel hem prima.

'Ik heb gezwommen, heb mijn nagels laten doen en ben even gaan winkelen in Cannes,' zei ze kalm. Zo bracht ze meestal haar dagen door wanneer hij weg was. Wanneer hij er wel was, bleef ze aan boord zodat ze altijd beschikbaar was. Hij had haar graag om zich heen als hij vrij was. En hij vond het heerlijk om met haar te gaan zwemmen, samen te eten en met haar te praten.

Natasha had zich zelf ook in kunst verdiept, had boeken gelezen en artikelen op internet, dus wist ze wat er in de kunstwereld omging. Ze zou graag een cursus volgen bij het Tate in Londen wanneer ze daar waren, of in Parijs, maar ze was nooit lang genoeg op één plek om zich ergens voor in te kunnen schrijven. Maar ondanks het feit dat ze nooit haar school had afgemaakt, had ze de laatste jaren veel kennis vergaard over kunst. Hij besprak graag zijn nieuwste aankopen met haar en de schilderijen die hij van plan was te kopen. Dan bestudeerde ze de kunstenaars die hij noemde uitvoerig. Ze vond het leuk om bijzondere weetjes te achterhalen die hem ook fascineerden en bij dinertjes sprak ze met kunstexperts. Vladimir was trots op haar uitgebreide kennis.

En aangezien ze geen vrienden had om tijd mee door te brengen, was ze gewend om alleen te winkelen. Ze mocht kopen wat ze wilde. Hij gaf haar graag cadeautjes, voornamelijk sieraden die hij zelf uitkoos en een enorme hoeveelheid Hermès-tassen van krokodillenleer, in alle kleuren van de regenboog. Het waren meestal Birkins met een diamanten sluiting die een fortuin kostten. Ook vond hij het heerlijk om kleren voor haar uit te kiezen bij modeshows. Zo was ze aan de jumpsuit van Dior gekomen die ze aanhad.

Voor zichzelf deed hij niet zoveel moeite. Hij kleedde zich altijd eenvoudig en conservatief en was uit Londen teruggekomen in jeans, een goed zittende blazer, een blauw overhemd en bruine suède schoenen van Hermès.

Ondanks het leeftijdsverschil vormden ze een mooi stel. In een speelse bui wees hij er wel eens op dat hij oud genoeg was om haar vader te zijn, al zag je niet dat hij drieëntwintig jaar ouder was.

Het feit dat ze geen eigen leven had, betekende niet dat ze eenzaam was. Het beslag dat hij op haar legde, werd ruimschoots gecompenseerd. Ze was hem dankbaar en hij kreeg er geen genoeg van haar te bewonderen. In de zeven jaar dat ze bij elkaar waren had hij nooit een andere vrouw ontmoet die hij liever had, of die beter bij hem zou hebben gepast. Hij bedroog haar alleen wanneer hij in een andere stad was en de mannen met wie hij zakendeed voor iedereen hoeren hadden besteld na een belangrijke vergadering. Dan wilde hij niet onwillig of onvriendelijk overkomen. Meestal had iedereen dan al veel gedronken, zodat hij vroeg kon wegglippen.

De sterren verschenen aan de hemel terwijl ze hun champagne dronken. Vladimir zei dat hij wilde douchen en iets gemakkelijkers aantrekken voor het eten. Natasha zelf zag hij het liefst in casual avondkleding, precies zoals ze nu gekleed was. Haar schoonheid wond hem nog steeds op.

Ze volgde hem naar hun hut en ging op het bed liggen terwijl hij zijn kleren uittrok en naar zijn kleedkamer liep met de zwartmarmeren badkamer. Haar eigen kleedkamer had een rozemarmeren badkamer en was speciaal voor haar ontworpen.

Vladimir had het licht in de hal aangedaan. Dat betekende dat ze niet gestoord wilden worden. Natasha zette muziek op. Verrast keerde ze zich om toen ze hem naakt en met natte haren van de douche achter haar zag staan.

'Ik heb je gemist in Londen, Tasha. Ik vind het niet leuk om zonder je te gaan.'

Dat wist ze, maar hij had niet gevraagd of ze meeging en dat betekende dat hij tot diep in de nacht in vergadering zou zijn. Ze had geen idee wie hij daar gesproken had.

'Ik heb jou ook gemist,' zei ze zachtjes. Ze deed haar schoenen uit en ging weer liggen. Haar haar lag in een waaier om haar hoofd op het kussen. Hij ging op het bed naast haar zitten, schoof de bandjes van de jumpsuit van haar schouders en trok die naar beneden. Nu droeg ze alleen nog de witsatijnen string die bij de jumpsuit hoorde.

Hij mompelde zachtjes iets terwijl hij zijn neus in haar hals duwde. Hij was opgewonden. Langzaam ging hij op haar liggen, trok haar string uit en gooide hem opzij. Hij had de hele dag gewacht tot hij weer bij haar kon zijn en het vertrouwde gevoel van hun samensmelting verkwikte hem.

Wanneer ze de liefde bedreven, deed hij haar altijd denken aan een leeuw. Hij brulde als hij klaarkwam; het geluid van de overwinnaar. Naderhand lag ze verzadigd in zijn armen. Ze stelden elkaar nooit teleur en vonden veiligheid en kalmte in elkaars armen in zijn woelige wereld.

Een uur later, nadat ze samen hadden gedoucht en Natasha een zijdeachtige witte kaftan had aangetrokken, gingen ze naar boven om buiten te dineren. Het was al na tienen. Ze vonden het prettig om laat te eten, als er geen zakelijke telefoontjes meer kwamen en zijn assistentes in Londen en Moskou naar huis waren. De nacht was van hen, behalve wanneer ze gasten ontvingen. Dan ging het eigenlijk altijd om mannen met wie hij zakendeed of van wie hij iets wilde.

'Waarom gaan we morgen niet in Saint-Paul-de-Vence eten?' vroeg hij haar, en hij stak een Cubaanse sigaar op.

Ze snoof genietend de scherpe geur op. 'La Colombe d'Or?' vroeg ze. Ze gingen daar vaak heen. Het eten in het beroemde restaurant was heerlijk en aan de muren hingen kunstwerken van Picasso, Léger, Calder en alle anderen die daar gegeten hadden en hun rekening betaald hadden met schilderijen die ze aan het begin van hun carrière aan de eigenaren hadden gegeven. Het was een lust voor het oog om daar te eten, omringd door de uitzonderlijke kunstwerken van de kunstenaars die daar waren samengekomen lang voordat ze beroemd waren geworden.

'Ik wil die zaak eens proberen waar iedereen het over heeft,' zei hij. Ontspannen rookte hij zijn sigaar. Ze keken uit over het water en genoten samen van de met sterren bezaaide hemel.

'Da Lorenzo.' Ook dat was een favoriete pleisterplaats van kunstliefhebbers. Er hingen alleen werken van Lorenzo Luca. Het restaurant was door zijn weduwe opgezet, bijna als een soort heiligdom, in het huis waar ze gewoond hadden. De ruimtes boven het restaurant stonden ter beschikking van beroemde kunstverzamelaars, kunsthandelaren en museumconservators. Het was kennelijk de bedoeling dat de gasten zich volledig onderdompelden in het werk van de beroemde kunstenaar en Vladimir wilde er al jaren naartoe. Maar het was zo moeilijk om te reserveren dat ze altijd toch weer terechtkwamen bij La Colombe d'Or. En dat was ook prima.

'Een kunsthandelaar in Londen vertelde me dat we Madame Luca op haar directe lijn moeten bellen en zijn naam noemen. Mijn assistente heeft het geprobeerd en het is gelukt. We hebben voor morgen een reservering. Ik kijk ernaar uit,' zei hij vergenoegd. De eigenaren stonden erom bekend dat zij de klanten uitkozen en niet andersom.

'Ik ook. Ik ben dol op zijn werk.' Het leek op het werk van Picasso, al had het zijn eigen aparte stijl.

'Die schilderijen komen nauwelijks op de markt. Toen hij stierf, liet hij de meeste van zijn werken na aan zijn vrouw en zij verkoopt ze niet. Af en toe komt er een een-op-eenveiling, maar ik heb me laten vertellen dat ze zelfs dat eigenlijk niet wil. En hij heeft ook niet zoveel schilderijen gemaakt als Picasso, dus zijn er minder in andere handen terechtgekomen. Pas aan het eind van zijn leven werd hij populair en nu zijn ze gigantisch duur, bijna net zo onbetaalbaar als werken van Picasso, doordat zij ze niet wil verkopen. De laatste, die enkele jaren geleden verkocht werd bij Christie's, bracht een vermogen op.'

'Dus kopen we geen kunst bij het eten,' zei ze plagerig, en hij lachte. Maar misschien ook wel. Vladimir was onvoorspelbaar als het om kunst ging en als hij iets wilde hebben, zette hij alles op alles om het te krijgen.

'Kennelijk is het net alsof je een museum bezoekt. En zijn beste werk hangt in zijn studio. Daar zou ik wel eens rond willen kijken. Misschien kunnen we haar morgen zover krijgen,' zei Vladimir glimlachend. Ze keken er beiden naar uit.

Na het eten zaten ze nog een tijdje te praten. Natasha nipte aan een laatste glaasje champagne en ze genoten van wat het jacht en de avond hun te bieden had. De zee was kalm en de nacht vredig en ze gingen pas ver na middernacht benedendeks. Vladimir ging nog even naar zijn kantoor om een paar e-mails te beantwoorden. Hij hield zijn zaken op elk uur van de dag in de gaten.

Vladimir werd gedreven door een onuitgesproken vrees die Natasha maar al te goed begreep. Dat was een van de dingen die hen het sterkst verbonden, al spraken ze er nooit over. Hun achtergrond in Rusland verschilde niet zoveel. Ze hadden allebei in hun jeugd bittere armoede gekend. Dat had hem ertoe gebracht om zo succesvol te worden en het had Natasha in zijn armen gedreven toen ze als jong meisje op straat in Moskou had geleefd.

In zijn jeugd had hij onvoorstelbare ontberingen doorstaan. Zijn vader was een alcoholist die overleed toen Vladimir drie was en zijn moeder Marina overleed op zijn veertiende aan de gevolgen van tbc en ondervoeding. Zijn zusje stierf op haar zevende door een longontsteking; er was geen geld voor medische zorg. Toen zijn moeder stierf ging hij de straat op, waar hij het redde omdat hij slim was. Op dat moment zwoer hij dat hij hoe dan ook nooit meer arm zou zijn als hij volwassen was. Op zijn vijftiende was hij koerier geworden voor een paar louche figuren in Moskou, en hij was een soort mascotte voor hen geworden. Een paar jaar later was hij hun vertrouwde loopjongen die soms dubieuze zaken voor hen uitvoerde. Maar hij deed dat moedig en efficiënt. Hij was gewiekst en kende geen angst. Een van zijn werkgevers had wel iets in hem gezien en was zijn mentor geworden. Vladimir nam alles ter harte wat hij hem geleerd had en voegde daarbij zijn eigen intelligentie en kennis.

Tegen de tijd dat hij eenentwintig was, had hij al meer geld verdiend dan hij ooit gehoopt had en brandde er een gloeiend vuur in zijn binnenste om verder te gaan en nog meer te verdienen. Op zijn vijfentwintigste was hij vergeleken met de meeste anderen een rijk man. Toen ook in Rusland de vrije markt meer mogelijkheden bood, had hij elke kans aangegrepen die er was en had hij optimaal gebruikgemaakt van zijn connecties. Na nog eens vijf jaar had hij miljoenen verdiend. Nu, negentien jaar later, liet hij zich door niets tegenhouden en hij zou over lijken gaan om maar geen armoede meer te hoeven kennen. Velen vonden hem meedogenloos, maar Vladimir wist wat hij moest doen om te overleven in een complexe wereld.

Natasha was net zo bang voor armoede als hij. Ze was de dochter van een onbekende vader en een prostituee die haar had achtergelaten in een weeshuis toen ze twee was. Ze was nooit geadopteerd en tot haar zestiende in het weeshuis gebleven. Daarna had ze drie jaar in fabrieken gewerkt en gewoond in onverwarmde pensions, zonder enig vooruitzicht op een beter leven. Ze was nooit ingegaan op de avances van mannen die betaalde seks met haar wilden en was vast van plan niet net als haar moeder te eindigen, die aan de gevolgen van alcoholmisbruik was overleden niet lang nadat ze Natasha aan haar lot had overgelaten.

Vladimir had Natasha in een dunne jas door de sneeuw zien ploeteren en was geraakt door haar schoonheid. Het was ijzig koud en hij bood haar een ritje in zijn auto aan. Tot zijn verbijstering weigerde ze. Daarna had hij haar maanden achternagelopen en haar warme kleding en voedsel gestuurd, maar beide had ze niet aangenomen. En toen, bijna een jaar nadat hij haar voor het eerst gezien had, had ze erin toegestemd met hem mee naar huis te gaan. Ze was ziek, had koorts en bleek een zware longontsteking te hebben. Ze deed hem een beetje aan zijn moeder denken en hij had haar zelf verpleegd. Hij redde haar van haar leven in de fabriek en van haar gruwelijke omstandigheden, ook al was ze in het begin nogal terughoudend geweest.

Ze spraken nooit over hun verleden, maar haar grootste

angst was ooit weer zo arm te zullen zijn, om niets en niemand te hebben, en uiteindelijk van armoede te sterven. Ze vergat nooit dat Vladimir haar redder was en zo beschouwde ze hem nog steeds. Af en toe had ze nachtmerries over het weeshuis, de fabriek en het pension en over de vrouwen die ze had zien sterven. Ze sprak er nooit over, maar ze zou nog liever zelf doodgaan dan teruggaan.

In veel opzichten pasten ze dus goed bij elkaar. Ze hadden een vergelijkbare achtergrond en hadden op een verschillende manier succes bereikt, respecteerden elkaar en hadden elkaar, al zouden ze dat nooit toegeven, heel hard nodig.

Want het verleden was nooit echt ver weg. De angst voor de armoede waarin hij was opgegroeid, achtervolgde Vladimir al zijn hele leven, al had hij nu het gevoel dat hij niet meer door dat spookbeeld ingehaald kon worden. Maar hij keek nog altijd af en toe over zijn schouder. Het maakte niet uit hoeveel miljard hij verdiend had, het was nooit echt genoeg.

Natasha was er toevallig makkelijker vanaf gekomen, maar ook zij was in die zeven jaar nooit vergeten waar ze vandaan kwam, hoe erg het was geweest en wie haar had gered.

En hoe ver ze het ook gebracht hadden en hoe veilig ze nu ook waren, ze wisten allebei dat hun oude angsten altijd deel zouden blijven uitmaken van wie ze waren. De schimmen daarvan spookten nog steeds rond.

Die nacht viel Natasha in slaap terwijl ze op hem lag te wachten. Hij maakte haar wakker en bedreef weer de liefde met haar. Ze was veilig in de armen van haar redder.

2

Maylis Luca was op haar drieënzestigste nog steeds een aantrekkelijke vrouw. Haar lange haar, dat op haar vijfentwintigste vroegtijdig grijs was geworden, hing overdag in een sneeuwwitte golf over haar rug of ze droeg het in een vlecht. Als ze 's avonds in het restaurant werkte, stak ze het op. Ze had korenbloemblauwe ogen en het mollige lichaam dat haar zo aantrekkelijk had gemaakt als model voor kunstenaars toen ze op haar twintigste een zomer uit Bretagne naar Saint-Paul-de-Vence was gekomen. Ze had daar opgetrokken met een aantal kunstenaars met wie ze het goed kon vinden en die haar meer dan hartelijk in hun groep hadden opgenomen. Haar studie aan de universiteit had ze afgebroken en ze was ook die winter in Saint-Paul-de-Vence gebleven. Ze ontmoette er Lorenzo Luca en dat was liefde op het eerste gezicht. Haar conservatieve familie was ontzet geweest.

Een jaar later, nadat ze een tijd voor een aantal kunstenaars model had gestaan, werd ze de minnares van Lorenzo. Hij was zestig en had haar zijn 'voorjaarsbloem' genoemd. Vanaf dat moment poseerde ze alleen nog maar voor hem en op bijna al zijn beste werken stond zij afgebeeld.

Toentertijd had hij geen geld en Maylis' familie was er kapot van geweest dat ze voor dit leven had gekozen. Ze vonden het vreselijk dat ze al haar kansen en mogelijkheden verloren liet gaan. Maylis daarentegen was dolgelukkig met Lorenzo. Ze leefden van brood, kaas en appelen en dronken wijn in een kamertje boven zijn studio. Ze bracht tijd door met zijn vrienden en zat uren te kijken wanneer Lorenzo aan het werk was, of ze poseerde voor hem. Ze had geen moment spijt en maakte zich geen enkele illusies over een huwelijk.

Meteen in het begin al had hij haar eerlijk verteld dat hij, toen hij begin twintig was, getrouwd was met een meisje in Italië. Hij had haar al in geen veertig jaar meer gezien en ze hadden geen kinderen gekregen. Ze waren nog geen jaar samen geweest, maar hij was nog steeds met haar getrouwd en het leek hem te ingewikkeld en te duur om te scheiden.

Tegen de tijd dat hij Maylis ontmoette en verliefd op haar werd, had hij vier serieuze relaties gehad, waaruit zeven kinderen waren voortgekomen. Hij was gesteld op zijn kinderen, maar was er ook schaamteloos duidelijk over dat hij alleen voor zijn werk leefde. Hij beschouwde hen als zijn kinderen, maar had hen nooit officieel erkend en had ook nooit betaald voor hun onderhoud. Daar zag hij geen enkele reden toe. Toen ze jong waren had hij nooit geld gehad en hun moeders hadden het daarom ook niet van hem gevraagd.

Zijn kinderen waren al volwassen op het moment dat hij Maylis leerde kennen. Ze waren allemaal ouder dan zij en sommigen waren getrouwd en hadden zelf kinderen. Ze beschouwden Lorenzo meer als een vriend en kwamen hem van tijd tot tijd opzoeken. Geen van allen waren ze kunstenaar geworden. Ze bezaten zijn talent niet en hadden ook verder weinig met hem gemeen.

Maylis was altijd aardig tegen hen als ze op bezoek kwamen, maar wilde zelf geen kinderen met Lorenzo. Ze wilde alleen maar bij hem zijn en van hem over kunst leren, al gaf ze eigenlijk alleen om zijn eigen werk.

Lorenzo was in het begin enorm geboeid door haar gezicht en lichaam en schetste haar in wel duizend poses. Ook maakte hij enkele heel mooie schilderijen van haar.

In zijn omgang met Maylis was hij nogal wispelturig. Vaak behandelde hij haar als een kind. Hij kon geweldig zijn, maar was soms ook heel lastig. Hij had het vurige, licht ontvlambare temperament van een kunstenaar en van het genie dat hij volgens haar was. Maar ze was gelukkig met hem en leefde zorgeloos in Saint-Paul-de-Vence, wat haar familie er ook van dacht.

Lorenzo werd door zijn collega's bewonderd als een gróót talent, al was hij totaal onbekend. Dat kon hem niets schelen. Op de een of andere manier kon hij altijd genoeg geld bij elkaar schrapen om van te leven, of hij leende het van een vriend. En als het echt nodig was, werkte Maylis een paar avonden per week als serveerster in een plaatselijk restaurant. Alleen zijn kunst telde en het leven dat ze deelden. Geld was niet belangrijk voor hen.

In de beginjaren vochten ze soms als kat en hond, maar die ruzies werden altijd in de slaapkamer beslecht. Ze twijfelde nooit aan zijn liefde en hij was de liefde van haar leven.

Toen Lorenzo ouder werd, werd hij steeds narriger en zocht hij vaak ruzie met zijn vrienden, vooral als hij dacht dat ze hun oren lieten hangen naar de handel en hun talent opofferden voor geld. Het kon hém niets schelen of hij zijn werk nu weggaf of verkocht.

De jonge kunsthandelaar uit Parijs die hem kwam opzoeken bejegende hij achterdochtig en vijandig. Hij moest diverse malen naar Saint-Paul-de-Vence komen voordat Lorenzo hem wilde ontmoeten. Gabriel Ferrand had wat van Lorenzo's werk gezien en vond hem een geniaal schilder. Hij smeekte Lorenzo of hij hem mocht vertegenwoordigen in zijn galerie in Parijs, maar Lorenzo weigerde. Zijn vrienden probeerden hem over te halen, aangezien Ferrand een uitstekende reputatie had. Maar Lorenzo zei dat hij helemaal niet vertegenwoordigd wilde worden door een 'op geld beluste schurk van een kunsthandelaar in Parijs'. Het kostte Gabriel drie jaar om Lorenzo over te halen enkele van zijn werken in Parijs tentoon te stellen. Gabriel verkocht ze onmiddellijk voor een heel behoorlijk bedrag, al hield Lorenzo vol dat dat hem niets uitmaakte.

Uiteindelijk wist Maylis Lorenzo ervan te overtuigen zich door Gabriel te laten vertegenwoordigen. Dat werd in de loop der tijd steeds lucratiever, maar hij bleef Gabriel altijd een schurk noemen. Die kon er wel om lachen. Hij was erg gesteld geraakt op dat onmogelijke genie dat hij had ontdekt. Gabriel communiceerde meestal via Maylis met Lorenzo en zij werden dikke vrienden, die samenspanden voor Lorenzo's bestwil.

Tegen de tijd dat Maylis tien jaar bij hem was en Lorenzo tegen de zeventig liep, stond er een heel behoorlijk bedrag op de bank, al wilde hij daar niets van weten. Hij was zeker niet rijk, maar ook niet langer straatarm. Maylis en Gabriel beheerden samen zijn geld. Lorenzo hield vol dat hij zijn kunst niet wilde 'prostitueren' en ook niet gecorrumpeerd wenste te worden door Gabriels 'verdorven bedoelingen'.

Om Lorenzo niet te verontrusten veranderden ze niets aan hun leven. Maylis bleef werken als serveerster en poseerde nog steeds voor hem. Hij wilde niet dat Gabriel een tentoonstelling van zijn werk in zijn galerie in Parijs organiseerde. Daarom verkocht Gabriel de werken aan individuele kopers die zijn galerie bezochten.

En soms stuurde Lorenzo hem helemaal niets, afhankelijk van zijn humeur. Hij had plezier in zijn haat-liefdeverhouding met de jonge galeriehouder, die hem alleen maar wilde helpen de erkenning te krijgen die zijn enorme talent verdiende.

Maylis deed haar best de zaken tussen hen zo soepel mogelijk te laten verlopen, zonder Lorenzo te veel in zijn vaarwater te zitten. Meestal schonk Lorenzo zijn schilderijen gewoon aan haar, terwijl ze al een enorme collectie van zijn werk had opgebouwd. Maar Maylis was erg gehecht aan die schilderijen en weigerde ze te verkopen.

Dus werd er niet zoveel van Lorenzo's werk verkocht als Gabriel zou willen, maar hij bleef trouw aan de zaak, overtuigd als hij was van Lorenzo's kaliber als kunstenaar. Hij kwam vaak bij hen in Saint-Paul-de-Vence op bezoek, meestal om te genieten van Lorenzo's nieuwe werken en om bij te praten met Maylis, op wie hij dol was. Hij vond haar de meest bijzondere vrouw die hij ooit had ontmoet.

Gabriel had in Parijs een vrouw en dochter, maar vijf jaar nadat hij Lorenzo leerde kennen overleed zijn vrouw aan kanker. Af en toe nam hij zijn dochtertje, Marie-Claude, mee naar Saint-Paul-de-Vence en dan speelde Maylis met haar terwijl de twee mannen praatten. Ze had met Marie-Claude te doen. Het was een lief en vrolijk kind en het was duidelijk dat Gabriel heel veel van haar hield. Hij leek een goede vader die zijn kind zo vaak hij kon meenam als hij op reis was en op bezoek ging bij kunstenaars.

Lorenzo interesseerde zich allang niet meer voor kinderen, ook niet zijn eigen. En hij wilde nog steeds geen gezin stichten met Maylis, al was ze nog jong en knap. Hij wilde haar voor zichzelf, wilde haar onverdeelde aandacht, en die gaf ze hem ook.

Het was dan ook een schok voor hen dat Maylis, toen ze elkaar tien jaar kenden, ontdekte dat ze in verwachting was. Dit was nooit de bedoeling geweest. Er was ook geen sprake van dat ze zouden trouwen, aangezien hij nog getrouwd was en zijn vrouw nog leefde. Zijn neven uit zijn geboortestad hielden hem over haar op de hoogte.

Zij was tweeëndertig, hij was tweeënzeventig en meer gericht op zijn werk dan ooit tevoren. Lorenzo was weken kwaad op haar geweest nadat ze erachter waren gekomen. Uiteindelijk had hij er tegen zijn zin mee ingestemd dat ze het zou houden. Maar hij was er niet gelukkig mee en ook Maylis maakte zich zorgen. Ze kon maar moeilijk wennen aan het idee van de baby die in haar groeide, totdat ze besefte hoeveel het voor haar betekende om Lorenzo's kind te krijgen.

Maylis kreeg een buikje en Lorenzo schilderde haar voortdurend. Plotseling was hij verliefder dan ooit op haar veranderende lichaam, vol van zijn kind. En Gabriel was het met hem eens dat zijn schilderijen van Maylis uit die tijd tot zijn beste werk behoorden. Gabriel meende dat ze er nog nooit zo beeldschoon had uitgezien.

Maylis had een gelukkige zwangerschapstijd en hun zoon werd geboren op een avond dat Lorenzo in de studio dineerde met zijn vrienden. Maylis had gekookt en de mannen dronken grote hoeveelheden wijn. Ze zei niets, maar vermoedde dat ze al voor het eten weeën had en uiteindelijk ging ze naar boven en belde de dokter.

Lorenzo en zijn kameraden hadden niet eens door dat de dokter kwam en naar hun slaapkamer ging om Maylis te assisteren bij de bevalling, die heel vlot verliep. En twee uur later verscheen Maylis boven aan de trap met een stralende overwinningslach op haar gezicht en hun zoon in een dekentje in haar armen. Lorenzo kwam wankel op zijn benen naar boven om haar te kussen, aanschouwde zijn zoon en viel als een blok voor het kind.

Ze noemden hem Theo – Théophile, naar Maylis' grootvader – en hij werd de vreugde van zijn leven. Enkele van Lorenzo's mooiste schilderijen waren van Maylis met Theo als baby in haar armen en als ze hem voedde. En de schilderijen van het opgroeiende jongetje waren spectaculair.

Van al zijn kinderen was Theo de enige die zijn talent had geërfd. Al vanaf het moment dat hij oud genoeg was om een potlood vast te houden in zijn mollige handjes zat hij naast zijn vader te krabbelen. Dat gaf zijn vaders werk een nieuwe prikkel en Lorenzo probeerde de jongen alles te leren wat hij wist. Toen Theo tien was, was Lorenzo drieëntachtig. Het was al duidelijk dat de jongen ooit even getalenteerd zou zijn als zijn vader, al was zijn stijl zelfs toen hij jong was al heel anders. De twee zaten uren naast elkaar te tekenen en te schilderen, en Maylis keek vertederd toe. Ze waren allebei dol op Theo.

Gabriel had Lorenzo er inmiddels van overtuigd om een behoorlijk huis te kopen in Saint-Paul-de-Vence, maar hij schilderde nog steeds in de studio. Theo ging daar elke dag na school naartoe. 's Avonds moest Maylis hen bijna naar huis sleuren, en ze maakte zich zorgen over Lorenzo. Hij had weliswaar nog steeds een goede gezondheid en werkte net zo hard als altijd, maar langzaamaan begonnen de jaren toch te tellen. Hij hoestte de hele winter en vergat eenvoudig te eten wanneer ze maaltijden voor hem neerzette in zijn studio. Maar hij was vastberaden om Theo alles te leren wat hij wist in de tijd die hem nog restte.

Die winter kreeg Lorenzo tot Maylis' verbazing bericht dat zijn vrouw was overleden. Hij stond erop met haar te trouwen, in de kerk op de heuvel. Gabriel was hun getuige. Lorenzo zei dat hij het deed voor Theo, die toen tien was.

Het was Gabriel die hem aanspoorde om daarna nog een sprong voorwaarts te maken in zijn werk. Hij wilde nog altijd geen tentoonstelling in Parijs, maar Gabriel wilde een van zijn stukken op een belangrijke veiling verkopen, om eens te zien wat zijn werk zou opbrengen op de vrije markt. Weer verzette Lorenzo zich uit alle macht en Gabriel kon hem alleen overtuigen door hem te vertellen dat hij het voor Theo moest doen. Dat het geld dat hij daarmee verdiende Theo's toekomst veilig zou stellen. En zoals altijd gebeurde wanneer Gabriel hem onder druk zette, gaf Lorenzo uiteindelijk schoorvoetend toe.

Die beslissing veranderde hun leven. Het schilderij werd op de meiveiling van Christie's voor een fortuin verkocht. Het leverde meer op dan Lorenzo in zijn hele leven verdiend had, of had willen verdienen. En hij bleef zeggen dat het schilderij niet eens zijn beste werk was en dat dat de reden was dat hij het te koop had aangeboden.

Zelfs Gabriel was verbijsterd dat het schilderij zoveel had opgebracht. Hij had gehoopt Lorenzo's prijzen langzaam wat op te krikken, maar had nooit gedacht dat dit in één klap zou gebeuren. En wat er daarna gebeurde overtrof ieders verwachtingen. In de acht jaar die volgden brachten Lorenzo's schilderijen astronomische bedragen op. Er was veel vraag naar door verzamelaars en musea. Als Lorenzo een graaier was geweest, had hij een enorm fortuin kunnen vergaren. Maar zo was hij niet. Hij verdiende het geld eigenlijk ondanks zichzelf. Zijn weerzin om iets te verkopen en Maylis' weigering om de schilderijen die hij haar had gegeven weg te doen, dreven de prijzen nog verder op.

Toen Lorenzo op zijn eenennegentigste stierf was hij een rijk man. Zijn zoon Theo was inmiddels achttien en zat in zijn tweede jaar aan de Beaux-Arts de Paris.

Iedereen was geschokt door de dood van Lorenzo, niet alleen Maylis en Theo, maar ook Gabriel. Die had meer dan twintig jaar van hem gehouden en al zijn zaken behartigd. Ondanks de verwensingen die Lorenzo hem regelmatig naar het hoofd slingerde, had hij hem als een goede vriend beschouwd. Ze hadden elkaar vanaf het begin over en weer uitgedaagd en daar plezier in gehad.

Gabriel regelde alles voor Maylis en Theo na Lorenzo's dood. Op het laatst had Lorenzo harder dan ooit gewerkt, alsof hij voelde dat hij niet veel tijd meer had. Hij liet Maylis en Theo een aanzienlijk fortuin na, dat bestond uit kunstvoorwerpen en investeringen die Gabriel voor hem had gedaan. Maylis stond versteld toen Gabriel haar vertelde hoe groot de erfenis was. Ze had zich nooit gerealiseerd hoeveel hij waard was geweest. Alleen de man van wie ze dertig jaar lang hartstochtelijk had gehouden, telde voor haar.

Lorenzo had nooit een testament gemaakt, al had Gabriel daar wel op aangedrongen. Volgens de Franse wet kreeg Theo als zijn enige wettige kind twee derde van de erfenis. De rest ging naar Maylis. Van het ene op het andere moment werd ze een vermogende vrouw. Vooral de schilderijen die hij haar gegeven had vormden een belangrijke verzameling. De meeste andere werken gingen naar Theo.

Lorenzo's zeven buitenechtelijke kinderen kregen geen cent. Na zorgvuldig met Gabriel overlegd te hebben, instrueerde Maylis hem om de helft van het geïnvesteerde vermogen aan zijn andere kinderen te geven. Die waren aangenaam verrast. Zelfs Gabriel was verbijsterd door haar vrijgevigheid, maar ze hield vol dat ze genoeg geld had. En ze wist dat enkelen van Lorenzo's kinderen het geld meer nodig hadden dan zij. Theo en zij hadden genoeg, voor de rest van hun leven.

Theo zette zijn studie voort en kwam twee jaar na zijn vaders dood terug naar Saint-Paul-de-Vence om er te wonen en werken. Hij kocht een huisje voor zichzelf met een zonnig atelier. Maylis woonde weer in Lorenzo's oude studio, in de kamer waar haar zoon was geboren. Het huis dat ze op aandringen van Gabriel hadden gekocht, stond leeg. Maylis zei dat ze het niet kon verdragen er zonder Lorenzo te wonen, op de plek waar hij was gestorven. Ze voelde zich dichter bij hem in de studio. Gabriel vond dat ongezond, maar hij kon haar niet op andere gedachten brengen.

Twee jaar na Lorenzo's dood was Maylis nog steeds ontroostbaar. Ze kwam maar niet over haar grote verlies heen. Gabriel bezocht haar regelmatig. Ze was pas drieënvijftig, maar het enige wat ze wilde was staren naar Lorenzo's schilderijen, eraan denkend hoe het was in de periode dat hij ze schilderde. Vooral naar de doeken die hij geschilderd had toen ze jong was en toen ze in verwachting was van Theo. Het deed Theo veel verdriet om zijn moeder zo te zien. Hij sprak er vaak over met Gabriel, wanneer die bij hem kwam eten. Gabriel was al zo lang een familievriend dat hij hem als een soort vader beschouwde.

Vijf jaar na Lorenzo's dood begon de diepe wond eindelijk langzaam te helen en begon Maylis weer te leven. Ze kreeg een wild idee, dat eigenlijk helemaal zo gek nog niet bleek te zijn. Vroeger had ze het altijd leuk gevonden om in restaurants te werken en nu besloot ze van hun huis een eetgelegenheid te maken waar ze ook Lorenzo's werken kon tentoonstellen, alsof het een soort museum was. Ze had sinds zijn dood slechts één schilderij van hem van de hand gedaan en weigerde er nog een te verkopen, ook niet op een veiling. Ze had het geld tenslotte niet nodig. Aangezien Theo op dat moment ook geen reden had om iets te verkopen, zat de markt voor Lorenzo Luca's schilderijen op slot. Maar hun waarde steeg elk jaar.

Boven het restaurant bevonden zich zes kamers die ze als hotelkamer kon verhuren als ze dat zou willen, aan bijzondere mensen uit de kunstwereld.

Theo vond het een gestoord idee toen ze het hem vertelde, maar Gabriel overtuigde hem ervan dat het goed voor haar zou zijn en haar zou helpen weer een actief leven te leiden. Ze was nu zesenvijftig en kon niet blijven rouwen om Lorenzo.

Wat Gabriel had gehoopt, gebeurde. Met het restaurant, dat ze Da Lorenzo noemde, had Maylis iets om voor te leven. Het kostte een jaar om het huis te verbouwen, een bedrijfskeuken te installeren en een prachtige tuin aan te leggen, zodat de gasten in de zomer buiten konden dineren. Ze nam een van de beste chefs uit Parijs aan. Ze had net zo'n hekel aan die stad als Lorenzo had gehad en had zelfs nooit de galerie van Gabriel gezien, dus kwamen de kandidaten allemaal naar Saint-Paul-de-Vence voor hun sollicitatiegesprek. Daar voelde ze zich nu eenmaal het gelukkigst. En als Gabriel weer eens kwam kijken hoe het met haar was, en met haar de restaurantzaken besprak, logeerde hij in een van de hotelkamers.

Het restaurant was het eerste jaar meteen een verpletterend succes. De mensen reserveerden tot wel drie maanden van tevoren een tafel. Kunstliefhebbers kwamen van ver om Lorenzo's werk te zien en van een driesterrenmaaltijd te genieten. Daarmee stak ze La Colombe d'Or naar de kroon. Ze nam een uitstekende maître d'hôtel aan voor de eetzaal en de tuin en een eersteklas sommelier. Met zijn hulp vulde ze hun wijnkelder met uitzonderlijke wijnen. Kunstliefhebbers en fijnproevers wisten de weg naar Da Lorenzo te vinden en zo werden ze een van de beste restaurants in Zuid-Frankrijk.

Maylis zwaaide er de scepter, ze vertelde over Lorenzo en zorgde voor de gasten, net zoals ze vroeger had gedaan voor Lorenzo's kunstzinnige vrienden. Zij hield het vuur brandend en was een zeer charmante gastvrouw. Niemand had kunnen voorzien hoe goed ze was in wat ze deed, en Gabriel vertelde haar regelmatig hoe trots hij op haar was. Na Lorenzo's dood waren ze nog meer naar elkaar toe gegroeid.

Twee jaar nadat Maylis het restaurant had geopend, durfde Gabriel eindelijk de stoute schoenen aan te trekken en haar te vertellen wat hij voor haar voelde. Hij bracht steeds meer tijd door in Saint-Paul-de-Vence en bleef daar soms wel weken, zogenaamd om haar te adviseren, maar eigenlijk omdat hij gewoon bij haar wilde zijn. Het was geen probleem om langere tijd uit Parijs weg te zijn, aangezien zijn dochter Marie-Claude inmiddels in de galerie werkte. Hij hoopte dat zij die te zijner tijd van hem zou willen overnemen. Ze deed het heel goed, al klaagde ze wel dat hij zo vaak weg was en alle verantwoordelijkheid op haar schouders legde. Maar ze genoot er ook van. Ze had enkele nieuwe hedendaagse kunstenaars binnengehaald die goed verkochten. Net als haar vader vond ze het leuk om nieuwe kunstenaars te ontdekken en hun werk tentoon te stellen. En ze had een goed oog voor de trends in de kunstmarkt. Gabriel was met recht trots op haar.

Op een rustige avond, nadat het restaurant gesloten was, zaten Gabriel en Maylis samen in de tuin en vertelde hij haar eindelijk waar zijn hart zo vol van was. Dat hij al bijna vanaf het begin verliefd op haar was en dat alleen het enorme respect dat hij had voor zijn oude vriend en voor de liefde die ze deelden hem ervan had weerhouden om iets tegen haar te zeggen. Maar nu het zoveel beter met haar ging en het restaurant zo'n succes was, had hij het gevoel dat de tijd rijp was. Het was nu of nooit, alhoewel hij doodsbenauwd was de vriendschap kapot te maken die ze nu al bijna dertig jaar hadden.

Maylis was geschokt door Gabriels bekentenis. De volgende dag praatte ze erover met haar zoon. Theo wist hoeveel zijn vader en moeder van elkaar hadden gehouden, maar zijn vader was niet de heilige die Maylis sinds zijn dood van hem gemaakt had. Ze had het vaak niet makkelijk gehad, zeker niet toen hij ouder werd. Theo had een realistische kijk op wie zijn vader was geweest: een ruziezoeker, een moeilijke man, egoïstisch, een tiran zelfs af en toe. Hij was bovendien heel bezitterig geweest wat zijn moeder betrof en had een opvliegend karakter gehad en dat werd, naarmate hij ouder werd, steeds erger.

Gabriel was een veel zachtere man, die veel van zichzelf gaf. Hij was altijd bezorgd om haar geweest en ze kwam altijd eerst bij hem met problemen in plaats van bij zijn vader. Theo had al het vermoeden gehad dat Gabriel verliefd op haar was, sterker nog, hij had dat zelfs gehoopt. Hij had hem altijd een fantastische man gevonden en hij moedigde zijn moeder daarom aan serieus na te denken over Gabriels gevoelens voor haar. Theo kon zich geen beter maatje voor haar bedenken en wilde niet dat ze de rest van haar leven alleen was.

'Maar wat zou je vader daarvan denken? Zou dat geen verraad zijn? Ze waren tenslotte goede vrienden. Zelfs al was je vader soms niet aardig tegen hem.'

'Niet aardig?' had Theo lachend gezegd. 'Hij noemde hem zolang als ik me kan herinneren een schurk. "Mijn schurk van een kunsthandelaar in Parijs." Ik ken niemand die het met hem zou hebben uitgehouden, behalve jij. En Gabriel heeft ons altijd bijgestaan, en dat doet hij nog, *maman*. En als hij al die tijd al verliefd op je is geweest, siert het hem dat hij dat nooit toonde toen papa nog leefde. Hij was een echte vriend voor jullie beiden. En als je nu ingaat op zijn avances is dat geen verraad maar een zegen voor jullie allebei. Je bent te jong om alleen te zijn. En Gabriel is een goeie kerel. Ik ben blij voor je. Je verdient het, en hij ook.'

En Theo wist dat samenleven met Gabriel zoveel makkelijker zou zijn dan met zijn vader. Hij zou zoveel aardiger voor haar zijn. Gabriel was de ultieme gentleman en Theo was blij dat hij zich eindelijk had uitgesproken. Hij hoopte dat ze het ernstig in overweging zou nemen.

En dat deed ze ook. Ze gaf Gabriel enkele dagen later haar antwoord. Ze vertelde hem dat ze nooit meer zo van een man zou kunnen houden zoals ze van Lorenzo had gehouden. Dat ze heel erg op Gabriel gesteld was en erkende dat ze van hem hield als van een vriend. Misschien dat het met de tijd meer kon worden, nu hij zich had uitgesproken. Maar ze waarschuwde hem: zelfs als ze een romantische relatie kregen – en ze achtte die kans niet onmogelijk – zou Lorenzo altijd de liefde van haar leven blijven. Gabriel zou genoegen moeten nemen met de tweede plaats en een kleinere rol in haar leven. En dat vond ze niet eerlijk naar hem.

Maar Gabriel hield van haar, dus was hij bereid dat te accepteren. En hij hoopte in stilte dat zijn liefde voor haar ooit volledig beantwoord zou worden. Hij dacht zeker dat dat mogelijk was en was bereid het risico te nemen. Hij ging heel voorzichtig te werk en maakte haar teder het hof en bewees haar duizend kleine attenties. Uiteindelijk nodigde hij haar uit voor een weekendje in Venetië, waar van het een het ander kwam, en sindsdien waren ze geliefden. In het begin hielden ze het stil. Hij hield zijn kamer boven het restaurant aan en liet zijn spullen daar, maar de laatste jaren had hij bij haar in de studio geslapen. Ze maakten samen reisjes en genoten van elkaars gezelschap. Ze vertelde hem dat ze van hem hield en dat meende ze ook, maar nog steeds sprak ze jubelend over Lorenzo en prees ze zijn genialiteit en zijn voornamelijk ingebeelde deugden. Gabriel liet haar al haar illusies behouden, zonder de minste discussie.

Ze waren nu vier jaar minnaars en Gabriel was tevreden met hun verhouding. Hij kon leven met de beperkingen ervan omdat hij van haar hield. Hij stelde nooit voor om te trouwen en vroeg nooit meer van haar dan ze zelf bereid was te geven.

Nu en dan tikte Theo haar op de vingers. Hij meende dat het niet goed was dat ze altijd maar over Lorenzo praatte waar Gabriel bij was. Theo vond dat niet leuk voor hem.

'Waarom niet,' vroeg ze hem verbaasd. 'Gabriel was ook dol op je vader. Hij weet wat een geweldige man hij was en hoeveel hij voor mij betekende. Hij verwacht niet van me dat ik Lorenzo vergeet of dat ik ophoud de gasten over hem te vertellen wanneer ze naar het restaurant komen om zijn werk te zien. Daarvoor komen ze hier.'

'Maar Gabriel komt hier omdat hij van je houdt,' zei Theo zacht. Hij verwonderde zich altijd over het gemak waarmee Gabriel accepteerde dat hij, twaalf jaar na zijn vaders dood, nog steeds op de tweede plaats kwam bij zijn moeder. En al had hij veel van zijn vader gehouden en hem zeer bewonderd, hij vond dat Gabriel een beter mens was, en zoveel aardiger voor zijn moeder dan zijn vader in zijn laatste jaren ooit was geweest. Hij was een groot kunstenaar geweest, zeker, maar een heel lastig mens. En zijn talent, dat als een withete vlam in hem had gebrand, had soms de mensen die hem het meest na stonden geschroeid.

Gabriel stelde ook veel belang in Theo's kunst. Hij bood nooit aan om hem te vertegenwoordigen, omdat hij vond dat Theo niet in zijn vaders schaduw moest leven en zich dus door een eigen galerie moest laten vertegenwoordigen. Theo was een zeer getalenteerd kunstenaar, met een volledig andere visie dan Lorenzo, maar met een vergelijkbaar groot talent dat alleen tijd nodig had om nog verder te rijpen.

Op zijn dertigste was Theo al een heel eind op weg en was een zeer toegewijd kunstenaar. Alleen wanneer zijn moeder hem nodig had in het restaurant liet hij zich wel eens afleiden. Als er iets misging, als ze bijvoorbeeld te veel reserveringen hadden aangenomen of te weinig personeel hadden. Maar dat kwam niet vaak voor. In tegenstelling tot zijn moeder vond Theo werken in het restaurant maar niets. Hij had er een hekel aan om de gasten te begroeten en werd er gek van om weer naar zijn moeder te moeten luisteren terwijl ze de loftrompet stak over zijn vader. En de drukte stond hem ook niet aan. Theo was veel stiller en meer op zichzelf dan zijn moeder.

Gabriel had hem de namen van galeries gegeven waarvan hij vond dat Theo ze moest benaderen, maar heel bescheiden gaf Theo aan dat hij nog niet zover was. Hij wilde het liefst nog twee jaar werken voordat hij toe was aan een tentoonstelling in Parijs. Hij had zijn werk al wel op diverse kunstbeurzen getoond. Toch drong Gabriel erop aan dat hij contact legde met een galerie. Theo had veel steun aan hem en was er dankbaar voor dat Gabriel – ondanks hun onevenwichtige verhouding –

deel uitmaakte van zijn moeders leven. Net als Gabriel hoopte hij dat ze op een dag zouden trouwen, al zag dat er nu nog niet naar uit.

Zelf dacht Theo ook niet aan trouwen. Hij had enkele relaties gehad die een paar maanden of een jaar duurden, en vele nog korter. Zijn werk nam hem helemaal in beslag en hij had geen tijd om veel energie te stoppen in de vrouwen met wie hij uitging. Daar klaagden ze altijd over en uiteindelijk maakten ze het dan uit. Daarnaast was hij hypergevoelig voor goudzoekers die vooral vanwege zijn vader in hem geïnteresseerd waren. Die vrouwen probeerde hij koste wat kost uit de weg te gaan.

Hij was nu zes maanden samen met Chloe, zijn huidige vriendin. Zij was ook een kunstenaar, maar maakte commercieel werk dat aan toeristen verkocht werd in een galerie in Saint-Tropez. Dat leek in niets op wat Theo deed, met zijn opleiding en achtergrond en zijn serieuze ambities op de lange termijn. Zij wilde alleen genoeg verdienen om de huur te kunnen betalen en ze klaagde de laatste tijd voortdurend dat hij niet genoeg tijd met haar doorbracht en dat ze nooit eens uitgingen. Zo eindigden de meeste van zijn relaties, en daar leek het nu ook op uit te draaien.

Op dit moment was hij heel intensief aan het werk. Hij was bezig enkele nieuwe technieken te ontwikkelen en daarin wilde hij zich graag verder bekwamen. Hij was niet verliefd op Chloe, maar ze had een fantastisch lichaam en in bed hadden ze veel plezier. Ze was nu dertig en was ineens over trouwen begonnen. Dat luidde meestal het begin van het einde in, want hij wilde zich helemaal niet settelen of een gezin stichten. En zij sprak zich steeds vinniger uit over zijn werk. In de strijd tussen de vrouwen en zijn kunst won zijn werk het altijd.

Maylis controleerde de tafels in de tuin, zoals ze elke avond deed, om te kijken of er wel op elke tafel smaakvolle bloemen en kaarsen stonden, of het tafellinnen smetteloos was en het zilver glom. Ze was in alles een perfectionist en hield de touwtjes strak in handen. In de afgelopen zes jaar had ze veel geleerd over het runnen van een restaurant en in Da Lorenzo was alles tot in de puntjes geregeld. De tuin, het eten en de wijnen... alles was even fantastisch.

Ook vanavond zaten ze vol, net als altijd. Over twee uur zou het restaurant opengaan. Een van de obers kwam naar haar toe. 'Madame Luca, Jean-Pierre is aan de telefoon.' Hij was haar superefficiënte maître d'hôtel en dat hij belde was geen goed teken.

'Is alles in orde?' vroeg ze. Ze droeg nog steeds haar jeans en een wit shirt. Over een uur zou ze zich omkleden. Meestal droeg ze een zwartzijden jurk, hoge hakken en een snoer parels, met haar lange witte haar in een verzorgde wrong.

'Ik ben bang van niet,' zei Jean-Pierre. Het klonk alsof hij zich niet best voelde. 'Ik heb vandaag in Antibes geluncht en ben zo ziek als een hond. Ik denk dat er iets was met die mosselen.'

'Verdorie,' zei ze, en ze keek op haar horloge. Er was nog genoeg tijd om Theo te bellen, al wist ze dat hij daar een enorme hekel aan had. Maar het was een familierestaurant, en wanneer zij of de maître d'hôtel niet kon werken, belde ze altijd haar zoon. Hij zei nooit nee tegen haar.

'Ik ben te ziek om te komen.' Zo klonk het ook door de telefoon, en Jean-Pierre meldde zich nooit ziek tenzij het echt erg was.

'Maak je geen zorgen, ik bel Theo. Ik weet zeker dat hij niks te doen heeft.' Hij was altijd in zijn atelier aan het werk, had nauwelijks een sociaal leven en was de meeste avonden aan het schilderen.

Jean-Pierre verontschuldigde zich nogmaals en hing op. Even later belde ze haar zoon. De bel ging een hele tijd over voordat Theo opnam. Hij klonk afgeleid.

'Hallo, maman. Hoe gaat het?' Eigenlijk was hij van plan geweest de telefoon niet op te nemen, maar toen had hij gezien wie het was. Hij tuurde naar het doek terwijl hij met haar sprak, er niet zeker van dat hij tevreden was met wat hij net gedaan had. Theo was enorm kritisch op zijn eigen werk, net als zijn vader was geweest.

'Jean-Pierre is ziek.' Ze kwam meteen ter zake. 'Kun je me helpen?'

Theo kreunde. 'Ik ben net met iets bezig, ik wil echt niet stoppen nu. En ik heb Chloe beloofd dat ik vanavond met haar uitga.'

'Ze kan hier eten, als ze het niet erg vindt om laat te eten.'

Hij wist dat dat betekende tussen elf en twaalf uur, nadat de meeste gasten waren vertrokken. Voor die tijd zou hij geen tijd hebben om bij haar te gaan zitten. Hij zou de obers moeten aansturen en tijd doorbrengen met hun belangrijkste gasten, om ervoor te zorgen dat alles naar wens verliep. Zijn moeder zou een oogje houden op de echt vermaarde eters en voor hen zorgen, maar hij moest ook zijn steentje bijdragen.

Het enige waar hij nooit over praatte was dat hij Lorenzo Luca's zoon was. Hij werkte liever incognito voor haar en zijn moeder kwam hem daarin tegemoet, want ze was dankbaar voor zijn hulp, al vond ze dat hij best trots mocht zijn op zijn beroemde vader.

Hij was attent en geduldig en hielp haar waar hij maar kon. Hij vond het zijn plicht als enig kind. Bovendien was hij zeer gesteld op zijn moeder, ondanks haar kleine eigenaardigheden. Ze konden het altijd goed met elkaar vinden, al maakte zij zich wel eens zorgen dat hij nog alleen was. De vrouwen met wie hij uitging bevielen haar meestal niet.

'Hoe laat heb je me nodig?' Theo klonk niet blij. Hij had helemaal geen zin om zich in een pak met stropdas te hijsen in deze hitte en dan aardig te moeten zijn tegen vreemden die hij nooit meer zou zien. Zijn moeder was veel extroverter. Het restaurant vormde haar sociale leven en zo ontmoette ze een schare aan interessante mensen.

'Kom maar om halfacht. Onze eerste zit is om acht uur.' Soms waren er Amerikanen die eerder wilden komen, maar vanavond niet. Alle gasten die gereserveerd hadden, kwamen uit Europa, behalve Vladimir Stanislas. Maylis was zich ervan bewust dat dit zijn eerste bezoek was en ze wilde dat alles vlekkeloos verliep die avond, vooral voor hem. Ze wist van zijn kunstverzameling en hoopte dat hij ook voor Lorenzo's werk kwam. Hij had een tafel voor twee geboekt door de naam van iemand te gebruiken die hier regelmatig kwam.

'Chloe vermoordt me.' Hij kon haar alleen maar naar waarheid vertellen dat zijn moeder hem nodig had in het restaurant. Maar zij zou denken dat hij dat als excuus gebruikte om niet met haar uit te hoeven.

'Je kunt het toch morgenavond goedmaken?' zei zijn moeder opgewekt.

'Misschien niet. Ik wil werken.' Hij was net op een moeilijk punt beland met het schilderij en vond het behoorlijk vervelend om twee avonden achter elkaar niet te kunnen werken aan de problemen die hem ophielden. Zo was zijn vader ook geweest. Er bestond niets in zijn universum behalve het doek waaraan hij werkte. 'Oké, geeft niet. Ik regel wel iets. Ik kom.' Hij liet haar nooit in de steek.

'Dank je wel, schat. Als je om zeven uur komt, kun je met de obers eten. Er is vanavond bouillabaisse, met rouille.' Ze wist dat dat een van zijn lievelingskostjes was, al kon hij bestellen wat hij wilde. Maar hij maakte nooit misbruik van het feit dat hij de zoon van de baas was. Theo at liever wat de anderen aten en was nooit veeleisend, in tegenstelling tot zijn vader.

Hij belde Chloe zodra hij had opgehangen en gaf haar het slechte nieuws. Ze was niet blij.

'Het spijt me echt.' Hij had beloofd haar mee uit te nemen voor een *socca*, een pizza van kikkererwtenmeel. Daar waren ze allebei dol op. Het was een plaatselijk gerecht en die avond serveerden ze het op het plein. Ze vond het heerlijk om daarna met de oude mannetjes jeu de boules te spelen en die vonden het op hun beurt heel spannend om met zo'n jonge meid te spelen. Als hij niet aan het werk was, vond Theo het ook leuk.

'Ik heb beloofd mijn moeder te helpen. Ze belde me net. De maître d' is ziek. Ze zei dat je best kunt komen eten, als je het niet erg vindt dat het laat wordt. We kunnen waarschijnlijk wel om elf uur aan tafel, als de eerste gasten weggaan.' Maar ze wisten allebei dat de gasten in Da Lorenzo vaak veel langer bleven. De ambiance was zo romantisch en de sfeer zo hartelijk dat niemand vroeg weg wilde. Ook dat droeg bij aan het succes van het restaurant.

'Ik had gehoopt tegen die tijd in bed te liggen,' zei Chloe vinnig. 'En niet alleen. Ik heb je al een week niet gezien.' Ze klonk kwaad, zoals zo vaak de laatste tijd.

'Ik ben aan het werk geweest.' Dat was altijd het excuus dat hij aanvoerde. Het klonk hem zelf ook flauw in de oren.

'Ik weet niet waarom je niet op een normaal tijdstip kunt ophouden. Ik ga elke dag om zes uur naar huis.' Maar zijn werk was van een heel andere orde dan het hare, al zei hij dat maar niet.

'Ik werk op andere tijdstippen dan jij. Maar hoe dan ook, vanavond zit ik vast. Wil je later naar het restaurant komen?' Het eten zou in ieder geval heerlijk zijn.

'Nee, dat wil ik niet. Ik heb helemaal geen zin om me op te tutten. Ik was van plan om een korte broek en een t-shirt aan te trekken. Het restaurant is een beetje te deftig voor mij.

Socca, boules en meteen daarna naar bed klonk me heel goed in de oren.'

'Mij ook, veel leuker dan een pak en een das dragen, maar ik moet mijn moeder een handje helpen.'

Dat ergerde Chloe ook. Ze had zijn moeder een paar keer ontmoet en vond dat ze de kunst een beetje te serieus nam en de aandacht van haar enige zoon nogal opeiste. En Chloe was niet in de stemming voor weer een preek over de geweldige Lorenzo Luca, dan verveelde ze zich dood. Ze wilde uit en van Theo genieten. In het begin had ze gedacht dat hij een fantastische vent was, knap en sexy en geweldig in bed. Nu vond ze hem vooral erg serieus over zijn werk.

'Ik bel je wanneer ik klaar ben,' zei hij. 'Misschien kan ik dan even langskomen.'

Ze reageerde kregelig en even later hing ze op.

Theo nam een douche en was een uur later in een donker pak, een wit overhemd en een rode das in zijn oude deux-chevaux op weg naar het restaurant. Chloe vond de auto vreselijk en kon maar niet begrijpen waarom hij geen betere kocht. Hij was nu niet bepaald een uitgehongerde kunstenaar, al deed hij graag alsof.

Theo zag er knap uit in zijn donkere pak met zijn donkere haar netjes geborsteld. Net als zijn vader had hij donkerbruine ogen en het nonchalant knappe uiterlijk van een Italiaanse man. Zijn moeder was een typische Française. Theo had een natuurlijke manier van doen waar vrouwen dol op waren.

Maylis was in de keuken in gesprek met de chef toen hij aankwam. Elke dag doorliep ze het menu minutieus en ze had net enkele amuses geproefd. Ze waren vanavond bijzonder goed gelukt, vertelde ze de chef.

Haar zoon slenterde de keuken binnen. Ze bedankte hem blij dat hij was gekomen en haastte zich de tuin in om nog iets te regelen. Voordat iedereen zijn plaats innam kletste Theo nog wat met de obers. Ze vonden hem allemaal een aardige vent.

Om acht uur stonden Theo en zijn moeder de eerste gasten op te wachten. Weer was een onvergetelijk avondje uit eten bij Da Lorenzo van start gegaan.

Vladimir en Natasha verlieten hun hut, gingen naar het benedenachterdek en liepen langs de speedboten en alle andere luxespeeltjes die ze aan boord hadden naar de tender die hen naar de wal zou brengen. Het was een snelle boot die Vladimir voor drie miljoen dollar had laten bouwen en waar hij heel tevreden mee was. Hij was ontworpen om alle andere boten achter zich te laten op het water en ze meerden binnen enkele minuten af bij Hôtel du Cap, waar een van de bemanningsleden van het schip Vladimirs Ferrari al had klaargezet. Soms nam hij een lijfwacht mee in een volgauto, maar op dit moment was alles rustig en hij had niet het gevoel dat dat deze avond nodig was. Hij nam plaats achter het stuur en ze vertrokken. Het zou maar een kort ritje naar Saint-Paul-de-Vence zijn in de snelle auto.

Natasha deed haar riem om en Vladimir zette een cd op waarvan hij wist dat ze er dol op was. Hij was in een feestelijke stemming en keek uit naar het eten en de kunst in het restaurant. Natasha zag er buitengewoon aantrekkelijk uit in een korte zachtroze jurk die ze nog niet eerder had gedragen en die hij voor haar uitgekozen had. Haute couture van Chanel met een ingetogen kanten kraag en een blote rug, met bijpassende sandalen in dezelfde kleur.

'Hij staat je echt goed, die nieuwe jurk.' Hij lachte haar bewonderend toe.

Ze knikte, blij dat het hem was opgevallen. Ze had haar haar los en zag er heel jong uit.

Hij droeg een witlinnen pak dat mooi afstak bij zijn gebronsde huid. Die ochtend had hij een paar uur gewerkt, maar ze hadden de rest van de dag luierend in de zon doorgebracht. Beiden waren ze prachtig bruin. 'Ik vind hem leuk. Je ziet eruit als een klein meisje, totdat je je omkeert.'

De jurk liet haar perfect gebruinde rug bloot. Aan boord lag ze altijd topless in de zon en de rug van de jurk was uitgesneden tot aan haar middel. Het zag er tegelijkertijd sexy en onschuldig uit.

'Ik ben benieuwd naar de kunst vanavond,' zei hij. Hun reservering was om halfnegen en hij wilde even rondkijken voordat ze gingen zitten om te eten.

'Ja, ik ook,' zei ze. Ze reden met het dak open. Het was een warme avond en ze bond haar haar samen voor het autoritje naar Saint-Paul-de-Vence. In de Ferrari waren ze er in de helft van de tijd die het normaal kostte om er te komen.

Toen ze aankwamen nam een personeelslid van het restaurant de auto over. Vanbuiten zag het eruit als een gewoon en wat onregelmatig gebouwd huis. Ze stapten door een poort een binnenplaats op en een vrouw in een zwarte jurk met opgestoken sneeuwwit haar kwam hun glimlachend tegemoet.

Maylis had Vladimir onmiddellijk herkend. Ze liep op hen af en stelde zich voor als Madame Luca. Belangstellend nam ze Natasha op.

'Uw tafel is over vijf minuten klaar. Wilt u eerst even een kijkje nemen in het huis en Lorenzo's werk bekijken?' vroeg ze alsof ze vrienden waren.

Vladimir knikte, blij dat ze tijd hadden om even rond te kijken.

Natasha maakte haar haar los en volgde hem het huis in. De muren waren wit om niet van de kunst af te leiden en Vladimir en Natasha waren meteen omringd door Lorenzo's werk. De schilderijen waren allemaal dicht tegen elkaar aan opgehangen omdat er zoveel waren. Ze waren onmiddellijk onder de indruk van de subtiele kleuren en meesterlijke kwaliteit van zijn penseelstreken. Vladimir stond stil om een schilderij van een beeldschone jonge vrouw te bewonderen, en allebei herkenden ze haar als de vrouw die hen had begroet. Onder het schilderij was een bronzen plaatje bevestigd waarop stond NIET TE KOOP. Vladimir was direct getroffen door het schilderij en kon zijn ogen er nauwelijks van afwenden om naar het volgende te lopen. Natasha liep rond en vond alle schilderijen indrukwekkend. Ze zag dat onder elk schilderij eenzelfde bronzen plaatje was bevestigd.

'Nou, dit is duidelijk geen galerie,' zei hij lichtelijk geërgerd nadat hij ook alle NIET TE KOOP-bordjes had opgemerkt. Ze liepen de ruimte rond en gingen een gang met schilderijen door een volgende kamer in. Geen van de schilderijen was te koop. 'Ze doet alsof het een museum is,' merkte Vladimir op.

'Ik heb er vandaag op internet iets over gelezen. Dit is haar collectie en naar verluidt heeft ze er nog veel meer in de opslag en in zijn studio,' legde Natasha uit. Ze wilde graag goed geïnformeerd zijn als ze ergens heen gingen en hem alles kunnen vertellen.

'Belachelijk dat ze er niet één verkoopt,' zei hij terwijl ze weer de eerste kamer binnengingen.

Natasha merkte een jongeman op in een donkerblauw pak die zwijgend naar hen keek. Hij had donker haar en donkerbruine ogen. Natasha voelde dat hij haar heel intens opnam. Ze zag hem weer toen ze de tuin in liepen, waar hun gastvrouw hen stond op te wachten.

Maylis bedacht onwillekeurig wat een knappe vrouw Natasha was en hoe volmaakt haar gelaatstrekken waren.

Ze gingen zitten en Maylis wendde zich tot Vladimir.

'Hebt u genoten van uw bezoek aan het huis?' vroeg ze vriendelijk.

'Ik zag dat er niets te koop was.' Vladimir keek ernstig terwijl hij haar vraag beantwoordde. Hij leek er niet blij mee.

Ze knikte. 'Dat klopt. We verkopen zijn werk niet. De schilderijen zijn onderdeel van de familiecollectie. Mijn man werd vertegenwoordigd door een galerie in Parijs. Bovigny Ferrand.' Gabriel had in eerste instantie een partner gehad, die hij jaren geleden had uitgekocht, maar had de naam aangehouden, omdat die tegen die tijd al bekend was. Daar had hij Georges Bovigny vorstelijk voor betaald.

'Die verkoopt op dit moment ook niets.' Hij had zijn huiswerk gedaan. 'Ik begrijp dat zijn werk eigenlijk nooit op de markt komt.' Zijn stem klonk gespannen.

'Sinds zijn dood twaalf jaar geleden niet, nee,' zei Maylis beleefd.

'U bent wel bevoorrecht dat u zoveel werken van hem hebt,' zei Vladimir scherp.

'Ja, dat klopt,' was ze het met hem eens. 'Ik wens u een smakelijke maaltijd.' Ze glimlachte hartelijk naar hen en trok zich terug naar de plek waar ze altijd stond om haar gasten te verwelkomen. Daar trof ze Theo aan, die naar Vladimirs tafel stond te staren.

'We hebben vanavond een belangrijke gast,' zei ze met zachte stem.

Theo leek haar niet te horen. Hij keek onafgebroken naar Natasha terwijl Vladimir en zij het menu bespraken. 'Ik heb nooit begrepen waarom vrouwen met zulk soort mannen zijn. Hij kon haar vader zijn,' zei hij vol afkeer, alhoewel ook zijn vader veel ouder was geweest dan zijn moeder.

'In hun geval gaat het om geld,' zei Maylis slechts.

Zijn moeders opmerking irriteerde hem meteen. 'Het kan toch niet alleen daarom gaan. Ze is geen prostituee. Ze ziet er zelf uit als een kunstwerk. Een vrouw als zij doet het niet voor het geld.' Hij kon zijn ogen niet van haar afhouden terwijl ze zachtjes met Vladimir zat te praten. Ze zag er op-en-top uit als een dame. Het was hem zelfs opgevallen hoe elegant haar handen het menu vasthielden. Aan haar pols glinsterde een dun diamanten armbandje in het kaarslicht.

'Het gaat om macht en een manier van leven, en alles wat hij voor haar kan doen. Haal je maar niks in je hoofd over haar. Vrouwen als zij zijn een geval apart. En als de relatie met hem voorbij is, zal ze iemand anders vinden die net is als hij, alhoewel mannen die zo rijk en machtig zijn als Stanislas niet aan de bomen groeien. Hij is van topklasse en is de machtigste man in zijn soort.'

Theo gaf geen antwoord. Hij bleef naar Natasha staren. Even later ging hij, als om zichzelf los te rukken van zijn droombeelden, een aantal tafels langs om te kijken of alles in orde was. Op de terugweg liep hij langs hun tafeltje. Een fractie van een seconde ontmoetten Natasha's ogen de zijne. Ze had opgemerkt dat hij naar haar had staan kijken.

'Is alles in orde?' vroeg hij beleefd.

Vladimir antwoordde. 'We willen bestellen.' Je kon aan zijn toon horen dat hij gewend was bevelen uit te delen. Theo knikte, maar was niet onder de indruk. Aan niets kon je merken dat hij een van de eigenaren was, of wie zijn moeder was. Hij was slechts een maître d' die zijn ronde liep.

'Ik stuur uw ober direct naar u toe.' Theo stuurde de ober naar hun tafel en bleef uit de verte naar Natasha kijken. Nu hij een vrouw als Natasha gezien had, kon hij zich maar moeilijk voorstellen dat hij met iemand als Chloe was. Alles aan Natasha was verfijnd en elegant. Alsof ze bewoog op muziek die alleen zij kon horen, in een soort privéballet. En al haar aandacht was gericht op haar vent.

Theo hoorde van de sommelier dat Vladimir hun duurste wijn had besteld.

Halverwege het diner zag Theo dat Vladimir zijn mobieltje uit zijn zak haalde en een gesprek aannam. Nadat hij iets tegen Natasha had gezegd, stond hij snel op van tafel en liep door de poort naar buiten om het gesprek daar voort te zetten. Theo hoorde hem Russisch spreken in het voorbijgaan.

Natasha at verder. Ze voelde zich ongemakkelijk nu ze alleen aan tafel zat en een paar minuten later stond ze op en liep het huis in om weer naar de kunst te gaan kijken. Ze ging voor het schilderij staan dat Vladimir eerder zo had bewonderd en staarde er lange tijd naar.

De drang om ook het huis in te lopen was onbedwingbaar. 'Mooi, hè,' zei hij glimlachend.

'Is het zijn vrouw?' vroeg Natasha hem. Ze had een heel aantrekkelijk Russisch accent en een zachte, sexy stem die hem de rillingen bezorgde.

'Ja,' zei Theo, met zijn blik op haar gericht. 'Alhoewel ze toen nog zijn vriendin was. Ze trouwden pas veel later, toen ze al meer dan twintig jaar samen waren en een zoon hadden.' Hij vertelde haar iets van de familiegeschiedenis zonder te zeggen wie hij was.

'Is het jongetje op de schilderijen hun zoon?'

Theo knikte, maar hij was nog steeds niet van plan te vertellen dat hij dat was. Hij bleef liever anoniem; dat maakte dat hij zich bijna onzichtbaar voelde. Hij hoefde ook niet 'gezien' te worden, maar wilde slechts genieten van haar aanblik, net zoals zij genoot van de kunst. Ze was zeker net zo mooi als de schilderijen van zijn moeder.

'Ze heeft gelijk dat ze ze niet wil verkopen,' zei Natasha zachtjes. 'Het is veel te moeilijk om er ook maar een kwijt te raken.'

Wat een prachtige stem had ze! Het klonk bijna als het zachtjes spinnen van een poes. En ze zag er zo onschuldig en verlegen uit, alsof ze niet vaak met vreemden sprak.

'Daarom doet ze het ook niet, alhoewel ze er heel veel heeft. En hij gaf veel weg toen hij jong was, aan vrienden of verzamelaars van zijn werk. Hij stelde geen belang in geld, alleen in de kwaliteit van zijn werk. Geen van de schilderijen hier is te koop,' zei hij met gedempte stem. 'Zijn weduwe wil ze niet verkopen.'

'Alles heeft zijn prijs.' Ze schrokken op van het geluid van de stem achter hen en keerden zich om. Vladimir stond in de deuropening met weer die geërgerde blik in zijn ogen. Hij hield niet van dingen die hij niet kon kopen. 'Zullen we teruggaan naar onze tafel?' zei hij. Het klonk meer als een bevel dan een vraag.

Ze glimlachte vriendelijk naar Theo en liep terug naar buiten. Hij volgde haar met zijn ogen.

Vladimir en Natasha gingen weer aan hun tafeltje zitten, namen kaas en bestelden daarna een dessert. En nadat Vladimir een van zijn sigaren had aangestoken vertelde hij haar dat ze nog mooier was dan de kunst en zij glimlachte naar hem.

Maylis fronste haar wenkbrauwen toen ze zag dat Theo onafgebroken naar Natasha keek. Ze liep stilletjes naar hem toe. De meeste gasten waren vertrokken en er waren nog maar een paar tafeltjes bezet met mensen die na zaten te genieten van hun verrukkelijke maaltijd.

'Doe jezelf dat niet aan,' zei Maylis tegen hem. Ze keek bezorgd. 'Ze is als een schilderij in een museum. Je kunt haar niet bezitten.'

Hij herinnerde zich wat Vladimir had gezegd over dat alles zijn prijs had.

'Bovendien kun je je haar niet veroorloven.'

'Nee, dat klopt,' zei Theo. Hij glimlachte naar zijn moeder. 'Maar ze ziet er prachtig uit.'

'Van een afstandje,' hield zijn moeder hem voor. 'Vrouwen als zij zijn gevaarlijk. Ze breken je hart. Ze is niet als de vrouwen die jij kent. Dit is een baan voor haar.'

'Denk je dat ze een hoer is?' Hij keek verbaasd.

Maylis schudde haar hoofd. 'Helemaal niet. Ze is zijn

maîtresse. Dat kun je aan alles zien. Haar jurk kostte meer dan een van jouw schilderijen. Haar armband en oorbellen zijn net zoveel waard als een van je vaders schilderijen. Het is een vak om te behoren aan een man die zo rijk en machtig is als hij.'

'Ja, misschien. Ik heb zijn jacht gezien. Je kunt je nauwelijks voorstellen dat iemand zoveel geld heeft... en een vrouw als zij.' Er klonk verlangen door in Theo's stem en dat had niets met het schip te maken.

'Je moet net zo rijk zijn als hij om je zo'n vrouw te kunnen veroorloven, al moet ik toegeven dat ze er beter uitziet dan de meeste anderen. Ze is zijn bezit en vast heel eenzaam. Zo werken die dingen.'

Nu hij eraan dacht voelde hij zich misselijk worden. Zijn moeder sprak over haar alsof ze een slaaf was, of een ding dat hij had gekocht. Alles had zijn prijs. Zo zag Vladimir dat tenminste. Zelfs de vrouw bij hem.

Niet lang daarna vertrokken ze. Vladimir betaalde contant en gaf de ober een enorme fooi, de helft van het bedrag op de rekening, alsof geld niets voor hem betekende. Maylis bedankte hen met een warme glimlach voor hun komst.

Theo stond in de keuken te praten met de chef en probeerde niet te denken aan de vrouw die met Vladimir was weggegaan. Hij vroeg zich af of zijn moeder gelijk had en of Vladimir inderdaad dacht dat ze zijn bezit was. Angstaanjagend om zoiets van een ander menselijk wezen te zeggen. Ineens besefte hij dat hij haar moest schilderen. Het was de enige manier waarop hij dicht bij haar kon komen, in haar ziel kon kijken, haar de zijne kon maken.

Met zijn gedachten nog steeds bij Natasha verliet hij het restaurant. Hij gooide zijn jasje op de achterbank, deed zijn das af en belde Chloe. Ineens had hij enorme behoefte haar te zien. Maar ze klonk niet blij toen ze opnam. Het was bijna één uur in de ochtend en ze sliep al.

'Heb je nog zin in gezelschap?' vroeg hij. Zijn stem klonk rauw van begeerte.

Geïrriteerd beet ze hem toe: 'Voor een snel nummertje? Je bent klaar met werken voor je moeder en wilt even een wip maken op weg naar huis?'

'Doe niet zo idioot, Chloe. Je zei dat je me wilde zien. Ik ben net klaar.'

'Bel me morgen maar, dan hebben we het erover.' Ze hing op.

Hij reed naar huis. Zijn moeder had gelijk. Hij leek wel gek om zo in de ban te zijn van de vrouw die hij die avond in het restaurant had gezien. Ze was de minnares van iemand anders, dat waren zijn zaken helemaal niet. Hij zou toch niet weten wat hij met zo'n vrouw aan moest. Al was hun gesprek bij de schilderijen heel prettig geweest. Ze had zo'n zachte stem...

Thuis gooide hij zijn autosleutels op de keukentafel. Jammer dat Chloe hem niet had willen zien, dacht hij. Hij begreep er niets van, maar hij had zich nog nooit zo eenzaam gevoeld. Hij liep naar zijn atelier en haalde een van de lege doeken tevoorschijn die tegen een muur stonden. Het enige wat hij op het doek kon zien was het gezicht van Natasha, dat erom smeekte om geschilderd te worden.

Toen Natasha en Vladimir in de haven van Antibes aankwamen, lag de tender al te wachten om hen terug naar de boot te brengen.

'Ik heb een bezoeker vanavond,' zei hij kalm terwijl de tender met hoge snelheid door het water kliefde. De zee was vlak en de maan stond hoog aan de hemel.

Ze vroeg niets maar wist dat het een belangrijk iemand was als die zo laat nog kwam.

'Ik moet nog wat stukken lezen voor onze vergadering, maar je hoeft voor mij niet op te blijven. Ik ga naar mijn kantoor tot hij er is.'

Ze wist nu dat het ging om iemand die zijn ontmoeting met Vladimir verborgen wilde houden. Daar was ze aan gewend. Ze kwamen met zijn helikopter en vertrokken weer voor het licht werd.

Vladimir bracht haar naar hun slaapkamer, sloeg zijn armen om haar heen en kuste haar met een glimlach op zijn gezicht.

'Dank je voor deze heerlijke avond,' zei ze. Ze vond het een goed restaurant en had genoten van de kunst en van zijn gezelschap. 'Het is wel een beetje gek dat niet een van de schilderijen te koop is.' Ze had gezien dat hem dat dwarszat.

Hij kuste haar weer en liet haar alleen in de hut.

Vlak voor ze in slaap viel hoorde ze de helikopter met Vladimirs bezoeker landen. Tegen de tijd dat de Russische president uit de helikopter stapte en Vladimir de hand schudde was ze al vast in slaap.

Vladimir en zijn bezoeker liepen de trap af naar Vladimirs geluiddichte en kogelvrije kantoor. Ze hadden werk te doen. Tegen de ochtend moest er een deal op tafel liggen.

3

Toen Natasha de volgende ochtend wakker werd, was het bed naast haar leeg. Ze opende haar ogen en zag dat Vladimir glimlachend naar haar stond te kijken. Hij droeg stadskleren en had een aktetas bij zich en zag er vermoeid maar voldaan uit. Ze wist dat hij tot diep in de nacht gewerkt had. Hij had die felle, triomfantelijke blik in zijn ogen die hij altijd had als hij een goede deal had gesloten. Als een dier dat zijn prooi had verschalkt.

'Moet je op reis?' Ze rekte haar lange, soepele lijf uit.

Hij ging naast haar zitten. 'Een paar dagen naar Moskou,' was het enige wat hij zei. Ze hadden de vorige avond de voorlopige overeenkomst getekend voor een delfstoffentransactie die hem miljarden zou opleveren. Nu moesten de definitieve papieren getekend worden en dan was de deal rond, een reisje naar Moskou ruimschoots waard. Er waren twee andere concurrenten geweest, grote spelers op het Russische schaakbord, maar zijn machinaties en connecties hadden ervoor gezorgd dat hij de buit had binnengesleept. Zo ging het eigenlijk altijd. Hij wist precies waar hij druk moest uitoefenen, hoelang en bij wie. Hij kende alle zwakheden van zijn vijanden en concurrenten en aarzelde nooit om daar gebruik van te maken.

'Ik bel je nog,' beloofde Vladimir haar. Hij boog zich voorover om haar een kus te geven en wenste dat hij de tijd had om met haar de liefde te bedrijven. Maar hij moest aan het werk, zijn vliegtuig wachtte op hem op het vliegveld van Nice. 'Ga maar wat shoppen als ik weg ben. Ga naar de Hermès in Cannes.' Daar was ook een Dior-winkel waar ze graag kwam.

Een paar dagen geleden was ze bij Chanel geweest, maar er waren genoeg winkels aan La Croisette waar ze haar tijd kon doorbrengen. Soms wilde ze wel dat ze met een vriendin kon gaan, maar vrouwen in haar situatie hadden geen tijd voor vriendinnen. Ze was altijd stand-by voor Vladimir en zijn plannen konden elk moment veranderen. Zijn schema was net zo veranderlijk en onvoorspelbaar als hijzelf en haar permanente beschikbaarheid was deel van hun onuitgesproken overeenkomst.

'Maak je geen zorgen. Ik amuseer me wel.' Ze sloeg haar armen om hem heen en wreef met haar borsten tegen zijn borstkas.

Hij boog naar achteren om ze te omvatten. 'Ik zou je eigenlijk mee moeten nemen, maar ik zal het druk hebben. Je zou je maar vervelen in Moskou. Blijf gewoon aan boord. Ga maar niet naar het huis zonder mij.'

Ze wist van de risico's en ging nooit zonder hem naar het huis in Saint-Jean-Cap-Ferrat.

'Wanneer ik terug ben, gaan we iets leuks doen. Naar Saint-Tropez of Sardinië of zo.'

Dat idee stond haar wel aan. Ze volgde hem naar de deur van hun slaapkamer om hem nog een laatste kus te geven.

Hij liet zijn handen onder haar satijnen nachthemd glijden en trok het naar beneden zodat het zacht ruisend op de vloer aan haar voeten viel. Haar fantastische lichaam stond in al zijn glorie voor hem. Hij kreeg er nog steeds een kick van te weten dat ze van hem was, alsof ze een oogverblindend kunstwerk was dat hij bezat. En hij wist dat iedereen die haar zag hem benijdde. Ze kusten elkaar nogmaals. Zachtjes trok hij de deur achter zich dicht.

Natasha liep met een glimlach op haar gezicht naar de badkamer en draaide de kraan van de douche open. Toen ze eronder stapte hoorde ze de helikopter van het bovendek vertrekken. Ze vroeg zich niet af wat hij in Moskou ging doen. Het enige wat van belang was, was dat ze wist dat ze bij hem hoorde en dat hij op zijn manier van haar hield. Dat was voldoende. En zij hield ook van hem, haar redder.

Maylis deed de administratie van het restaurant toen Gabriel uit Parijs belde. Ze hield alles zorgvuldig in de gaten en controleerde regelmatig of de uitgaven en inkomsten klopten. Ze gaven een vermogen uit aan etenswaren. De producten die ze in heel Europa kochten waren belachelijk duur en hun wijnrekeningen torenhoog. Maar daarom rekenden ze dan ook zulke hoge prijzen. Maar alles leek in orde te zijn. Ze klonk bedachtzaam toen ze de telefoon opnam.

'Is er iets?' Gabriel voelde haar stemmingen feilloos aan en probeerde al haar problemen op te lossen. Sinds hij Lorenzo was gaan vertegenwoordigen had hij haar bijna als een kind in bescherming genomen. Nu ze geliefden waren deed hij dat nog meer. Hij respecteerde haar alsof ze getrouwd waren en waakte over haar als een liefhebbende vader, al was hij slechts vier jaar ouder.

Ze hadden beiden wit haar, maar op zijn zevenenzestigste zag hij er aanzienlijk ouder uit dan zij. Haar gezicht was weliswaar niet heel jong meer, maar ze zag er nog steeds jeugdig uit en had weinig rimpels. En Maylis had nog steeds een sensueel en aantrekkelijk lichaam, net als in de tijd dat ze voor Lorenzo had geposeerd.

'Nee, ik deed net de administratie. Het ziet er allemaal goed uit. Wanneer kom je hiernaartoe?'

Hij glimlachte. 'Ik ben drie dagen geleden pas weggegaan. Ik moet af en toe wel hier zijn, anders krijg ik op mijn kop van Marie-Claude.' De galerie was nog steeds van hem, maar hij probeerde wel zo veel mogelijk tijd in Saint-Paul-de-Vence door te brengen.

In haar hoofd was Maylis nog steeds met een dode man getrouwd, al waren ze nu geliefden. Ze behandelde Gabriel als een geheime minnaar en gaf maar zelden aan iemand toe dat Gabriel en zij een verhouding hadden. Maar hij nam haar zoals ze was om maar bij haar te kunnen zijn.

Zijn dochter Marie-Claude runde zijn galerie nu al jaren. Ze was net veertig geworden, was getrouwd met een succesvolle advocaat en had twee pubers. Ze vond dat Gabriel hen te weinig zag omdat hij altijd in Saint-Paul-de-Vence was en zich veel meer bezighield met Maylis en Theo dan met zijn eigen familie. Dat zat Marie-Claude al jaren niet lekker en ze uitte haar ongenoegen regelmatig.

'Marie-Claude kan best zonder je. Maar ik niet,' zei Maylis slechts.

Hij wist dat dat waar was. Maylis stond haar mannetje in het restaurant, maar vond het financiële beheer van haar privézaken en die van Lorenzo moeilijk, want dat lag een stuk ingewikkelder. Gabriel kon heel goed met cijfers overweg en hij deed het graag voor haar, als dat haar leven gemakkelijker maakte.

Zijn dochter was ook een uitstekende zakenvrouw, maar Marie-Claude vond het niet leuk om aldoor met de Luca's om de aandacht van haar vader te moeten strijden. Ze vond de manier waarop hij zich zo hardnekkig aan hen vastklampte ongezond en meende dat ze hem niet genoeg waardeerden. Ze vond Maylis bovendien een ongelooflijk egoïstische vrouw die er niet voor terugschrok beslag te leggen op al haar vaders tijd en hem te gebruiken. En dat alles leek haar helemaal niet goed voor zijn gezondheid.

'Ik ben snel weer terug. Ik was van plan hier een week te blijven en even te zien wat Marie-Claude uitvoert. Ze heeft een hele kudde nieuwe kunstenaars gecontracteerd.' De laatste jaren was hij niet meer dan een stille partner geweest in de galerie die hij had opgericht. Lorenzo's zaken namen nog steeds veel tijd in beslag, want de nalatenschap was omvangrijk en het beheer werd er niet makkelijker op. Hij wilde ervoor zorgen dat Maylis' financiën helemaal toekomstbestendig waren, voor het geval er iets met hem zou gebeuren. Dat gold ook voor Theo's financiën. Die had weliswaar meer verstand van geld, maar hij hield zich nu eenmaal liever bezig met schilderen.

'Ik kreeg vanmorgen een telefoontje dat ik met je wil bespreken, Maylis.'

'O, vertel me alsjeblieft niet dat ze weer mijn belastingen willen verhogen en dat jij een plan hebt om dat aan te pakken. Daar krijg ik altijd hoofdpijn van.' Ze klonk meteen zenuwachtig. 'Kun je het niet gewoon regelen zonder met mij te overleggen?'

'Nee, dat kan niet. En het gaat trouwens niet over de belastingaangifte. Je moet een beslissing nemen. Ik ben namens een klant gebeld door een advocaat in Londen. Het is een belangrijke kunstverzamelaar die anoniem wil blijven. Hij wil een schilderij kopen dat hij in het restaurant heeft gezien.'

'Stop maar,' zei Maylis bruusk. 'Je weet dat ik niet verkoop. Onder elk schilderij hangt een NIET TE KOOP-bordje.'

'Hij biedt een aanzienlijk bedrag, Maylis. En ik vind dat ik het toch op z'n minst aan je moet voorleggen. Ik wil hem niet afwijzen zonder jouw toestemming.'

'Die heb je. Vertel hem maar dat Lorenzo's werk niet te koop is.' Ze wilde niet eens het geboden bedrag weten.

'Ze hebben hun huiswerk gedaan en bieden hetzelfde bedrag als waarvoor het laatste schilderij van Lorenzo bij Christie's van de hand ging. Dat is echt een heel mooi bedrag. En dit is slechts hun openingsbod.' Alhoewel ze een hoog bedrag hadden geboden, meende Gabriel uit de toon van de advocaat te kunnen afleiden dat ze best hoger wilden gaan.

'Dat was zeven jaar geleden en nu zouden ze voor nog meer weggaan. Dat wil zeggen: áls ik zou verkopen, maar dat doe ik niet. Zeg ze gewoon dat het niet doorgaat. Weet je wie het is?'

'Nee, dat weet ik niet. De eventuele koper wil niet dat wij dat weten.'

'Nu ja, het doet er niet toe. Vertel hem maar dat er niets te koop is.'

Gabriel aarzelde even. Ze hadden een enorm bedrag geboden. Maar ze had wel gelijk. Als ze nu een schilderij van Lorenzo op de veiling brachten, zou dat nog meer opleveren, dat wist die koper ook. Het was een heel slim openingsbod.

'Ik vind dat je dit met Theo moet bespreken,' zei Gabriel rustig. Hij meende dat haar zoon er in ieder geval van af moest weten, maar had eerst Maylis willen bellen. Als het schilderij in het huis hing, was het van haar. Maar Theo zou haar goed advies geven en Gabriel wilde haar graag stimuleren het te verkopen, zodat de waarde van Lorenzo's werk opnieuw bepaald zou worden. Die zou ongetwijfeld hoger liggen dan bij de vorige veiling. Als ze met de verkoop instemde, was hij bereid om over de prijs te onderhandelen zodat ze het maximaal haalbare zou krijgen.

Toen hij haar vertelde om welk schilderij het ging, zei ze: 'Dat schilderij is niet van Theo maar van mij. En hij wil trouwens ook niets verkopen. We hebben het geld niet nodig en ik doe geen afstand van Lorenzo's schilderijen.'

'Zeg het toch maar tegen Theo. Ik ben benieuwd wat hij

ervan vindt,' zei Gabriel voorzichtig. Hij zou haar nooit onder druk zetten.

'Oké, ik zal het hem zeggen,' zei ze onwillig. Daarna sprak ze over andere zaken die ze belangrijker vond, zoals hun winstmarge op de wijnen in het restaurant. Ze wilde weten of Gabriel dacht dat ze hun prijzen moesten verhogen. Ze volgde altijd zijn adviezen op, behalve als het om het verkopen van Lorenzo's werk ging. Voordat ze ophingen beloofde ze hem weer dat ze haar zoon zou bellen.

Zoals altijd duurde het eeuwig voordat Theo opnam en dat betekende dat hij aan het schilderen was.

'Ja?' Hij klonk erg afgeleid. Hij kon zien dat het zijn moeder was die belde en hoopte maar dat ze hem niet zou vragen die avond weer in het restaurant te werken. 'Ik ben aan het werk.'

'Logisch. Wanneer niet? Gabriel vroeg me je te bellen. Het spijt me dat ik je stoor.'

'Is er iets aan de hand?'

'Nee, niets. Hij is gebeld door een advocaat in Londen die een anonieme privéverzamelaar vertegenwoordigt die een van mijn schilderijen wil kopen.'

'Heb je hem verteld dat het niet te koop is?' Theo begreep niet waarom ze belde en hij baalde ervan dat ze hem uit zijn werk had gehaald. Het schilderen slorpte hem altijd helemaal op.

'Dat weet Gabriel. Het schijnt dat ze onze laatste prijs bij Christie's hebben geboden, die nu, zeven jaar later, natuurlijk sowieso te laag is. Maar Gabriel vond dat jij ervan moest weten. En hij zei dat hij over de prijs kon onderhandelen als we willen verkopen.'

Theo aarzelde even voordat hij antwoordde. Hij fronste zijn wenkbrauwen. 'Dat was toen wel een te hoge prijs, hoor. Die twee kopers boden heel lang tegen elkaar op en een van hen betaalde veel meer dan hij eigenlijk had moeten betalen.'

Maylis en Theo waren buitengewoon tevreden geweest met het resultaat. 'En dat is het openingsbod van die anonieme koper?' Hij klonk verrast.

'Dat zei Gabriel, ja. Ik heb tegen hem gezegd dat hij het bod moest afslaan, maar hij wilde dat ik het eerst met jou overlegde.'

Theo begreep wel waarom. Het was een enorm bedrag voor zijn vaders werk en het zou aantonen hoe hoog zijn marktwaarde wel niet was, zeker als de koper bereid was zijn bod nog te verhogen.

'Misschien moet je er toch over nadenken,' zei Theo rustig. 'Kijken hoeveel Gabriel ervoor kan krijgen, hoezeer deze koper erop gebrand is.'

'Ik verkoop het niet,' zei ze strijdlustig. 'Het is een van de eerste schilderijen die je vader van mij maakte, toen ik alleen nog maar zijn model was.'

Theo besefte plotseling om welk schilderij het ging. Het was het schilderij dat Vladimir Stanislas gisteravond zo geboeid had.

'Ik denk dat ik dan wel weet wie die koper is. Stanislas was er gisteravond compleet door gebiologeerd.' En hij herinnerde zich de irritatie van de Rus dat het niet te koop was en zijn opmerking dat alles zijn prijs had. 'Als hij het is, kun je waarschijnlijk wel met hem onderhandelen en een nog hoger bedrag vragen. Volgens mij kent hij het woord "nee" niet en als hij er echt zijn zinnen op gezet heeft, maakt het hem niet uit hoeveel het kost.'

'Het is níét te koop,' herhaalde Maylis koppig. 'Het kan me niet schelen wat hij biedt.'

'Maar dan weten we wel weer precies wat papa's werk waard is en ligt de lat nog hoger dan de laatste keer.'

'Wat maakt dat nou uit als we toch niets willen verkopen?'

'Maar misschien wil je dat op een dag wel. En het is slim

om nu en dan de kunstmarkt te peilen. Gabriel zegt altijd dat het goed is om er af en toe een te verkopen. En papa heeft wel betere schilderijen van jou gemaakt. Je weet wel, die hij maakte nadat ik geboren was.' Zijn liefde voor Maylis en zijn zoon straalde sinds die tijd uit elk schilderij. 'Dit zou juist een goed exemplaar kunnen zijn om te verkopen,' zei Theo bedachtzaam.

'Het antwoord is nee.' Ze was soms ontzettend halsstarrig.

'Het is aan jou om daarover te beslissen, maman. Maar ik zou met ze in onderhandeling gaan en kijken waar je uitkomt.' Dat was een goed advies en Gabriel zou vast hetzelfde gezegd hebben.

'Ik heb al tegen Gabriel gezegd dat hij het bod moet afslaan.'

En vijf minuten later bevestigde ze dat nog eens. Gabriel was een beetje teleurgesteld dat ze niet naar hem of haar zoon had willen luisteren.

'Ik zal de boodschap overbrengen,' zei hij zacht. Hij wist wel beter dan met haar in de clinch te gaan over Lorenzo's werk. Even later belde hij de advocaat in Londen en wees het bod af.

Hij zat te kijken naar afbeeldingen van enkele van de nieuwe werken die Marie-Claude binnengehaald had en verwonderde zich over haar oog voor hedendaagse kunst toen de advocaat in Londen weer belde met een aanzienlijk hoger bedrag. Gabriel slaagde erin zich te beheersen, al was hij geschokt. Het was duidelijk dat de anonieme koper bereid was om het werk tegen elke prijs aan te schaffen. Hij bood vijftig procent boven de prijs waarmee Christie's het eerdere schilderij destijds had aangeboden, dit was echt een heel hoog bod. Gabriel zei dat hij het zou overbrengen aan de weduwe van de kunstenaar.

Maylis was zo koppig als een ezel. Ze wilde deze keer zelfs Theo niet bellen.

'Dit is werkelijk een enorm hoog bedrag.' Hij probeerde haar om te praten. 'Ik denk niet dat je het moet afwijzen, Maylis.

Daardoor wordt het werk van Lorenzo in de huidige kunstmarkt waanzinnig veel waard.'

'Kan me niet schelen. Het is niet te koop.'

Gabriel zuchtte hoorbaar en belde de advocaat in Londen weer. Hij voelde zich een idioot. Hij wist dat het een fantastische prijs was voor het werk en nu moest hij uitleggen dat mevrouw Luca op dit moment niet geïnteresseerd was in het verkopen van haar mans werk. Gabriel wilde de deur op een kiertje houden voor de toekomst, maar was er niet zeker van of hij tijdens Maylis' leven nog iets zou verkopen.

'Mijn klant heeft me gemachtigd om een eindbod te doen,' zei de advocaat met een Britse aardappel in zijn keel, en hij verdubbelde hun oorspronkelijke bod. Als Maylis het bod zou accepteren, werd het een van de duurste schilderijen ooit verkocht.

Gabriel was even stil. Het bod had hem perplex doen staan. 'Ik zal het aan mijn klant overbrengen,' zei hij eerbiedig.

Deze keer belde hij direct met Theo. Toen die het bedrag hoorde, floot hij.

'Jezus. Het moet Stanislas wel zijn. Niemand zou zoveel betalen.'

'Ik weet niet wat ik tegen je moeder moet zeggen. Ik vind dat ze het moet verkopen,' zei Gabriel eerlijk. Hij wist niet hoe hij het aan moest pakken, want wat Lorenzo's werk aanging, luisterde ze niet naar hem. Ze was er veel te emotioneel mee verbonden. En niemand kon Gabriel ervan beschuldigen dat hij er financieel belang bij had, want na de laatste verkoop wilde hij geen commissie meer in rekening brengen. Dat voelde niet goed. Zijn advies aan haar was dus zuiver en zonder eigenbelang.

'Dat vind ik ook,' was Theo het met hem eens. 'Ik mocht die Stanislas niet zo toen ik hem gisteravond zag, want ik denk echt dat hij het is.' Hij had een instinctieve afkeer van de man gehad. 'Maar wat een bedrag! Dat kán ze niet van de hand wijzen.'

'Maar dat gaat ze wel doen, denk ik, wat we haar ook vertellen.' Gabriel klonk moedeloos.

'Het enige goede nieuws is dat hij het schilderde in de tijd dat ze alleen nog maar zijn model was. Ik betwijfel of ze zijn latere schilderijen ooit zal verkopen, toen ze eenmaal zijn minnares was of toen ze getrouwd waren. Dit bod mag ze echt niet afslaan. Ik denk dat het een belangrijk ijkpunt zou betekenen voor mijn vaders werk. Het is het dubbele van wat we de vorige keer kregen!' zei Theo praktisch.

Gabriel was het met hem eens. 'Help haar herinneren. Kijk wat je kunt doen.'

Theo belde haar meteen en vertelde haar wat hij tegen Gabriel gezegd had, dat het een hoge prijs was voor zijn vaders werk. Dat hij daarmee aan de top van de kunstwereld zou komen te staan en dat ze hem dat niet kon ontzeggen. Hij zei dat hij zeker wist dat zelfs zijn vader het schilderij zou hebben verkocht en hoopte maar dat zijn woorden haar op andere gedachten brachten. Soms hielp het om Lorenzo's naam te noemen en te praten over zijn veronderstelde wensen.

'Ik zal erover denken,' zei ze. Ze was duidelijk overstuur. Het voelde voor haar net alsof ze een kind moest opgeven als ze een schilderij wegdeed, alsof ze weer een stukje van Lorenzo kwijtraakte.

Theo was heel verbaasd toen ze een uur later terugbelde. Hij had kennelijk toch een snaar weten te raken bij haar en ze zei dat ze wilde doen wat Lorenzo gewild zou hebben.

'Als je echt denkt dat dit een belangrijke mijlpaal voor hem is, en dat hij het zou willen, doe ik het.' Het klonk alsof ze elk moment in tranen kon uitbarsten.

Theo wist net als Gabriel hoe moeilijk dit was voor haar, daarom had hij het zo voorzichtig aangepakt. En Theo had de magische woorden gezegd: 'Dit ben je aan papa verplicht. Dit is wat hij zou hebben gewild. Het is een eerbetoon aan zijn werk.

Ik denk echt dat je de juiste beslissing genomen hebt, maman. Dit is heus wat papa zou willen.' En het was misdadig om zo'n bedrag niet te accepteren. De prijs was verdubbeld, zelfs zonder dat er op een veiling door meerdere kopers op was geboden. Theo feliciteerde haar met haar verstandige besluit en drong erop aan dat ze Gabriel meteen belde voordat de koper, of zijzelf, van gedachten veranderde.

Nadat Theo had opgehangen dacht hij weer aan Vladimir Stanislas' opmerking de avond ervoor, dat alles zijn prijs had. Hij had er de pest in dat hij gelijk had, maar in dit geval was dat wel zo. En hij vroeg zich af of Stanislas dacht dat dat ook voor mensen opging. Hij vermoedde van wel, en dat was nog erger. Als hij de koper was, had hij deze keer gewonnen, maar zij ook. Ze hadden er allemaal baat bij.

Gabriel bracht aan de advocaat in Londen over dat het bod aanvaard was. Die zei dat de koper verheugd zou zijn. Hij belde Gabriel tien minuten later terug en zei dat het geld binnen een uur telegrafisch zou worden overgemaakt naar de bankrekening van de galerie in Parijs. De koper wilde dat het schilderij afgeleverd werd bij een motorjacht met de naam *Princess Marina*. Een tender zou hen om vijf uur die middag opwachten aan de kade voor Hôtel du Cap-Eden-Roc in Cap d'Antibes. Dat bevestigde Theo's eerdere vermoeden dat Stanislas de koper was.

Nu de onderhandelingen met succes waren afgerond, was de koper bereid zijn identiteit prijs te geven. Gabriel belde Theo meteen nadat hij opgehangen had en vertelde hem wie de verzamelaar was.

'Ik wíst het,' zei Theo. 'Het zag eruit of hij het van de muur wilde rukken en het gisteravond meteen onder zijn arm meenemen. Ik baal ervan dat hij het nu heeft, maar voor die prijs konden we hem niet weigeren, toch?'

'Ik ben blij dat jullie dat niet gedaan hebben. En het is waar wat je tegen je moeder zei. Bij een volgende verkoop zal deze prijs als basis dienen. Zijn nalatenschap is nu twee keer zoveel waard. Dat is niet niks.'

Plotseling besefte Theo wat dit voor invloed zou hebben. De waarde van zijn gehele fortuin, en dat van zijn moeder, was met één enkele verkoop verdubbeld. Hij mocht de man niet die het schilderij had gekocht en hij had geen goed gevoel over hem, maar hij had hun wel een dienst bewezen.

'Hij wil dat het schilderij vanmiddag om vijf uur bij zijn schip wordt afgeleverd. Het spijt me dat ik je daarmee moet lastigvallen, maar zou jij dat kunnen doen? Ik denk dat het voor je moeder te emotioneel is om te doen.'

'Natuurlijk,' zei Theo snel. Hij vroeg zich af of hij Natasha dan zou zien of alleen Stanislas. Voor dat geld zou hij ongetwijfeld zelf aanwezig willen zijn om het schilderij in ontvangst te nemen.

'Er ligt een tender klaar aan de kade van Hôtel du Cap-Eden-Roc. Je hoeft daarna alleen maar aan boord van het jacht te gaan en het aan Stanislas te geven. Dan ben je klaar. Ze zeiden dat ze het geld binnen een uur zouden overmaken naar de rekening van de galerie. Dan maak ik het over naar je moeders rekening. Als we het geld binnen hebben, kun je het schilderij afleveren.' Telegrafisch geld overmaken duurde meestal langer, maar dat gold kennelijk niet voor Stanislas.

'Ik ben om vijf uur aan de kade voor het hotel. Ik zal mijn moeder vanmiddag helpen het schilderij van de muur te schroeven.' Alle schilderijen zaten stevig vast om diefstal te voorkomen en om tegemoet te komen aan de eis van de verzekeringsmaatschappij, aangezien het huis vanwege het restaurant een openbare ruimte was. De werken in zijn vaders studio zaten niet zo stevig verankerd aan de muur, want daar kwam niemand behalve zijn moeder. Ze hadden jaren geleden een alarminstallatie laten aanbrengen en waren altijd heel voorzichtig met zijn vaders werk.

'Ik laat het je weten zodra het geld binnen is, maar ik verwacht geen problemen. Die Stanislas bulkt echt van het geld,' zei Gabriel. Hij was nog steeds verbijsterd over het bedrag dat betaald was voor Lorenzo's werk. Maar als Stanislas iets wilde, bewoog hij hemel en aarde om het te krijgen, zoveel was wel duidelijk.

'Dat lijkt wel zo, ja.' Het klonk een beetje gedeprimeerd. Zelfs deze ongelooflijke verkoop kon er niet voor zorgen dat Theo de man aardiger ging vinden. Alles aan Stanislas gaf hem een nare smaak in zijn mond. Het ging bij hem alleen maar om bezit: van mensen, bedrijven en dingen. Theo vroeg zich af hoe het voor de mooie jonge vrouw voelde om een van zijn bezittingen te zijn. Die gedachte stond hem tegen. Ze had zulke zachte ogen en zo'n lieftallig gezicht en hij had het fijn gevonden met haar te praten. Het zou leuk zijn om een glimp van haar op te vangen aan boord wanneer hij het schilderij afleverde, maar hij betwijfelde of dat zou gebeuren. Hij zou behandeld worden als een loopjongen en weggestuurd worden zodra hij het schilderij niet meer in zijn handen had. Dat was te verwachten. Ze wisten niet dat hij Lorenzo's zoon was en dat wilde hij ook zo houden. Dat ging hen niets aan en het was niet Theo's stijl om zich op die manier voor te stellen.

Theo was precies om vijf uur aan de kade bij het hotel. Het schilderij was zorgvuldig ingepakt: in kunstpapier gewikkeld, daarna in een zachte stof en daarna in bubbeltjesplastic. Daaromheen zat een zware plastic verpakking om het te beschermen tijdens de tocht over het water naar het jacht.

Theo stond met het schilderij in zijn handen toen de tender naderde. De zeelieden van de *Princess Marina* zagen hem direct staan en namen voorzichtig het schilderij van hem over, hielpen hem aan boord en bedekten het schilderij met zeildoek. Ze voeren snel naar het jacht en vroegen hem met het schilderij te wachten in een wachtruimte. Hij werd opgehaald door de purser en iemand van de beveiliging en naar een lift gebracht. Ze gingen respectvol met hem om, maar het was duidelijk waarvoor hij gekomen was: hij moest alleen het schilderij aan iemand overhandigen. En voor deze prijs kon die persoon alleen maar Stanislas zelf zijn. Die zou het genot willen smaken te ontvangen wat hij nu bezat en waarvoor hij een fortuin had neergeteld.

Theo stapte op een bovendek naar buiten en zag een enorme bar en een vrouw die in een korte broek en een T-shirt op een bank zat. Haar lange blonde haar was losjes opgestoken. Stanislas was nergens te bekennen. Natasha stond op en liep op blote voeten naar hem toe.

'Dank u dat u het schilderij komt brengen.' Ze glimlachte hem ongedwongen toe. Zelfs nu hij zijn pak niet droeg maar een korte broek en een T-shirt herkende ze hem van het restaurant. Theo had zijn schoenen beneden in een mandje achtergelaten toen hij aan boord kwam.

'Vladimir zei al dat iemand het kwam brengen. Heel aardig dat u gekomen bent.'

Weer hoorde hij haar Russische accent, maar ze sprak uitstekend Frans.

Ze had geen idee wat Vladimir ervoor betaald had, en of het normaal was dat iemand het aan boord kwam brengen. Ze nam aan dat Theo de maître d' van het restaurant was, die nu als loopjongen fungeerde. Natasha nam het schilderij officieel van hem aan, gaf het aan de lijfwacht en zei hem het achter slot en grendel te zetten in het kantoor van meneer Stanislas. Dat waren Vladimirs instructies geweest in de e-mail die hij over de aflevering had gestuurd. Ze wendde zich met een warme glimlach tot Theo. 'Vladimir had zeker gelijk dat alles zijn prijs heeft. Hij heeft meestal gelijk,' voegde ze er verlegen aan toe.

'Niet alles. Maar in dit geval was verkopen voor iedereen de juiste beslissing,' zei Theo bedachtzaam. Stanislas had hen tenslotte niet bedrogen of misbruik van hen gemaakt. Hij had een fantastisch bedrag geboden en het was een prachtige deal, daarvan was Theo zich terdege bewust, of hij de man nu mocht of niet.

'Hij is er heel ingenomen mee,' zei ze vriendelijk. 'En het schilderij is prachtig.' Ze herinnerde het zich nog precies van de avond tevoren en had geweten op welk werk Vladimir zijn zinnen gezet had.

'Waar hangt u het op?' Theo vroeg zich af of ze het mee naar Rusland of Londen zouden nemen of nog ergens anders. Hij vond het prettig om te weten waar zijn vaders schilderijen naartoe gingen. Het doek dat zeven jaar geleden bij Christie's was geveild was naar een bekende verzamelaar in Brazilië gegaan.

'Waarschijnlijk op het schip. Onze favoriete kunstwerken zijn allemaal hier. Het appartement in Moskou is heel modern en strak. We hebben daar enkele Jackson Pollocks en Calders. En de oude meesters hangen in Londen. Er hangt nog niet zoveel in het huis in Saint-Jean-Cap-Ferrat, we zijn er zelden. We hebben de kunst die we het mooist vinden aan boord, zodat we die vaker kunnen zien.' Hier was het ook het veiligst omdat er continu bewaking was.

Ze bedacht iets wat hij misschien leuk zou vinden. 'Doe ik u een plezier met een bezichtiging van het schip, nu u toch hier bent?'

Als dat betekende dat hij niet langer bij haar zou zijn, maar het enorme jacht met een dekknecht of een officier zou moeten bekijken, dan wilde hij dat niet. Dan bleef hij liever nog even met haar praten. Vooral omdat Stanislas kennelijk niet aan boord was.

Hij stond op het punt het aanbod af te slaan toen ze voorstelde hem zelf rond te leiden. Ze leek wel een jong meisje zoals ze hem mee naar binnen nam, de imposante trap af. Theo volgde haar gefascineerd. Ze boeide hem veel meer dan dat hele schip en ze had helemaal niet door hoe verrukt hij van haar was. Hij kon zijn ogen niet van haar afhouden.

Ze liet hem de machinekamer zien en de kombuis, de diepvriesruimte, een spa, de enorme fitnessruimte met elk apparaat dat je maar bedenken kon en de balletstudio met een barre. Er waren een kapsalon, een squashbaan, een binnen- en buitenbad en een enorme hottub. Elke verdieping had wel een bar, er waren een eetkamer met plaats voor veertig mensen en een eetruimte aan dek die net zo groot was, die ze elke dag gebruikten. Er waren leren vloeren en wanden die door Hermès waren gemonteerd, een ongelooflijk mooie houten lambrisering, prachtig meubilair en verbijsterend mooie kunstwerken. Hij telde op hun rondgang zes Picasso's en nu zou zijn vaders werk deel gaan uitmaken van hun permanente collectie. Theo was er trots op.

Hij zag dat er tenminste tien luxehutten waren en ze vertelde hem dat er ook verblijven waren voor de vijfenzeventig bemanningsleden die aan boord werkten en woonden. Er waren vier fulltimechefs en twintig souschefs. Hij was perplex toen hij zag dat er een gekoelde ruimte was waar een fulltimebloemist werkte, die voor elke ruimte aan boord bloemstukken maakte. Ze hadden hun eigen brandweer, een enorme ruimte voor de beveiliging, een gigantische wasserij en stomerij, een bagageruimte voor hun koffers en een ruimte waar alle uniformen van de bemanning hingen en uitgedeeld werden, waar drie mensen werkten. Elke functie en elke rang had zijn eigen uniform.

Ze liet hem een filmtheater zien waar vijftig mensen konden zitten, met grote gemakkelijke stoelen die konden ronddraaien, en ze liepen langs een aantal afgesloten ruimtes waar ze geen uitleg bij gaf. Hij vroeg zich af of er soms wapens lagen aangezien een van die ruimtes naast het kantoor van de beveiliging lag. Het leek hem logisch dat een man die zo rijk en machtig was als Stanislas wapens aan boord had om zich te beschermen.

Ze eindigden in de stuurhut vol radarschermen en de nieuwste computers en elektronische apparatuur, waar de kapitein en een aantal officieren gemoedelijk met elkaar stonden te praten. De kapitein was Brits, evenals de meeste officieren, maar Theo had opgemerkt dat er ook veel Russische bemanningsleden waren en dat alle beveiligers Russen waren. Er waren dekknechten uit Rusland, de Filipijnen, Australië en Nieuw-Zeeland. Het keukenpersoneel was Italiaans. En hij hoorde in het voorbijgaan werkelijk een Verenigde Naties aan talen gesproken worden, van Frans tot Chinees, maar toch meestal Russisch.

Natasha groette hen allemaal alsof ze hen kende en ze waren beleefd en eerbiedig naar haar. Het was duidelijk dat ze een belangrijke positie bekleedde. Ze was niet een of ander meisje van plezier of een mooi leeghoofd dat aan boord was om Vladimir te vermaken. Hij was hier heer en meester, maar zij was de vrouw des huizes, en het was duidelijk dat ze haar mochten. Ze schepte niet op tijdens de rondleiding en ze had geen air. Ze was gewoon zichzelf.

Toen ze weer bij de bar aan dek kwamen waar ze begonnen waren, bood ze hem een glas champagne aan. Hij nam haar aanbod aan, maar wist niet wat hij moest zeggen. Hij had nog nooit zoiets gezien. Ze had hem niet hun suite laten zien, of Stanislas' kantoor, maar de rest wel. Ze hadden bijna een uur nodig gehad om het gigantische jacht te zien, dat van alle gemakken was voorzien, net als een cruiseschip maar dan veel mooier. Alles aan boord was van de beste kwaliteit, van de kunstwerken tot de stoffen, de meubels en de onbetaalbare voorwerpen die de ruimtes aankleedden. Stanislas had een oog voor de schoonheid in alle dingen, daar was Natasha ook het bewijs van. Theo vroeg zich onwillekeurig af hoe het zou zijn om in deze verheven wereld te leven en onderdeel te zijn van zo'n verbijsterende organisatie.

'Het is werkelijk onvoorstelbaar. Het schip is nog groter dan het vanaf de wal lijkt,' zei hij bewonderend, en hij nam het glas van haar aan.

'Ja, dat is zo. Hou je van varen?' vroeg ze belangstellend.

Hij moest lachen. 'Zeker, maar ik ben nog nooit op zo'n groot schip geweest.' Het was een totaal opzichzelfstaande wereld, bijna een stad.

Het viel hem op dat de beveiliging verdwenen was toen het schilderij eenmaal afgeleverd was. Ze hadden ook geen lijfwachten meegenomen naar het restaurant en dat verbaasde hem. Hij had gedacht dat de beveiliging constant een punt van aandacht zou zijn voor een man zo rijk als Stanislas, maar hij zei er niets over.

'Dank je wel voor de bezichtiging.' Ze gingen op de bank zitten en keken zwijgend naar de kustlijn. Hij vond het prettig hier bij haar te zijn. Ze had een zachte persoonlijkheid en toen hij haar blik zocht, keken haar ogen hem open en helder aan. Zij leek ook nieuwsgierig naar hem.

Ze spraken geen van beiden. Hij voelde zich onweerstaanbaar tot haar aangetrokken en één gestoord moment vroeg hij zich af wat er zou gebeuren als hij haar kuste. Waarschijnlijk zou hij dan door tien lijfwachten gegrepen worden en overboord gegooid. Of misschien wel gedood, mijmerde hij, en hij moest lachen om dat waanzinnige visioen. Ze lachte naar hem, alsof ze zijn gedachten kon raden.

Wat hij het aantrekkelijkst aan haar vond was dat ze sensueel en beeldschoon was op een manier die niets vulgairs of uitdagends had. Ze leek de fijngevoeligste vrouw die hij ooit ontmoet had en in ieder opzicht onschuldig. Alsof ze eigenlijk geen deel van dit alles uitmaakte. Maar toch was dat zo; ze leefde samen met de man die dit gecreëerd had en die zich een dergelijke weelde kon veroorloven, naast nog vier andere schepen en diverse huizen die net zo fabelachtig waren als dit schip. Hij durfde haar niet te vragen hoe het was om zo te leven.

Ze dronken in stilte hun glas leeg, en toen stond ze op. Ze leek meer ontspannen dan de vorige avond en voelde zich duidelijk thuis aan boord van het enorme schip, met een legertje bemanningsleden om zich heen om haar op haar wenken te bedienen.

Ze liep met hem naar het benedendek en glimlachte naar hem terwijl hij aan boord van de tender ging. De bemanning had de motor al gestart, klaar om te vertrekken.

Hij betwijfelde of hij haar ooit weer zou zien. Zelfs als ze naar het restaurant kwam, zou hij daar toch niet zijn. Hij zou dan thuis in zijn atelier aan het schilderen zijn.

Opeens bedacht ze iets. 'Ik heb je helemaal niet gevraagd hoe je heet.' Ze keek hem met een warme en onbevangen blik aan. Ze hadden het zich niet gerealiseerd, maar ze hadden bijna twee uur met elkaar doorgebracht zonder zich aan elkaar voor te stellen.

'Theo.'

'Natasha,' zei ze. Het klonk heel Russisch. 'Dag, Theo. Dank je wel.' Hij wist het niet, maar ze bedankte hem dat ze twee uur een normaal persoon had kunnen zijn en over gewone dingen had kunnen praten. Dat deed ze eigenlijk nooit meer. Vanaf het moment dat ze Vladimirs minnares was geworden, had ze de kans niet meer gehad om nog met mensen zoals hij om te gaan. Ze leefde nu in een vergulde kooi en had afstand gedaan van alledaagse bezigheden zoals koffiedrinken of lunchen met een vriendin en lachen om kleine grappige dingetjes. Ze leefde in de schaduw van Vladimirs leven, ver weg van de nachtmerrie die haar jeugd was geweest, maar ook ver weg van een gewoon dagelijks leven. Natasha was als een kostbaar sieraad dat in de kluis werd bewaard en maar weinig werd gedragen.

Ze zwaaide toen ze wegvoeren, rende lichtvoetig naar boven en stond even later aan de reling te kijken naar de tender die zich naar de kade van het hotel spoedde.

Hij keerde zich om om naar haar te kunnen kijken en zag haar steeds kleiner worden hoe dichter de boot de kust naderde, een stipje aan de reling met wapperende haren in de warme bries. Uiteindelijk verliet ze haar plek en kon hij haar niet meer zien. Hij had slechts de herinnering aan de twee uur in haar gezelschap, maar die zou hij voor altijd koesteren.

Op de weg terug naar zijn atelier liet hij eerst Gabriel en zijn moeder weten dat het schilderij was afgeleverd en besloot daarna even bij Chloe langs te gaan. Ergens had hij geen zin om iemand anders te spreken, nu hij net twee uur met Natasha had doorgebracht. Hij wilde niet dat iets die ervaring zou bederven of zijn mentale beeld van haar zou verstoren. Aan de andere kant wilde hij weer terug naar de werkelijkheid, weer met beide benen stevig op de grond staan. Zijn moeder had wel een beetje gelijk: vrouwen als Natasha waren dodelijk aantrekkelijk en volledig onbereikbaar. Hij moest nodig een echte vrouw aanraken, een vrouw die niet buiten zijn bereik lag. En Chloe leek een simpele oplossing.

Hij parkeerde voor haar huis en liep haar studio in. Ze was net opgehouden met werken en dronk nu een glas wijn. Ze was bijna klaar met enkele commerciële doeken die ze voor een badkamerwinkel in Saint-Tropez aan het maken was. Verwonderd keerde ze zich om toen hij binnenkwam.

'Wat doe jij hier?' vroeg ze. Het klonk niet erg hartelijk. Ze was nog steeds boos vanwege zijn telefoontje de avond ervoor.

'Ik heb net een schilderij van mijn vader afgeleverd bij een van de grote Russische jachten.'

'Ik dacht dat je moeder ze niet verkocht?' Ze bood hem een stoel aan, maar maakte geen aanstalten om hem te zoenen.

'Dat doet ze ook meestal niet, maar deze keer maakte ze een uitzondering.'

Chloe kon wel raden dat de Rus er een fortuin voor moest hebben neergeteld, anders had zijn moeder het nooit gedaan. Het irriteerde Chloe soms hoe weinig belang hij in materieel welzijn stelde. Maar dat hoefde hij ook niet; zijn vader had hem een gigantisch fortuin nagelaten. Zij worstelde zelf al jaren om de eindjes aan elkaar te knopen en had daar meer dan genoeg van. Ze zou zich wel eens willen settelen, en hoe fijn zou het zijn als iemand anders haar rekeningen zou betalen zodat zij kon stoppen met werken? Het stoorde haar dat Theo zich helemaal niet leek te willen binden. Daarom was ze ook zo kortaf tegen hem; hun relatie liep al maanden niet zoals ze wilde.

'Ik ben altijd wel onder de indruk van de meisjes die met die Russen omgaan,' zei ze. 'Ze moeten wel heel goed zijn in bed, anders zouden ze nooit zoveel geld aan ze uitgeven. Kleding van de duurste modeontwerpers, ongelooflijke juwelen, bontjassen, kunstwerken. Dat spul komt vaak op de veiling, dat zie ik als ik naar Drouot in Parijs ga. Die meiden weten heel goed hoe ze zo'n vent kunnen uitmelken met hun lichaam.'

Hij werd misselijk van haar gepraat en dacht aan Natasha, die niet in de buurt kwam van het soort vrouwen dat zij beschreef. Hij keek helemaal niet op die manier naar haar en wilde dat ook niet.

'Ik denk dat er een groot verschil is tussen de hoeren die ze inhuren en de vrouwen met wie ze echt samenleven, hun minnaressen,' zei Theo verdedigend.

'Niet echt,' zei Chloe zelfverzekerd. 'Misschien doen die minnaressen het gewoon beter. Ze zijn de crème de la crème. Maar ze weten echt wel hoe ze een vent moeten laten betalen.'

Haar mening over relaties bezorgde hem de rillingen. Hij keek naar haar en het was alsof hij een vreemde zag, iemand die hij niet eens wilde leren kennen.

'Gaat het daarover? Een vent zover krijgen dat hij betaalt? Sorry hoor, misschien ben ik een idealist, maar komt er dan geen liefde aan te pas?' Zijn ouders waren dol op elkaar geweest en hun liefdesverhouding was begonnen toen zijn vader zo arm was als een kerkrat. Dat beeld stond hem veel meer aan dan wat zij beschreef, en waar zij duidelijk naar op zoek was en zich de laatste tijd steeds openlijker over uitsprak.

'Waarschijnlijk niet bij die meisjes. En laten we eerlijk zijn, het huwelijk is waarschijnlijk alleen meer van hetzelfde. Je geeft je leven op voor een vent, laat hem fysiek aan zijn trekken komen totdat je genoeg van elkaar hebt en hij zorgt voor de financiën. Wat is daar mis mee? Ik ben er tenminste eerlijk over en die Russische meisjes ook. En de kerels met wie ze zijn weten ook wat ze kopen. Ze krijgen waar voor hun geld en als een meisje weet hoe het werkt, krijgt ze nog veel meer. Kijk maar eens goed naar die Russische meisjes, die weten wat ze doen.'

Het voelde alsof ze Natasha met die woorden beledigde, dacht Theo, terwijl die zoiets zuivers had. Stanislas mocht haar dan onderhouden, maar Natasha was een vrouw met een hart en een ziel, dat zag hij gewoon. Zoals Chloe erover sprak leken alle relaties tussen mannen en vrouwen op prostitutie.

Hij kon het niet verdragen om nog langer naar haar te luisteren en stond op. Hij was langsgekomen om haar mee uit eten te nemen en had ook gehoopt daarna met haar naar bed te gaan, maar dat was plotseling het laatste wat hij wilde. Het liefst rende hij nu meteen de deur uit.

'Je hebt een heel materialistische kijk op het huwelijk,' zei hij. Hij keek naar haar zoals ze zat op de bank met haar glas in haar hand. Ze had een aantrekkelijk lichaam en wist zeker hoe het te gebruiken. Nu begreep hij hoe dat kwam. Ze gebruikte het als een ruilmiddel, hopend dat hij met haar zou trouwen en vervolgens al haar rekeningen zou betalen. Zo duidelijk had ze het nog nooit gemaakt.

'Mijn vader liet me niet zoveel geld na zoals de jouwe,' zei ze bot. 'Ik kan me niet terugtrekken in mijn ivoren toren om mijn penseelstreken te perfectioneren. Ik moet praktisch zijn. En wat is er dan mis mee als ik mijn lichaam en het jouwe zo bespeel dat jij met mij wilt trouwen en me wilt onderhouden?' Ze had geen idee hoe dat klonk en het kon haar niets schelen.

'Dat is niet genoeg,' zei hij oprecht.

'Dat dacht je anders wel toen je gisteren probeerde langs te komen voor een potje neuken nadat je klaar was in je moeders restaurant.'

Hij kon zich niet herinneren dat ze ooit eerder zoiets openlijk amoreels had gezegd, maar de maanden die ze samen hadden doorgebracht, hadden haar helemaal niets opgeleverd en ze was kennelijk wanhopig nu. Theo was niet verliefd op haar en wilde niet met haar trouwen, nu niet en nooit niet. En Chloe was duidelijk kwaad dat de zaken niet waren gelopen zoals ze in het begin had gehoopt toen ze erachter kwam wie zijn vader was. Ze had gedacht dat ze een goudmijn had getroffen toen ze hem ontmoette. Maar hij wilde leven als een arme kunstenaar en net zo'n beroemde schilder worden als zijn vader. En ze werd er ook niet jonger op. Nu was ze precies het soort vrouw geworden om wie hij altijd met een grote boog heen liep.

'Ik heb nog steeds dat idiote idee dat ik verliefd wil worden op iemand voordat ik de rest van mijn leven met haar doorbreng, of haar rekeningen betaal, zoals jij dat zegt. Ik besefte niet dat die rekeningen zo'n essentieel onderdeel waren van de deal. Ik verbeeld me dat een vrouw verliefd op mij zou kunnen worden voordat ze voor mijn portemonnee valt.'

'Het hoort er allemaal bij,' zei Chloe wrang.

'Waarom ga je dan niet achter een van die grote Russen aan? Er zijn er genoeg hier.' Hij klonk boos.

'Die gaan alleen voor hun eigen soort. Heb je ooit een van die grote Russische jongens met een Franse minnares gezien? Of zelfs een Frans afspraakje? Ze gaan alleen maar uit met Russische meisjes. Bekend maakt bemind.'

Daar had hij nooit over nagedacht, maar ze had gelijk. De Russische mannen die hij in zijn moeders restaurant had gezien, waren altijd in gezelschap van Russische vrouwen. Natasha was daar het bewijs van.

'Die meisjes weten vast iets wat wij niet weten.'

'Misschien kun je dan een paar lesjes bij hen nemen,' zei hij teleurgesteld. Al was hij niet verliefd op haar, hij had haar wel altijd aardig gevonden. Nu kon hij niet verdragen wat hij hoorde. Zo openhartig was ze nooit geweest.

'Misschien moet ik nog wat oefenen,' zei ze lachend. Zij was ook in hem teleurgesteld, maar bereid daaroverheen te stappen, in ieder geval voor deze nacht. 'Zullen we vrijen?'

Romantisch of verleidelijk was het allemaal niet. En dan te denken dat hij met dat doel naar haar toe was gekomen. Plotseling was vrijen het laatste wat hij wilde.

'Nee, eigenlijk niet. Ik denk dat je het goed hebt samengevat,' zei hij koeltjes. 'Jij bent op zoek naar een man die voor langere tijd je rekeningen betaalt en in ruil daarvoor verschaf jij hem seks en andere dingen waar je goed in bent. En ik wil niet trouwen, maar heb wel die misschien kinderlijke illusie dat ik verliefd wil zijn op de vrouw met wie ik samen ben als het om een langdurige relatie gaat. Ik denk dat we de mogelijkheden hier wel zo'n beetje hebben uitgeput. Het is tijd dat we allebei alleen verdergaan.'

Ze keek verschrikt op.

'Veel geluk, Chloe. Ik weet zeker dat je de vent zult vinden die je zoekt.'

'Ik dacht even dat jij diegene zou zijn,' zei ze zachtjes.

'Die ben ik niet.' Hij liep opgelucht naar de deur.

'Ja, daar ben ik nu ook achter,' zei ze cynisch.

'Een lesje Russisch, misschien?' zei hij spottend. Ze was echt een goudzoeker in de dop en had eindelijk haar ware aard laten zien. In het begin had ze dat bepaald subtieler aangepakt.

Ze reageerde niet en hij liep de deur uit. Het enige wat ze zag toen ze hem nakeek, was de goudmijn die hij vertegenwoordigde die weer tussen haar vingers door glipte. Ze wist niet waarom, maar het ging altijd mis. Ze gooide haar lege wijnglas tegen de muur en begon te huilen toen het brak.

Theo wilde het liefst naar huis. Chloe had ervoor gezorgd dat hij zich op de een of andere manier smerig voelde, alsof het alleen maar ging om een ruilhandeltje van seks voor geld. Er moest toch iets zijn wat meer betekenis had. Hij dacht weer aan Natasha. Zij was precies wat Chloe bedoelde en zoals zij zelf graag wilde zijn, maar Natasha was niet lomp of goedkoop en leek geen goudzoeker, al werd ze wel door een man onderhouden. Ze leek aardig en zacht en het was zo makkelijk en plezierig geweest om met haar te praten.

Hij liep toen hij thuiskwam direct door naar zijn atelier. Even stond hij daar verloren voor zich uit te staren. Hij wist wat hij wilde en zelfs móést doen, al wist hij dat dat niet goed was. Maar hij kon het niet tegenhouden, de drang was té sterk. Hij pakte het lege doek dat hij de avond daarvoor tevoorschijn had gehaald en plaatste het op zijn ezel. Theo wist dat hij haar alleen uit zijn hoofd kon bannen door haar te schilderen. Hij maakte niet eens een schets voordat hij haar in olieverf begon te schilderen. Dat was niet nodig want ze stond in zijn geheugen gegrift. Hij kon haar gezicht zien alsof ze voor hem stond. Hij kon haar lach horen wanneer hij iets tegen haar zei en zag haar melancholieke glimlach toen de tender van het schip was vertrokken, hem van haar wegvoerend. Hij hoorde hoe ze haar naam zei. Natasha... Natasha... Het wiegen van haar heupen toen hij achter haar aan de trap af liep, zoals haar haren in de wind wapperden toen ze hem nakeek aan de reling... Ze vulde elk plekje van zijn geest en wond hem ook lichamelijk op nu hij haar begon te schilderen. Al na korte tijd zag hij haar contouren uit de mist op het doek oprijzen... Natasha... Ze had zijn lichaam en ziel betoverd. Als een bezetene schilderde hij haar, tot de ochtend aanbrak. Hij wist niet hoe laat het was en het kon hem ook niet schelen. Als hij maar dicht bij haar kon zijn. Haar ogen keken nu al diep in de zijne.

4

*D*rie dagen nadat Theo het schilderij had afgeleverd was Vladimir terug aan boord. Hij wilde het onmiddellijk zien en stuurde een van zijn beveiligers weg om het uit zijn kantoor te halen. Natasha was erbij toen hij het voorzichtig uitpakte. Het kwam niet eens bij hem op te vragen wie het bezorgd had, dus hoefde ze ook niets uit te leggen.

Natasha had nooit gasten aan boord. De tijd die ze met Theo had doorgebracht was daarom bijzonder geweest, maar er had ook geen kwaad achter gestoken. Het was grappig geweest om even te kunnen proeven van het 'normale' leven dat buiten haar bereik lag, even te kunnen praten met iemand van haar eigen leeftijd zonder dat die iets van haar wilde. Ze had zo weinig contact met mensen buiten Vladimirs wereld. Ze had geen vrienden, ze had alleen Vladimir en daar had ze geen spijt van. Maar het was zo prettig geweest om met Theo te praten over kunst en het leven, en hem daarna het schip te laten zien. Ze waren net twee kinderen geweest, de een op bezoek bij de ander. Al dacht ze dat Vladimir het waarschijnlijk niet zo leuk zou vinden als hij het wist. Hij vond het gewoon niet nodig dat ze met andere mensen praatte.

Ze vroeg zich af waar Theo woonde, vast in een klein appartement ergens, of in een kamer, met zijn baan in het restaurant. Ze kende helemaal geen mensen zoals hij. Theo was de eerste man in jaren met wie ze echt gepraat had, even los van Vladimir, zonder dat hij erbij was en haar nauwlettend in de gaten hield. En met Vladimir kon ze alleen praten wanneer hij in de stemming was, en dan nog bepaalde hij altijd waarover het gesprek ging. Met Theo had ze zich zo open en vrij gevoeld, ook al wist ze niets van hem.

Het schilderij was zelfs nog mooier dan Vladimir en Natasha het zich herinnerden en hij was verrukt van zijn aankoop, vooral omdat Lorenzo Luca's werk zo zelden op de markt kwam. Het was een meesterzet geweest om het nu te kopen. Maar Natasha kende hem goed, dus verbaasde het haar niet dat het hem gelukt was. Als hij eenmaal had besloten dat hij iets wilde, kon hij iedereen daarvan overtuigen. Hij gaf niet op totdat hij het begeerde voorwerp in handen had. En dat had hij nu. Het leek op de vastberaden manier waarop hij haar achterna had gezeten. En ook toen had hij uiteindelijk gewonnen. Zo gingen die dingen bij hem.

Die avond dineerden ze aan dek. Ze kon merken dat hij goede zaken had gedaan, want hij was in een feestelijke stemming. Ze kozen een mooi plekje voor het nieuwe schilderij in hun slaapkamer. De Picasso verhuisde naar de gang. Daarna gingen ze weer aan dek. Ze zouden die nacht vertrekken, had hij haar verteld. Hij had de kapitein opgedragen naar Saint-Tropez te varen.

'Dan heb je een dag om te winkelen. Ik dacht dat we daarna naar Sardinië konden gaan, daar zijn we al een tijdje niet geweest.' Er was een plekje in Porto Cervo pal buiten de haven waar hij graag ankerde. Het jacht was te groot om aan te meren, zoals overal waar ze naartoe gingen. 'Aan het eind van de week komt de mistral. Zo kunnen we die ontlopen en daar even blijven.' En hij wist dat ze het leuk vond om onderweg Portofino aan te doen. Dat waren voor hen allemaal bekende plaatsen. Soms gingen ze ook naar Kroatië, Turkije en Griekenland, of naar Capri. Venetië was een van haar favoriete plekken en daar was ruimte genoeg zodat ze makkelijk voor anker konden gaan, met een prachtig uitzicht op de kerken en het plein.

Natasha keek uit naar een bezoek aan Saint-Tropez en Sardinië en het kon haar niet schelen dat de oversteek misschien onrustig zou zijn. Ze had zeebenen – soms nog meer dan de bemanning – en had al vaker een storm meegemaakt. Ze werd nooit zeeziek.

Ze voeren om twee uur 's nachts weg nadat Vladimir en zij naar bed waren gegaan. Toen ze de volgende ochtend wakker werden, lagen ze al buiten de haven van Saint-Tropez voor anker. Die ochtend ging ze winkelen, met twee dekknechten om al haar aankopen te dragen. Ze ontmoette Vladimir in Club 55 om te lunchen. Daar genoot ze altijd van. Ze had enkele badpakken gekocht bij Eres en een witte zomertas bij Hermès. Het was leuk geweest om van de ene naar de andere winkel te slenteren.

De straten waren al vol mensen. Het was weekend en het seizoen was begonnen, al was het pas vroeg in juni. In juli en augustus zou het hier onaangenaam vol zijn, maar nu kon je nog rustig rondlopen. Na de lunch maakten ze samen een ommetje door de stad en gingen terug naar het schip, dat een stukje uitvoer zodat ze konden zwemmen. In de schemering gingen ze vervolgens in de richting van Sardinië. De volgende ochtend zouden ze in Portofino nog even gaan winkelen en dan naar het zuiden varen, naar Corsica en Sardinië. Ze kenden de route goed.

Na het zwemmen lag Natasha op het dek. Het schip kwam op snelheid en ze keek naar het kielzog achter hen. Haar blik dwaalde naar Vladimir, die in de zon lag te slapen. Ze was hem dankbaar voor het leven dat ze met hem leidde. Het was alsof ze onder een glazen stolp leefde, alleen met hem, op zijn voorwaarden. Daar voelde ze zich veilig. Ze wist dat er gevaren kleefden aan zijn werk, daarom had hij lijfwachten, maar daar viel hij haar niet mee lastig. Ze was als een onschuldig kind, in zijn schaduw, en dat was ook de indruk die Theo van haar had. Ze was niet berekenend en had geen verborgen agenda. Ze bestond slechts als een mooi en decoratief rustpunt om Vladimir op te monteren wanneer hij met haar wilde praten, vrijen of pronken.

Het enige wat ze echt miste was de mogelijkheid om zich te ontwikkelen. Ze zou het heerlijk hebben gevonden om naar school te gaan, een cursus te volgen bij een museum of kunstwetenschappen te studeren. Maar daar was geen tijd voor in het leven dat hij leidde. Vladimir reisde veel en nam haar soms op stel en sprong mee. Dan vertelde hij haar dat ze moest inpakken en vertrokken ze naar een van zijn huizen, of naar het schip. En hij protesteerde altijd wanneer zij een cursus ter sprake bracht. Wat hem betrof wist ze alles al wat ze moest weten om met hem te kunnen praten. Hij vond het helemaal niet nodig dat ze via studies en cursussen nog meer kennis opdeed, ze had immers haar boeken en het internet. Hij had zelf ook niet gestudeerd, was zelfs nauwelijks naar school gegaan en vond onderwijs overbodig, vooral voor haar. Ze was een soort geisha, zonder de beperkende tradities van vroeger, maar het concept was hetzelfde. En op een bepaalde manier was ze er trots op dat ze hem al zo lang gelukkig maakte. Dat hij haar nog steeds spannend vond en dat ze hem nog steeds kon bevredigen. En wat Vladimir betrof was dat het enige wat zij hoefde te doen: het hem in alles naar de zin maken. En daar hoefde ze niet voor te studeren.

Het schip had stabilisatoren en was zo groot dat het zelfs op hoge snelheid kalm op de golven lag. Twee stewardessen en de hoofdsteward dienden het eten op. Het was heel aangenaam om in het zachte briesje buiten te dineren.

'Waarom gaf je die loopjongen een rondleiding op het schip toen hij het schilderij kwam brengen?'

Zijn ogen boorden zich in de hare en haar hart maakte een sprongetje. Plotseling voelde ze zich schuldig, al had ze niets fout gedaan. Maar ze had genoten van Theo's gezelschap en hij was twee uur blijven praten. Ze vroeg zich af of Vladimir dat ook wist, en dat ze hem een glas champagne had aangeboden. Niets was geheim voor Vladimir. Maar haar knappe gezicht straalde slechts onschuld uit toen ze antwoordde.

'Het was geen loopjongen, het was de maître d' van het restaurant. Hij was erg geïnteresseerd in het schip, dus heb ik even een rondje met hem gemaakt voor hij weer wegging.'

'Durfde je me dat niet te vertellen?' Zijn blik priemde zich in de hare.

Haar hart begon sneller te kloppen maar ze liet niets merken. Het was duidelijk wat hij bedoelde. Hij wist alles van haar en van wat er gebeurde. Hij had alle touwtjes in handen.

'Natuurlijk wel. Ik dacht gewoon niet dat het van belang was. Ik deed het uit beleefdheid. Volgens mij hoopte hij jou te zien.' Natasha wist altijd precies wat ze moest zeggen om hem gerust te stellen. Ze deed alsof het onderwerp haar niet interesseerde.

'De purser had hem toch rond kunnen leiden als hij het schip wilde zien,' wees Vladimir haar zacht terecht.

'Die was geloof ik aan de wal. Ik had niks anders te doen en was opgewonden over het schilderij.'

Ze glimlachte naar hem en hij boog zich voorover en kuste haar stevig op haar mond. Hij sprak er niet meer over, hij had gezegd wat gezegd moest worden en de kus moest haar eraan herinneren wie hier de baas was. De boodschap was duidelijk voor Natasha. Zo was het altijd geweest en daar stelde ze haar leven op in. Haar twee uur met Theo waren een vergissing geweest maar dat zou niet weer gebeuren. Het opwekken van Vladimirs ongenoegen was zowel zinloos als gevaarlijk.

Theo werkte al dagen aan het schilderij van Natasha. Hij nam nauwelijks de tijd om te eten of te slapen. Als een bezetene ging hij door, totdat hij haar op het doek gevangen had. Dat bleek moeilijker te zijn dan hij had gedacht. Er was iets ongrijpbaars waarmee hij maar bleef worstelen. Ten slotte besefte hij dat het iets in haar gezichtsuitdrukking was of in haar ogen. Ze was zo diep in zijn ziel gekropen en toch was er te veel van haar wat hij niet wist. Hij durfde het tegen niemand te zeggen uit angst dat ze zouden denken dat hij gek was met zijn obsessie voor de minnares van een andere man. Erger nog, de minnares van Stanislas. Op geen enkele manier kon hij met hem wedijveren en hij was er zeker van dat Natasha dat ook niet zou willen. Ze leek geheel tevreden met haar leven.

In gedachten verzonken probeerde hij in de keuken een droge boterham naar binnen te werken. Het was het eerste wat hij at in twee dagen en hij zag eruit als een vogelverschrikker. Zijn wangen waren ongeschoren, zijn haar zat in de war en hij keek wazig uit zijn ogen terwijl hij peinsde over het schilderij. Hij hoorde zelfs zijn vriend Marc niet binnenkomen.

Ze hadden samen op de kunstacademie gezeten en kenden elkaar al sinds hun jeugd. Marc was beeldhouwer en was pas net vanuit Italië hier weer komen wonen. Hij werkte met marmer en was in een marmergroeve gaan werken om het materiaal beter te kunnen begrijpen. De getalenteerde kunstenaar verdiende nauwelijks genoeg om van te leven en werkte voor een bedrijf dat grafstenen maakte wanneer hij geld nodig had voor de huur of om te eten.

'Mijn god, wat is er met jou gebeurd? Je ziet eruit alsof je schipbreuk hebt geleden. Ben je ziek?'

Marc had felrood haar en zijn gezicht was bedekt met sproeten. Hij was lang en mager en zag er nog steeds uit alsof hij zestien was, ook al was hij al eenendertig en een jaar ouder dan Theo. Hij had een noodlottige zwakte voor hulpbehoevende vrouwen en gaf hun altijd het weinige geld dat hij had, waardoor hij continu platzak was, maar dat kon hem niet schelen.

'Ik denk dat ik ziek ben,' beantwoordde Theo zijn vraag. 'Of misschien ben ik gewoon gek geworden.'

Marc ging tegenover hem aan de keukentafel zitten, nam een hap van het brood en trok een gezicht.

'Waar heb je dit opgedoken? Bij een archeologische opgraving? Dit dateert uit de tijd van koning Toetanchamon. Heb je niks behoorlijks te eten in huis?'

Theo schudde grinnikend zijn hoofd. 'Ik heb niet de tijd genomen om te eten.'

'Geen wonder dat je gestoord bent. Heb je geen geld? Wil je iets lenen?' Alhoewel Marc zijn enige vriend was die nooit geld van hem leende, had hij het meer nodig dan de meeste anderen. Hij verdiende maar net genoeg om van rond te komen en hun vriendschap was gebaseerd op de band die ze in hun kindertijd hadden opgebouwd, niet op wie Theo was. Juist daarom vertrouwde Theo hem zo.

'Waar werk je aan dat je er zo uitziet?'

'Een portret van een vrouw. Ik kan haar niet uit mijn hoofd zetten.'

'Een nieuwe liefde?' De roodharige man keek hem nieuwsgierig aan. 'En waar is Chloe dan gebleven?'

'We zijn uit elkaar. Ze zoekt een vent die haar rekeningen wil betalen. Dat vindt ze romantisch. Ik vind dat heel deprimerend. Ze wil haar lichaam verkopen voor een vent die haar huur betaalt.'

Marc dacht een ogenblik na over Theo's woorden.

'Een fantastisch lijf. Hoe hoog is haar huur?'

'Hou toch op. Wat jij nodig hebt is een vrouw met een hart, niet een menselijke rekenmachine voor seks. Zo leuk is ze niet en ze klaagt voortdurend.' Hij had haar geen minuut gemist sinds hij haar huis uit was gelopen en aan het schilderij van Natasha was begonnen.

'Wie is die opwindende nieuwe liefde van je dan?'

'Ik heb geen nieuwe liefde. Ze leeft in mijn fantasie en bezorgt me een helse tijd.'

'Geen wonder dat je er niet uitziet. Een hersenspinsel?'

'Zoiets. Ze bestaat, maar hoort bij iemand anders. Ze is de minnares van een Russische kerel die ik in mijn moeders restaurant zag. Beeldschone vrouw. Ze is de slaaf van de man met wie ze samenleeft. Die is twee keer zo oud als zij en houdt haar achter slot en grendel op zijn jacht.'

'Een rijke Russische kerel?' vroeg Marc belangstellend. Hij ontmoette al zijn vrouwen in de plaatselijke kroegen. Theo's fantasievrouw klonk veel exotischer, en ver buiten zijn bereik.

'Een heel rijke Russische kerel. Mogelijk de rijkste, maar in elk geval een van de rijksten. Rusland is van hem, of zoiets. Hij heeft vijfenzeventig bemanningsleden op zijn schip.'

Marc floot. 'Slaap je met haar? Een vent die eigenaar van Rusland is zou je dan wel eens kunnen vermoorden.'

Theo moest lachen bij die gedachte. 'Dat zou hij zeker doen. Ik heb haar twee keer in mijn leven gezien en dat gebeurt waarschijnlijk nooit weer. Ik weet alleen hoe ze heet.'

'En je bent verliefd op haar?'

'Ik weet niet wat ik ben. Ik ben geobsedeerd. Ik probeer haar te schilderen, maar krijg het niet voor elkaar.'

'Waarom is dat nodig? Dan verzin je het toch gewoon?'

'Ik zie haar waarschijnlijk nooit terug, behalve op het portret dat ik schilder. Ik voel dat ik haar móét schilderen. Ik krijg haar niet uit mijn hoofd.'

'Dit klinkt ernstig. Denkt zij ook aan niets anders?'

'Natuurlijk niet. Ze is volmaakt gelukkig in haar leven met haar Rus. Waarom ook niet? Zij is ook Russisch, trouwens.'

'Je bent echt de sigaar. Dit klinkt niet alsof je een kans maakt. Je kunt haar natuurlijk altijd ontvoeren, of als verstekeling meevaren.' Ze lachten. 'Waarom heb je het zo zwaar te pakken?'

'Ik weet niet. Misschien omdat ze zo volledig onbereikbaar is. Ze is zo onwaarschijnlijk aardig en lief en ze lijkt wel een gevangene wanneer ze bij hem is. Hij bezit haar, als een voorwerp dat hij gebruikt om mee te pronken.'

'Ziet ze er ongelukkig uit als ze bij hem is?'

'Nee,' moest Theo toegeven. 'Ik ben gewoon gestoord dat ik aan haar denk. Ik maak geen enkele kans.'

'Dit klinkt niet goed. Mag ik het schilderij zien?'

'Het ziet er niet uit en de ogen kloppen helemaal niet. Ik zit er al twee dagen aan te prutsen.'

Marc slenterde het atelier in en wierp een blik op het schilderij op de ezel. Hij staarde er lange tijd naar.

'Zie je wat ik bedoel?' Theo was achter hem aan gelopen.

Marc wendde zich tot hem. 'Dit is het beste schilderij dat je ooit gemaakt hebt. Iets eraan grijpt me bij de strot. Ik heb nog nooit zo'n mooie vrouw gezien.' Het portret was nog niet af maar in essentie stond ze op het doek. De vrouw op het schilderij had een ziel. 'Weet je zeker dat je niet met haar in contact kunt komen? Misschien is ze ook wel stapelgek op jou.'

'Waarom zou ze? Ze weet niet wie ik ben of wat ik doe. Ze weet niets van me. Ze denkt dat ik eerste kelner ben in het restaurant van mijn moeder, of een of andere loopjongen. Ik heb een schilderij naar het jacht gebracht. We hebben twee uur gepraat en daarna ben ik weggegaan.'

'Een van jouw schilderijen?'

'Nee, van mijn vader. Mijn moeder heeft het aan die kerel

van haar verkocht. Toen ik het kwam brengen was hij er niet. Zodoende hadden we de kans om even te praten en een rondje over het schip te maken.'

'Ik kan me geen voorstelling maken van de prijs die je ervoor gekregen hebt. Ongelooflijk dat je moeder er een verkocht heeft. Hij moet er een fortuin voor betaald hebben.'

'Dat klopt,' bevestigde Theo.

'Nou, het kan me niet schelen of je haar ooit nog ziet. Je moet het afmaken. Het is een ware krachttoer, maar ik denk echt dat dit je beste werk is tot nu toe. Lijd nog maar even, dat is het waard.'

Theo wierp zijn vriend een dankbare en opgeluchte blik toe.

'Zullen we even iets gaan eten?'

Theo schudde zijn hoofd. 'Ik denk dat ik doorga. Je hebt me nieuwe moed gegeven. Ik geef het niet op.'

Even later vertrok Marc. Een halfuur later kwam hij terug met brood en kaas en een paar perziken en een appel, zodat Theo iets te eten zou hebben.

Zo'n vriend was Marc. Ze waren altijd kritisch over elkaars werk en pijnlijk eerlijk. Dat Marc nu zei dat dit het beste stuk was dat hij ooit gemaakt had, betekende heel veel.

Hij ging weer aan de slag en schilderde de hele nacht door. Toen de zon opkwam viel hij op de vloer van zijn atelier blij in slaap. Hij had eindelijk de ogen goed gekregen en nu glimlachte ze vanaf het doek op hem neer. Dit was het gezicht dat hij zich zo goed herinnerde, glimlachend naar hem toen de tender wegvoer.

De mistral – een felle noordelijke Middellandse Zeewind die meestal drie dagen aanhield – bereikte de *Princess Marina* toen ze langs de kust van Corsica door de Straat van Bonifacio voeren. Zelfs het enorme schip danste nu als een notendop op de golven. Natasha zei altijd dat ze ervan hield als de zee ruw was. Ze voelde zich wanneer ze wakker werd dan net als een baby die schommelend in een wiegje lag. Veel van de bemanningsleden waren zeeziek. Pas toen ze dichter bij Porto Cervo kwamen en zo dicht mogelijk bij de haven als ze durfden het anker uitgooiden, werden de golven rustiger. Natasha wist uit ervaring dat de wind nog wel enkele dagen zou aanhouden, maar daar had ze geen last van. Ze wilde toch met de tender naar de haven om rond te kijken. Het was een leuke plek om te winkelen. Er waren een aantal kunstgaleries, enkele juweliers, kledingzaken van alle bekende Italiaanse ontwerpers en een bonthandel waar ze al eens eerder een jas had gekocht die haar prima beviel.

'Weet je zeker dat je aan wal wilt?' vroeg Vladimir toen ze zich klaarmaakte. De zee was wild en de tender zou de korte afstand naar de haven stuiterend afleggen. Ze zou doorweekt raken.

Maar ze was niet bang en het kon haar niet schelen om nat te worden.

'Niks aan de hand,' verzekerde ze Vladimir, en ze stapte in de tender.

Vladimir ging niet met haar mee, hij moest werken. En hij vond winkelen niet zo leuk als zij, behalve als het ging om echt grote aankopen, zoals sieraden of haute couture. Het gewone shoppen liet hij graag aan haar over. Hij hoefde er niet bij te zijn als ze een paar sandalen of een handtas bij Prada kocht en ze had een creditcard voor een van zijn rekeningen. Het kon hem niet schelen hoeveel ze uitgaf en ze maakte het niet te gek als ze alleen op pad ging. Vladimir spendeerde veel meer geld aan haar dan ze zelf deed.

De tender dobberde als een kurk op het water toen Natasha op de kade sprong. Een van de drie bemanningsleden volgde haar voor het geval ze op de terugweg hulp nodig had met het dragen van de tassen. Ze bezocht een aantal winkels en trok net een helderroze bontjas aan bij de bonthandel toen de eerste officier van het schip verscheen met drie van hun beveiligers aan zijn zijde.

'Meneer Stanislas wil graag dat u terugkomt aan boord,' zei de eerste officier ernstig.

Natasha keek verbaasd. 'Nu? Is er iets aan de hand? Is hij ziek? Ik ben nog niet klaar.' En ze wilde nog niet terug. Ze had het naar haar zin. Aan boord had ze niets te doen en met die harde wind en hoge golven konden ze ook niet gaan zwemmen.

'Er lijkt niets met meneer aan de hand te zijn,' zei de officier stijfjes. Hij had zijn orders direct van Stanislas gekregen en wilde niet tegen hem hoeven zeggen dat Natasha niet terug had willen komen.

Maar zij begreep niet waarom ze zich moesten haasten. Ze konden toch niet vertrekken tijdens de mistral? 'Zeg hem maar dat ik over een uur terug ben,' zei ze vriendelijk. Ze droeg nog steeds de roze bontjas en had nog niet besloten of ze hem zou kopen.

'Ik denk dat meneer Stanislas wil dat u nú terugkomt,' zei hij nadrukkelijk. Zijn ogen stonden bezorgd.

'Ik ben zo klaar.' Ze glimlachte naar hem en keek weer in de spiegel naar zichzelf in de jas. Ze dacht dat die misschien te roze was en dat Vladimir hem niet mooi zou vinden, maar het was een grappige jas en hij zou goed staan bij jeans of over een zwarte jurk. Ze trok hem uit en probeerde een iets conventionelere jas terwijl de eerste officier buiten met de lijfwachten overlegde. Ze kon zien dat hij radiografisch contact opnam met het schip. Een ogenblik later kwam hij de winkel weer binnen met zijn mobieltje in zijn hand en vertelde haar dat hij meneer Stanislas aan de telefoon had. Ze nam de telefoon glimlachend van hem over en maakte een grapje tegen Vladimir toen ze hem aan de andere kant hoorde.

'Ik beloof je dat ik niet al je geld zal uitgeven. Ik wil alleen nog eventjes rondkijken. De winkels hier zijn zo prettig, veel beter dan in Saint-Tropez.'

'Je komt nú terug. Als ik je een opdracht geef, dan heb je die uit te voeren.'

Zo had hij nog nooit tegen haar gesproken en ze was verbijsterd.

'Wat is er gebeurd? Waarom ben je zo geërgerd?'

'Ik hoef jou niets uit te leggen. Je gaat nu meteen terug naar de tender, anders laat ik mijn mannen je de winkel uit dragen.'

Met een geschokte blik in haar ogen bedankte ze de vrouw die haar de bontjassen had laten zien en verliet de winkel. Ze merkte dat de beveiligers ongewoon dicht bij haar liepen en de eerste officier liep pal voor haar. Er was duidelijk iets aan de hand, maar ze had geen idee wat. Vladimir had niet eerder zo'n toon tegen haar gebruikt.

Een paar minuten later stapte ze aan boord van de tender en daar wachtten nog eens vier beveiligers haar op. De boot was zwaarder en lag dieper in het water. Toen ze de slingerende ladder naar het dek op klom, was ze drijfnat. Langs de reling stonden ook beveiligers en vijf van hen begeleidden haar naar binnen. Het leek erop of het hele beveiligingsteam was aangetreden en ze trof er nog vier bij Vladimir in zijn kantoor. Hij was aan de telefoon en hing meteen op toen ze binnenkwam. Het water droop van haar af op het kostbare Perzische tapijt. Hij knikte en de beveiliging verliet de ruimte.

'Wat is er aan de hand?' vroeg ze, en ze probeerde hem te kussen. Geërgerd weerde hij haar af.

Even aarzelde hij en toen keek hij haar aan. Er lag iets keihards in zijn ogen en ze zag een razernij die ze één of twee keer eerder gezien had, maar die was nooit tegen haar gericht geweest. Ook nu kon ze zien dat hij niet kwaad op haar was, maar om iets anders.

'Ik zal niet op alle details ingaan, maar ik heb vorige week in Moskou een heel grote deal gesloten. Die had te maken met het winnen van delfstoffen en de president heeft me een heel belangrijk gebied toegewezen. Er waren nog twee kandidaten voor het land dat ik mocht kopen. Ik heb het land en de rechten om daar delfstoffen te winnen op een eerlijke manier gekregen en er een heel groot bedrag voor neergeteld. De twee mannen die mijn concurrenten waren zijn vanochtend vermoord, samen met hun metgezellinnen en de oudste zoon van een van hen die ook in het bedrijf zat. En een halfuur geleden is er een aanslag gepleegd op de president. Iemand is niet blij met deze deal en het is die persoon menens, maar we denken te weten wie het is. Het lijkt een willekeurige terroristische aanval maar ik weet dat er meer achter steekt. Je loopt gevaar, Natasha, om mij.' Hij wond er geen doekjes om. Niet eerder had hij zo duidelijk uitgelegd wat zijn werk inhield. 'We hebben hier aan boord een beveiligingssysteem en alle wapens en bewakers die we nodig hebben om ons te beschermen, maar op dit moment wil ik niet dat je naar buiten gaat, niet aan dek en niet aan de wal. En zodra de wind gaat liggen, lichten we het anker en gaan we ergens anders naartoe. Ik wil dat je precies doet wat ik zeg. Ik wil niet dat je vermoord wordt.'

Dit klonk haar helemaal niet goed in de oren. Angstig luisterde ze naar zijn woorden. Hij had er nog nooit zo gespannen uitgezien.

'Begrijp je dat?'

'Ja,' zei ze zachtjes. Ze had zich nog nooit bedreigd gevoeld, want zijn zaken raakten haar niet. Maar nu wel. Als de vrouwen van de andere twee mannen vermoord waren, dan zouden ze ook achter haar aan komen. Dit was de eerste keer dat ze wist dat haar leven gevaar liep om hem.

'Ik wil dat je de komende dagen uit het zicht blijft. We verhuizen naar een binnenhut, dan zijn er geen patrijspoorten waardoor ze je kunnen zien. Maar de elektronische apparatuur die onze vijanden gebruiken, is zo geavanceerd dat ze je praktisch overal kunnen traceren. Hopelijk vindt de Russische inlichtingendienst ze snel.' Er lag een nieuwe, ijskoude blik in zijn ogen en het was haar duidelijk dat het hem ernst was. Ze vroeg zich af of hij ook bang was.

In de dagen daarna verbleven ze in een binnenhut en liepen ze nauwelijks rond aan boord. Er waren twee lijfwachten bij hen in de ruimte, een aantal stond in de gangen, en aan dek bevond zich een volledig commandoteam. De helikopters werden afgedekt en ze hoorde dat hun raketsysteem op scherp werd gesteld. Alle bewakers droegen een machinegeweer. Het voelde alsof ze in een oorlogsgebied terecht waren gekomen en het was angstaanjagend om te weten dat ook zij doelwit was.

Ze zat stilletjes te lezen in de hut en keek af en toe naar Vladimir. Hij had voortdurend contact met de Russische inlichtingendienst en antiterrorismeteams. Eindelijk, na drie dagen, kreeg hij om vier uur 's ochtends een telefoontje. Vladimir sprak weinig en luisterde slechts. Zijn vragen en antwoorden in het Russisch waren kort maar Natasha begreep wat het betekende.

'Hoeveel? (...) Denk je dat ze allemaal gepakt zijn? (...) Het antwoord is simpel... breng ze om. Nú. Niet wachten.' Hij luisterde weer een paar minuten, stemde in met degene met wie hij sprak en hing op.

Natasha durfde hem niets te vragen. Ze zag in het gedempte licht van hun nachtlampje dat hij over het telefoongesprek lag na te denken. Hij zag er moorddadig uit. Natasha viel weer in slaap.

De volgende ochtend was de wind eindelijk gaan liggen en ze voelde dat ze in beweging waren.

'Waar gaan we heen?' vroeg ze Vladimir toen hij terugkwam in de hut. Hij was opgestaan toen ze nog sliep en was kennelijk al uren wakker. Hij zag er rustiger uit dan de vorige avond, maar Natasha kon het gesprek dat ze had opgevangen niet uit haar hoofd zetten. Hij had opdracht gegeven iemand om te brengen, waarschijnlijk de mensen die achter hen aan zaten, maar dan nog was het verontrustend. Deze kant van hem kende ze niet.

'Terug naar Corsica. We houden ons nog even gedeisd totdat alles weer rustig is. Het probleem is verholpen,' zei hij kalm. 'Een uur geleden. Maar het is altijd goed om zeker te zijn. En daarna zouden we naar Kroatië kunnen gaan, of naar Turkije of Griekenland. Maar misschien hoeft dat niet.'

Hij glimlachte naar haar en zag er nu meer uit als de man die ze kende, niet de angstaanjagende vreemde die ze de afgelopen paar dagen gezien had.

'Maar even niet winkelen. Ik wil dat je aan boord blijft.'

Ze knikte en trok een witte jeans, een t-shirt en een van de windjacks aan met het logo van de *Princess Marina* dat alle vrouwelijke bemanningsleden droegen. Het waren een paar afschuwelijke dagen geweest. Natasha had gebeden dat ze beiden niet vermoord zouden worden. Ze besefte nu hoe groot de belangen waren die gemoeid waren met deze nieuwe deal en vroeg zich af of ze in de toekomst weer aan een dergelijke bedreiging blootgesteld zouden worden. Ze durfde het hem niet te vragen, hij had al genoeg aan zijn hoofd.

Ze brachten vijf dagen door op Corsica en in die tijd kalmeerde alles weer. Enkele bemanningsleden namen haar mee uit vissen en ze ging een paar keer per dag zwemmen. Ze mocht van Vladimir weer zonnebaden op het dek terwijl hij in zijn kantoor zat en constant contact onderhield met de inlichtingendienst en de president van Rusland. Een week nadat het was begonnen, was het voorbij.

Vladimir nam haar mee naar Portofino, waar ze gingen winkelen, en ging met haar uit eten in een eenvoudig pastarestaurant in de haven waar ze graag kwam. Voor de zekerheid namen ze zes lijfwachten mee en ze wist dat die gewapend waren.

Aan boord waren ze weer naar hun eigen hut terugverhuisd en alles leek normaal, behalve dat de beveiliging nog steeds machinegeweren droeg. Voor de zekerheid, legde Vladimir haar uit. 'We lopen nu geen gevaar.'

En zij wist door wat ze opgevangen had dat er in Rusland ter vergelding vijf mensen waren omgebracht.

Ze lagen een paar dagen in de buurt van Portofino, en Vladimir kreeg alleen maar goede berichten. Daarom voeren ze terug naar Zuid-Frankrijk. In totaal waren er tien doden, de vijf slachtoffers en hun aanvallers, en het was een angstige tijd geweest. Natasha was alleen maar dankbaar dat Vladimir en zij niet tot de slachtoffers behoorden. Maar ze wist ook toen ze Antibes bereikten dat ze zich nooit meer helemaal veilig zou voelen.

5

Gabriel had een verrassing voor Maylis toen hij terugkwam naar Zuid-Frankrijk. Hij had een reisje gepland naar een van hun favoriete steden. Hij wilde haar voor een week meenemen naar Florence, voordat de zomerdrukte in het restaurant zou losbarsten en het in Italië te warm zou zijn. Juni leek de perfecte maand om te gaan.

Het enige probleem was dat Maylis Theo zover moest zien te krijgen dat hij haar wilde vervangen bij Da Lorenzo. Hij leek het de laatste tijd erg druk te hebben, ze had hem nauwelijks gezien.

Ze belde Theo meteen maar liet de keuze helemaal aan hem over.

'Het spijt me echt dat ik je hiermee opscheep. Ik weet dat je het vervelend vindt om me te vervangen, maar ik wil liever niet tegen Gabriel zeggen dat ik niet weg kan. Onze reisjes samen betekenen zoveel voor hem.'

'Ze zouden voor jou ook heel veel moeten betekenen,' zei Theo berispend. Voor één keer klaagde hij eens niet dat hij een week in het restaurant moest werken. Stiekem hoopte hij dat Vladimir en Natasha weer naar Da Lorenzo zouden komen. Dat zei hij niet tegen zijn moeder, maar hij ging bereidwillig op haar verzoek in. Het enige voorbehoud dat hij maakte was dat hij eind juni naar Londen moest kunnen gaan. Er zouden dan twee van zijn schilderijen door een New Yorkse galerie bij de Masterpiece London-kunstbeurs getoond worden. Alhoewel ze hem niet vertegenwoordigden, wilden ze toch werk van hem meenemen en hij wilde erbij zijn om te zien of ze het op een goede plek zouden ophangen. Hij kon dan meteen een kijkje nemen op de beurs. Deze galerie was nieuw voor hem en hij was blij dat hij zijn werk bij hen kon tonen. Misschien dat ze hem in de toekomst zouden willen vertegenwoordigen.

'Ik beloof je dat we op tijd terug zijn,' zei Maylis toen hij haar de data doorgaf. Ze was Theo dankbaar dat hij haar wilde vervangen en ook Gabriel was blij met het goede nieuws. Omdat hij geen commissie meer wilde aannemen sinds ze een relatie hadden, had Maylis bij Cartier een prachtig gouden horloge voor hem gekocht om hem te bedanken dat hij als tussenpersoon had opgetreden bij de verkoop van het schilderij. Hij was er heel blij mee, zoals hij blij was met alles wat Maylis hem gaf. Hoe weinig ze zich soms ook aan hem gelegen liet liggen en Lorenzo altijd maar ophemelde, ze was heel gul voor hem.

Gabriel bezocht Theo in zijn atelier en zag meteen het portret van Natasha op de ezel staan. Dat was bijna af, alhoewel Theo per se nog een paar laatste dingetjes wilde veranderen. Het was een uitzonderlijk kunstwerk en Gabriel was het met Marc eens dat dit een van zijn beste schilderijen was.

'Ik denk dat je klaar bent voor een tentoonstelling in Parijs.' Gabriel meende wat hij zei. 'Ik wil dat je in september naar de galeries gaat die ik je heb aanbevolen. Er is geen enkele reden om nog langer te wachten.'

Theo wist dat nog niet zo zeker, maar hij zei dat hij erover na zou denken. Hij wilde eerst zien hoe zijn werk het in Londen zou doen.

'Je zou volgend jaar mee moeten doen aan de Biënnale in Venetië,' moedigde Gabriel hem aan, net zoals hij al die jaren geleden bij zijn vader had gedaan. 'Je kunt je licht niet onder de korenmaat blijven zetten. De wereld heeft meer kunstenaars zoals jij nodig, Theo. Ontzeg de mensen je werk toch niet.'

Het was heel mooi wat Gabriel zei. Deze man was zo hartelijk – zoveel aardiger dan zijn vader ooit was geweest – en hij kende de kunstwereld door en door. Theo herinnerde zijn moeder er vaak aan hoezeer ze het getroffen hadden met hem en daar was ze het mee eens, al weerhield het haar er niet van Lorenzo's deugden te bezingen.

Opgewekt gingen ze naar Florence en Theo nam Maylis' plaats in het restaurant in. Hij begroette alle gasten, bracht ze naar hun tafel en stuurde de maître d' naar hen toe. En elke avond keek hij in de agenda in de hoop Stanilas' naam te zien, maar de week vloog voorbij en Natasha en hij kwamen niet. Hij vroeg zich af of ze aan boord waren of ergens anders, maar wist niet hoe hij daarachter zou kunnen komen. Hij vreesde dat hij haar inderdaad nooit weer zou zien.

Het portret was bijna klaar, de ogen waren perfect nu en haar gezicht had die zachtaardige uitdrukking die hij zich zo goed herinnerde. Haar mond was precies goed, alsof ze op het punt stond iets te zeggen. Marc zei dat hij alleen al door naar dit portret te kijken verliefd op haar kon worden. Theo had eigenlijk niet toegegeven dat hij verliefd was, maar erkende wel dat hij bezeten was van haar. Dat was anders, hield hij vol, en nog moeilijker dan liefde. Hij sprak met niemand over alle gedachten die hem kwelden, behalve met zijn oude vriend. Zijn moeder zou hem voor gek verklaren en haar eerdere waarschuwing herhalen: hij kon maar beter niet verliefd worden op de minnares van een fabelachtig rijke Russische man.

Theo was blij toen zijn moeder en Gabriel weer terug waren en hij niet meer in het restaurant hoefde te werken. Hij werkte nog een paar dagen door aan het portret en vertrok toen naar Londen. Er waren een aantal kunstbeurzen tegelijk en hij logeerde in een sfeervol klein hotel vol kunstenaars en kunsthandelaren. Elk gesprek dat hij opving, in het hotel, op straat of op de beurs, ging over kunst. En hij was zeer verheugd om de eigenaren van de New Yorkse galerie te ontmoeten, want tot nu toe had hij alleen per e-mail contact gehad. Ze hadden zijn beide schilderijen een opvallende plaats gegeven in hun stand. Hij was er alleen niet blij mee dat ze in zijn curriculum vitae hadden vermeld dat hij de zoon van Lorenzo Luca was. Zo leek het net of hij wilde profiteren van zijn vaders roem, en dat vond hij vreselijk, maar voor de galerie was kunst verkopen ook gewoon handel en de bekendheid van zijn vaders naam was een belangrijk punt in zijn voordeel. Daar wilden ze zo veel mogelijk munt uit slaan. Maar wiens zoon hij ook was, zijn werk sprak voor zich.

Op de avond van de opening stond hij vlak bij hun stand toen hij een man voorbij zag lopen die hem bekend voorkwam. Hij realiseerde zich meteen wie het was. Het was Stanislas, en Natasha liep vlak achter hem. Ze droeg een ultrakort zwartleren minirokje met daarboven een grijze trui die eruitzag alsof hij gescheurd was, en zwarte hoge hakken die haar benen fraai deden uitkomen. Ze zag er spectaculair uit met haar haar in een wrong en de blonde krulletjes die haar gezicht omkransten. Stanislas was hem gewoon voorbijgelopen, maar zij herkende Theo onmiddellijk en was verbaasd hem daar te zien.

'Wat doet u hier?' vroeg ze, ineens een beetje verward, terwijl Stanislas zich omkeerde. Hij had geen idee met wie ze stond te praten.

'Bent u kunstenaar of geniet u gewoon van de beurs?'

Theo struikelde over zijn woorden. 'Er hangen hier een paar

van mijn werken.' Hij wees niet op de schilderijen die pal achter hen hingen.

'Wat interessant,' zei ze, en haar ogen begonnen te stralen.

Op dat ogenblik wenkte Vladimir haar. Er was een schilderij dat hij haar wilde laten zien, enkele stands verderop.

'Wat leuk u weer te zien,' zei ze, en ze haastte zich weg.

Theo stond haar met bonzend hart na te kijken. Het was ongelooflijk, maar elke keer dat hij haar ontmoette, stond zijn wereld op zijn kop. Hij kon niet anders dan op haar reageren. Het was alsof ze door een stroomdraad verbonden waren die elke keer een elektrisch schokje afgaf.

Even later ving hij weer een glimp van haar op, ver weg in dezelfde gang. Ze zag hem niet, ze liepen naar de uitgang en Stanislas droeg een schilderij dat hij gekocht had. Theo was opgelucht dat ze geen belang in hem hadden gesteld. Als ze zijn cv hadden opgepakt, hadden ze gelezen over zijn vader en dat zou nogal gênant zijn geweest, omdat hij had rondgelopen alsof hij de eerste kelner was in het restaurant en nooit had verteld dat hij Lorenzo's zoon was. Zelfs toen hij twee uur aan boord met haar had gepraat, had hij het haar niet gezegd. Maar nu wist ze tenminste dat hij een kunstenaar was.

Maar wat ze niet wist, was dat hij sinds ze elkaar hadden ontmoet dag en nacht aan een portret van haar had gewerkt. Gelukkig maar, want het zou té beschamend zijn geweest. Ze zou denken dat hij een gestoorde was of een of andere ontaarde kerel, een stalker. Hij kon zijn fascinatie voor haar op geen enkele manier uitleggen, of het feit dat ze bijna continu in zijn gedachten was, wensend dat hij haar kende. Of het gevoel dat hij nu had: alsof iemand zijn hart uit zijn borstkas had gerukt. Hij wist dat hij met die gevoelens moest afrekenen, maar had geen idee hoe. Misschien dat de tijd zou helpen. Of misschien kon hij zijn carrière bouwen op het schilderen van portretten van haar. Wat een belachelijk idee. Maar toen hij die avond naar zijn hotel liep, dacht hij nog steeds aan haar zoals ze daar had gestaan in haar leren rokje.

Terwijl hij met gebogen hoofd door de lobby van het hotel liep, botste hij tegen een jonge vrouw op die net uit de lift kwam. Hij liep haar bijna omver. Ze droeg militaire kistjes en een kort rood rokje, haar haar was roze geverfd en ze had een stralende glimlach op haar gezicht. Het was een knap meisje, al zag ze er in die kleren een beetje uit als een clown. Het viel hem op dat ze een diamanten sierknopje in haar neus had.

'Hé, dag jij! Ben je ergens naar op weg, lekker ding, misschien wel naar mijn kamer?' zei ze breed grijnzend.

Hij moest lachen om haar brutale aanpak. Het was een beetje gênant maar ook wel grappig en de mensen om hen heen moesten lachen. 'Wil je met me naar een feestje,' vroeg ze in één adem door. Ze was bepaald niet verlegen. 'Italianen, Spanjaarden, een hele groep mensen uit Berlijn. En waar kom jij vandaan?' Ze had een aristocratisch Brits accent, maar zei dat ze in New York woonde omdat ze haar familie onverdraaglijk vervelend vond.

'Saint-Paul-de-Vence,' antwoordde hij verschrikt. 'In Zuid-Frankrijk.'

'Ja duh, ik weet heus wel waar dat is, hoor. Op welke planeet denk je dat ik woon?'

Goede vraag, als je bedacht hoe ze eruitzag.

'Ik ben Emma, trouwens.'

En plotseling realiseerde hij zich wie ze was. Lady Emma Beauchamp Montague. Haar vader was burggraaf. Ze bezat een van de meest avant-gardistische galeries in Chelsea in New York. Hij had over haar gelezen en foto's gezien, maar haar nooit ontmoet.

'Theo.' Hij schudde haar de hand en ze trok hem mee. Het volgende moment stond hij buiten op de stoep en klom met haar in een taxi.

Ze gaf de chauffeur een adres in een dure wijk op en begon weer met Theo te kletsen. Ze ratelde aan één stuk door en was buitengewoon grappig. Tegen de tijd dat ze uit de taxi stapten had hij de slappe lach.

Hij had geen idee wat hij daar deed in het schitterende huis met overal opgezette dieren, inclusief een leeuw in de toiletruimte waar je zo ongeveer overheen moest klimmen. Er waren honderden mensen. Velen spraken Duits en elk Europees land leek vertegenwoordigd te zijn. Er was ook een grote delegatie Amerikanen. Ze kende hen allemaal en de hele avond stelde ze Theo aan iedereen voor en bleef dicht bij hem in de buurt. Na twee uur vroeg ze hem fluisterend of hij terug wilde naar het hotel om met haar een joint te roken.

Hij wilde sowieso net weggaan en de uitnodiging om mee naar haar kamer te gaan sprak hem bijzonder aan.

Ze namen weer een taxi en honderduit kletsend liep ze met hem door de lobby naar haar kamer. Ze opende de deur en nam niet eens de moeite om een joint te pakken, maar perste meteen haar mond op de zijne, maakte bedreven zijn broekriem los, deed zijn rits naar beneden en ging op haar knieën op de meest energieke manier en met fantastische resultaten met hem aan de gang. Voor hij wist wat er gebeurde lagen ze op het bed en vreeën ze hartstochtelijk met elkaar. Hij dacht alleen nog maar aan Emma. Op de een of andere manier was hij erin geslaagd om een condoom om te doen voordat hij de liefde met haar bedreef en in het uur daarna hadden ze seks in elke denkbare positie totdat ze uiteindelijk uitgeput in een kluwen van hun kleren lagen. Ze lag in zijn armen en grinnikte ondeugend naar hem. Hij had nog nooit zo'n verbazingwekkend meisje ontmoet.

'Twee regels,' zei ze, nog voordat hij naast haar op adem was gekomen. 'Ik word nooit verliefd en we hoeven elkaar niet weer te zien als we dat niet willen. Geen verplichtingen, geen smakeloze romance, geen gebroken harten. We hebben gewoon lol wanneer we elkaar zien. En jij bent heel goed in bed,' zei ze.

Hij moest lachen. Zo ongegeneerd als zij met seks omging! 'Pik je wel vaker vreemde mannen op in hotellobby's?'

'Ben jij vreemd dan? Wat leuk! Even geleden leek je nog heel gewoon,' zei ze plagend.

'O dat ben ik ook, hoor,' verzekerde hij haar. Hij was er alleen niet helemaal zeker van of dat ook voor haar gold.

'En ik pik alleen mannen op wanneer ze zo onuitstaanbaar knap zijn als jij. Waarom ben ik je nooit eerder tegengekomen? Kom je wel eens in New York?'

'Ik ben er al een hele tijd niet geweest en dit is mijn eerste kunstbeurs.' Hij noemde de galerie uit New York die zijn werken toonde.

'O jee, geen kleine jongens. Dan ben je vast heel goed. Ik heb een eindje verderop een stand. Kom vooral kijken. En ik wil jouw werk ook zien.' Ze leek werkelijk belangstelling voor hem te hebben.

'Het is heel conventioneel werk. Misschien vind je er niks aan,' zei hij bescheiden.

Ze rolde met haar ogen. 'Alsjeblieft zeg, doe niet zo onzeker. Dat is zo saai.'

Hij bracht de nacht bij haar door en bezocht de volgende dag haar stand. Ze toonde vreemd wild werk van beroemde conceptuele kunstenaars dat voor hoge prijzen van de hand ging en alhoewel ze toegaf dat zijn werk niet haar smaak was, was ze er wel van onder de indruk. Ze kon zien dat hij enorm getalenteerd was en dat zei ze hem ook.

'Eens zul jij heel beroemd zijn,' voorspelde ze plechtig. Ze wierp een blik op zijn cv en zag zijn achternaam. 'Aha... dat verklaart het. Maar je bent beter dan hij, weet je dat? Je techniek is heel sterk.' En ze fluisterde hem lachend in zijn oor: 'Ook op andere gebieden. Een heel overtuigende stijl...'

Die avond gingen ze weer naar een feestje en bedreven na afloop opnieuw de liefde in haar kamer. Emma vloog de volgende dag terug naar New York. Het leek niet waarschijnlijk dat Theo haar ooit weer zou zien, maar ze hadden ook niet gedaan alsof dit een grote nieuwe liefde was. Ze hadden het gewoon een paar dagen leuk gehad samen en niets had hem beter kunnen afleiden van Natasha. Hij had haar niet weer gezien op de beurs, maar omdat hij bij Emma was had hij daar niet zoveel last van gehad.

Op weg naar de luchthaven stuurde Emma hem vanuit de taxi een berichtje. Terwijl hij bij de balie van het hotel stond om zijn rekening te betalen las hij: 'Thanx voor de fun. Em.'

Hij moest lachen. De kunstbeurs was zeer interessant geweest en, nog bevredigender, zijn schilderijen waren allebei verkocht tegen heel behoorlijke bedragen. Er was veel om tevreden over te zijn.

Maar toen hij thuiskwam liep hij zijn atelier in en daar was ze weer, met die warme ogen, die lippen die op het punt schenen hem iets te vertellen en die zachte stralenkrans van blond haar. Ze zag er precies zo uit als in Londen en hij draaide de ezel om zodat hij haar niet doorlopend hoefde te zien. Hij moest even afstand nemen van de intensiteit van zijn obsessie.

De volgende dag vertelde hij Gabriel en zijn moeder bij de lunch over de kunstbeurs, maar hij zei niets over zijn escapade met Emma Beauchamp Montague. Hij vertelde hun dat zijn beide schilderijen verkocht waren en ze waren heel blij voor hem.

De volgende dag nodigde Gabriel hem uit om naar een galerie in Cannes te gaan. Het was een van de weinige serieuze galeries in Zuid-Frankrijk en Gabriel had beloofd daar het werk van een kunstenaar te bekijken die zijn dochter graag wilde vertegenwoordigen in hun galerie.

'Ik moet eigenlijk aan de slag,' zei Theo. Hij voelde zich schuldig als hij een middag vrij nam, maar wilde ook niet weer aan Natasha's portret werken. Dat was te ontmoedigend nu hij haar net weer had gezien.

'Het zal je goeddoen om even buiten te zijn,' zei Gabriel, die graag in Theo's gezelschap verkeerde. Dus namen ze de oude Morgan die Gabriel altijd in Saint-Paul-de-Vence gebruikte; hij had zoveel meer stijl dan Lorenzo ooit had gehad. Onderweg spraken ze weer over de kunstbeurs, en ze waren allebei teleurgesteld in het werk van de kunstenaar in wie Marie-Claude geïnteresseerd was. Het was te commercieel, meer geschikt voor de toeristen hier dan voor een serieuze galerie in Parijs.

Maar de vrouw die de galerie runde was een knappe blondine, dat viel Theo direct op. Ze stonden even aan haar bureau te praten. Hij nam haar kaartje mee en dacht dat hij haar misschien wel zou kunnen bellen binnenkort. Ineens besloot hij gewoon Emma's voorbeeld te volgen en vroeg nonchalant: 'Zou je het leuk vinden om een keertje met me uit eten te gaan?' Emma zou dit uiteraard nog veel te voorzichtig hebben gevonden.

Ze moest lachen om zijn vraag. 'Ben je een galeriehouder of een kunstenaar?'

'Die meneer is een galeriehouder,' zei hij, op Gabriel wijzend. 'Ik ben een kunstenaar.'

'Dan is het antwoord nee,' zei ze vriendelijk.

Hij keek haar geamuseerd aan. Dat had hij niet verwacht.

'Heb je iets tegen kunstenaars?'

'Ja, ze voelen zich als een magneet tot me aangetrokken. Ooit was ik er zelfs met een getrouwd. Maar het is mijn ervaring dat ze allemaal gestoord zijn en verslaafd aan drama's. En ik wil geen drama's meer. Ik ben gescheiden, heb een dochtertje van vijf en wil een rustig leven. Dus geen kunstenaars.'

'Welke nationaliteit had je man?'

'Italiaans.' Ze grinnikte naar hem. Ze mocht Theo wel. Hij leek een aardige vent, maar ze zou niet nog eens voor een kunstenaar vallen, vooral niet een knappe kunstenaar.

'Dan snap ik het,' zei Theo opgelucht. 'Italiaanse kunstenaars zijn allemaal gek én dol op drama's.' Hij dacht aan zijn vader terwijl hij het zei en begreep haar houding wel. 'Franse kunstenaars zijn volledig normaal. Die zijn echt fantastisch.'

'Dat heb ik nog niet meegemaakt,' zei ze kordaat. Ze was absoluut niet van plan zich door hem te laten inpalmen of in de ban te raken van zijn niet-onaanzienlijke charme. 'Geen kunstenaars. Misschien kunnen we ooit vrienden worden, maar geen eetafspraakjes. Ik leef nog liever als een non.'

'Wat deprimerend,' zei hij quasibeledigd. 'Ik bel je nog.' Hij liep achter Gabriel aan de deur uit naar de auto.

Gabriel moest lachen. 'Leuk geprobeerd,' plaagde hij hem. 'Het klonk wel of ze het meende.'

'Ze heeft een geweldig figuur en wat een fantastische benen,' zei Theo vrolijk. Twee dagen wilde seks en veel lachen met Emma hadden zijn humeur aanzienlijk verbeterd.

'Je moeder hoeft zich duidelijk geen zorgen over je te maken. Ze maakt zich er druk om dat je alleen bent.'

'Nou, in Londen was ik niet alleen. Ik ontmoette daar een knettergek Engels meisje met een galerie in New York, echt een wilde meid.'

Terug in Saint-Paul-de-Vence zette Gabriel Theo thuis af. Theo zwaaide hem uit en ging daarna op de bank liggen. Hij dacht aan Emma, aan de vrouw die hij net had ontmoet – op het kaartje stond dat ze Inez heette – en aan Natasha. Alle drie waren ze heel verschillend en op een vreemde manier onbereikbaar voor hem. Emma weigerde zich aan iemand te binden, Inez was allergisch voor kunstenaars en Natasha hoorde al bij iemand anders. Hij begon zich af te vragen wat er mis met hem was dat hij zich alleen maar aangetrokken voelde tot onbereikbare vrouwen. Maar de meest ongrijpbare was toch wel Natasha. Zij had, zonder dat ze het zelf wist, zijn hart gestolen en zat door een andere man opgesloten in een ivoren toren. Het leven verliep soms totaal onbegrijpelijk, en met die conclusie viel hij in slaap.

6

De zomer in Saint-Paul-de-Vence verliep rustig. Gabriel bleef deze keer twee maanden en genoot van zijn avonden in het restaurant. Er kwamen zulke interessante mensen en het was heerlijk om bij Maylis te zijn. Hij zat altijd aan een hoektafeltje en wanneer ze even tijd had, kwam ze bij hem zitten. En ondanks haar toewijding aan de gedachtenis aan Lorenzo wist Gabriel dat ze van hem hield. Dat hoefde ze niet hardop te zeggen en Gabriel genoot van wat ze nu samen hadden. Hij zocht Theo ook graag op in zijn atelier, gewoon om te zien wat hij aan het doen was. Hij was als een vader zo trots op zijn werk.

In juli maakte Theo het portret van Natasha af. Hij stopte precies op het juiste moment. Als hij meer had gedaan, zou hij het verknoeid hebben, en als hij minder had gedaan, had het onaf geleken. Hij wist, zoals alle grote kunstenaars, instinctief wanneer een werk klaar was. Theo bewaarde het portret in het atelier en af en toe keek hij ernaar. Het was dan net of ze bij hem was.

In het restaurant was het die zomer heel druk, maar Vladimir en Natasha kwamen niet meer terug. Hij had het zelfs aan zijn moeder gevraagd.

'Denk je dan nog steeds aan haar?' vroeg ze bezorgd.

'Nee, niet echt.' Dat was niet gelogen. Langzaamaan raakte ze meer op de achtergrond. Vreemd genoeg had het maken van het schilderij hem geholpen om zijn demonen te verjagen. Hij werkte nu aan een ander onderwerp en Gabriel had hem ervan overtuigd om ten minste een van de galeries te benaderen die hij hem had aanbevolen.

'Er moet een tentoonstelling in Parijs komen, zodat de mensen je serieus nemen,' zei Gabriel streng. Theo wist dat hij gelijk had en voelde ook dat het moment bijna gekomen was. Hij was van plan om naar Parijs te gaan en een aantal galeries te bezoeken, om te kijken wat ze voor hem konden doen. Dat de twee doeken op de Londense kunstbeurs verkocht waren, had hem ook meer vertrouwen in zijn eigen werk gegeven.

En hij had geprobeerd met Inez van de galerie in Cannes af te spreken. Aan de telefoon was ze altijd heel vriendelijk, maar ze wilde niet met hem uit eten. Ten slotte liep hij op een dag, aan het eind van de ochtend, de galerie binnen en nodigde haar uit met hem te gaan lunchen. Ze schrok er zo van dat ze toestemde.

De lunch was gezellig en tijdens het eten spraken ze over van alles en nog wat. Over haar baan bij de galerie, haar dochtertje en de jaren dat ze met haar man in Rome had gewoond. Ze vertelde dat hij beeldhouwer was en zijn dochter praktisch nooit zag. Inez zorgde in haar eentje voor haar kind en die verantwoordelijkheid woog zwaar voor haar. En haar ex had net een tweeling gekregen bij zijn nieuwe vriendin, twee jongens, dus interesseerde hij zich niet meer zo voor zijn dochter in Zuid-Frankrijk.

'We hebben gewoon niet nog een gestoorde kunstenaar nodig die ons hart breekt. Het gaat prima zo,' zei ze ernstig.

'Zie ik eruit alsof ik gek ben?' vroeg Theo trouwhartig. Hij probeerde er zo normaal als maar kon uit te zien en eigenlijk was hij dat ook, los van die korte idiote periode toen hij in de ban was geweest van Natasha. Maar dat was nu voorbij. Hij was eraan toe om te daten met echte vrouwen en hij wilde graag met Inez uit, als zij dat ook wilde.

'In het begin lijken ze nooit gestoord,' merkte Inez op met kennis van zaken. 'Ze lijken volstrekt normaal. En dan, zodra je samen een geregeld leven leidt en je denkt dat je een goede vent hebt getroffen, begint het theater en komen er andere vrouwen. Vorige geliefden die uit het graf opstaan, exen die hulp nodig hebben en bij je komen logeren, vrouwen bij wie ze kinderen hebben, die ze even vergeten zijn te noemen.'

'Ik heb geen kinderen voor zover ik weet, geen vroegere geliefden die komen spoken en geen ex-vriendinnen die hulp nodig hebben en die ik bij mij zou laten logeren. Ik heb wel een paar oude vriendinnen met wie ik bevriend ben gebleven.' Behalve Chloe dan, die hem een aantal hatelijke, verbitterde e-mails had gestuurd, maar die noemde hij even niet. 'Mijn leven is altijd redelijk normaal geweest. Mijn vader, daarentegen, was behoorlijk gestoord én zeer getalenteerd. Hij was Italiaans en al in de zeventig toen ik werd geboren. Tien jaar later trouwde hij met mijn moeder, na het overlijden van zijn eerste vrouw.'

'Dat bedoel ik nou,' zei Inez grijnzend, toen ze na de lunch koffie bestelden.

Ze was echt een heel knappe vrouw, bedacht hij. 'Lorenzo was ongelooflijk getalenteerd en mijn moeder adoreerde hem. Tegen de tijd dat ik geboren werd, was hij al een vrij excentrieke oude kerel, maar ik wist dat hij van me hield en hij heeft me geleerd hoe het is om kunstenaar te zijn. Hij stierf op zijn eenennegentigste, dus heb ik hem nog achttien jaar meegemaakt, gelukkig.'

'Was hij heel bekend?' vroeg ze onschuldig.

Hij aarzelde even voordat hij haar vraag beantwoordde, maar

het leek of hij haar wel kon vertrouwen. Hij zag hoe aardig ze was, dit was niet een of andere goudzoekster die op zijn geld uit was.

'Lorenzo Luca.'

Ze sperde haar ogen open. 'Mijn hemel, dat is een van de belangrijkste kunstenaars van de afgelopen eeuw!'

'Er zijn mensen die dat denken, ja. Ik vind zijn werk fantastisch maar mijn stijl is heel anders. Ik geloof niet dat ik ooit zo goed zal worden als hij, maar ik doe erg mijn best. Hij was echt geniaal. Daarom was het waarschijnlijk zo'n moeilijk mens.' Theo vertelde haar maar niet dat zijn vader nog zeven kinderen had. Dat zou ze vast verontrustend hebben gevonden.

'Mijn moeder was veertig jaar jonger dan hij. Ze heeft nu een restaurant in Saint-Paul-de-Vence en houdt het heilig vuur brandend. Ze bezit een enorm aantal van zijn schilderijen maar verkoopt ze slechts zelden.' Behalve aan heel, heel rijke Russen. Maar dat zei hij er ook niet bij.

'Is ze ooit hertrouwd? Ze moet nog behoorlijk jong zijn geweest toen hij stierf.'

'Ze was eenenvijftig. Ze zijn dertig jaar samen geweest. Dat is niet niks. En hij was nogal een persoonlijkheid. Ze is niet hertrouwd, maar ze heeft een relatie met zijn kunsthandelaar, de man met wie ik naar de galerie kwam.'

Ze knikte. 'Hij lijkt me een aardige man.'

'Dat is hij ook. Hij is als een vader voor me. Kom ik nu in aanmerking voor een etentje?' Hij glimlachte naar haar terwijl hij de rekening betaalde.

'Niet echt. Je bent nog steeds een kunstenaar. Maar ik ben blij dat we elkaar hebben leren kennen,' zei ze stralend.

Hij glimlachte toegeeflijk. 'Jij bent een harde noot om te kraken. Ik zweer je dat ik geen gestoorde kunstenaar ben.'

'Waarschijnlijk niet, maar ik wil geen langdurige relatie meer. Dat is te riskant en ik moet aan mijn dochter denken.'

Hij knikte. Daar zat wel wat in. En hij dacht op dit moment ook niet aan trouwen, of aan het opvoeden van andermans kinderen. Dat was vast ingewikkeld en betekende veel verantwoordelijkheid. Hij zou bang zijn om fouten te maken met het kind van een ander, dus misschien had ze wel gelijk.

Hij bracht haar naar de galerie terug maar was niet meer over uit eten gaan begonnen. Daarna reed hij terug naar Saint-Paul-de-Vence en bedacht dat hij haar aardig vond, maar dat zijn leven niet afhing van een etentje met haar. Maar de lunch wás heel aangenaam geweest.

De rest van de zomer ging eigenlijk te snel voorbij. Voordat Gabriel op 1 september terugging naar Parijs gaf hij Theo weer de lijst met galeries. Een paar dagen later dwong Theo zichzelf om ervoor te gaan zitten en ze te bellen. Een aantal was nog gesloten vanwege de zomer, maar er was er een waarvoor hij in het bijzonder belangstelling had. Gabriel had beloofd die te bellen om hem aan te bevelen. De galerie was in de rue Bonaparte op de Linkeroever in het 6e arrondissement en de eigenaar, Jean Pasquier, kwam direct aan de lijn. Hij zei dat hij altijd geïnteresseerd was in nieuw talent.

Theo stuurde hem digitaal afbeeldingen van zijn werk en Pasquier belde hem de volgende dag om te zeggen dat hij hem graag wilde ontmoeten als hij naar Parijs kwam. Hij vroeg hem om dan ook een paar van zijn schilderijen mee te nemen zodat hij het penseelwerk kon bekijken. Geen onredelijk verzoek, want dit soort details waren op een computerscherm natuurlijk niet echt te zien. Theo sprak af om hem de week daarna te bezoeken en voorbeelden van zijn werk mee te nemen. Hij had het telefonisch contact zo plezierig gevonden dat hij besloot de andere galeriehouders niet te bellen voordat hij Pasquier ontmoet had. Ook Gabriel vond dat een goed besluit en hij beloofde hem mee uit eten te nemen wanneer hij naar Parijs kwam.

Gabriel was pas een paar dagen geleden vertrokken en nu al klaagde Maylis steen en been dat hij in Parijs zat. Maar ze ging nooit met hem mee en wachtte altijd tot hij weer naar haar in het zuiden kwam. Dat zou nog wel enkele weken duren, vertelde Gabriel haar.

Zoals afgesproken bracht Theo een bezoek aan Jean Pasquier. De man en de galerieruimte stonden hem aan en Pasquier was zeer ingenomen met het werk dat Theo had meegenomen. Hij vond het penseelwerk meesterlijk en de onderwerpen zeer aansprekend. En tot Theo's stomme verbazing bood hij hem een solopresentatie aan in januari. Hij had een gaatje in zijn agenda doordat een andere kunstenaar niet op tijd klaar kon zijn voor zijn tentoonstelling. Jean was heel blij dat hij die ruimte nu met een tentoonstelling van Theo's werk kon opvullen.

Theo belde Gabriel zodra hij de galerie uit liep om hem het goede nieuws te vertellen en hem te bedanken voor zijn introductie. Die avond nam Gabriel hem mee uit eten om het te vieren. Dat hij die twee schilderijen had verkocht in Londen was natuurlijk heel goed geweest, maar het was een belangrijke carrièrestap om nu ook vertegenwoordigd te worden door een galerie in Parijs en daar een tentoonstelling te hebben. Met de galerie in New York had hij ook af en toe contact. Misschien zou hij later bij hen werk tentoonstellen, maar nu was hij daar eigenlijk nog niet aan toe.

'Eindelijk heb je dan een expositie in Parijs,' zei Gabriel stralend. Ze zaten te eten in een kleine bistro in de buurt van Gabriels huis op de Linkeroever. Op het terras bedacht Theo, uitkijkend over de lichtjes van de spectaculaire stad, dat het dwaas van zijn moeder was dat ze nooit hier wilde komen. Ze zat zo vastgeroest in haar oude gewoonten. Gabriel zou haar leven zoveel meer inhoud kunnen geven, als ze het maar toestond. Hij begon erover tegen Gabriel.

'Je weet hoe ze is,' zei die met warme stem. 'Ik ben heel blij dat ze met me wil reizen. En ze gaat inderdaad mee naar alle steden in Italië, maar nooit naar Parijs.'

'Die vrouw is zo eigenwijs,' zei Theo enigszins geïrriteerd. 'Maar denk je dat ik klaar ben voor een expositie?' Nu hij zich eenmaal had vastgelegd begon hij zich toch wat zorgen te maken.

'Natuurlijk. Je hebt genoeg werk in je atelier voor twee exposities.' Gabriel glimlachte naar hem. 'En al het werk is van goede kwaliteit.'

'Wil je me helpen om de juiste schilderijen uit te kiezen?' vroeg Theo.

'Ik kan je wel adviseren als je wilt. Maar Jean zal ze samen met jou willen uitkiezen.' Hij wilde de rol van Theo's nieuwe kunsthandelaar niet ondergraven.

De volgende dag vloog Theo terug naar Zuid-Frankrijk en zodra hij thuis was, ging hij naar zijn atelier en zette de schilderijen apart die hij in januari wilde exposeren. Bij die eerste selectie keek hij heel lang en aandachtig naar het schilderij van Natasha. Hij was er niet zeker van of hij het wilde exposeren of niet. Het portret was zo persoonlijk en hij wilde het toch niet verkopen. Hij wilde het houden als aandenken aan die korte periode van waanzin, zodat hij zich die voor altijd zou herinneren. Nu, ruim twee maanden nadat hij haar voor het laatst gezien had, spookte ze niet meer door zijn hoofd en voelde hij zich weer helemaal normaal. Het was ook eigenlijk maar niks om te dromen van een vrouw die je toch nooit zou krijgen, en dat gold ook voor Inez in Cannes, die niet met hem uit eten wilde. Ook haar had hij uit zijn hoofd gezet. Hij wilde nu alleen nog maar denken aan zijn expositie die eraan kwam.

Vladimir en Natasha waren eind augustus van boord gegaan en naar Londen gereisd. Ze hadden de hele zomer van de ene haven naar de andere gezworven. Zijn zorgen over de beveiliging waren eindelijk weggeëbd en hij omringde Natasha niet langer met een kring van lijfwachten elke keer dat ze uitgingen. De mensen die het probleem hadden veroorzaakt waren er niet meer en hij sprak er nooit over met Natasha. En nu ze zag dat hij zich geen zorgen maakte, deed zij dat ook niet meer. Het was een vreemde periode geweest, maar die was nu voorbij.

Vladimir had een verrassing voor haar toen ze op een avond zaten te eten in Harry's Bar. 'Ik ga nog een schip laten bouwen,' zei hij vrolijk. 'Nog groter dan de *Marina*. En ik ga haar naar jou vernoemen.' Het was duidelijk dat hij er trots op was en dat raakte haar. Ze wist hoe belangrijk zijn schepen voor hem waren en hoe dol hij erop was. En het was een groot compliment dat hij er een naar haar wilde vernoemen.

'Hoelang gaat dat duren?' vroeg ze belangstellend.

'Als alles gladjes verloopt een jaar of drie, vier. Misschien langer. Ik zal vaak naar Italië moeten voor overleg met de bouwers, om aan de tekeningen te werken en alles in de gaten te houden. En er zullen dingen aangepast moeten worden naarmate de bouw vordert. Het interieur moet worden ontworpen en de materialen uitgekozen. Je weet hoe het was toen ik de *Princess Marina* liet bouwen.'

Ze zag hoe opgewonden hij was over dit nieuwe plan. Hij was juist bezig geweest met de laatste details van het vorige schip toen Natasha in zijn leven kwam en de tewaterlating vijf jaar geleden was een buitengewone gebeurtenis geweest. De vrouw van de president had het jacht gedoopt. Het zou spannend zijn om weer zoiets te doen. Ze brachten met champagne een toost uit op dit nieuwe schip.

Hij keek Natasha aan. 'Dat is nog niet de hele verrassing. Ik wil niet dat jij je verveelt wanneer ik naar Italië ga voor het schip, dus wil ik dat je zelf ook een project hebt. Ik wil dat je op zoek gaat naar een appartement in Parijs, zo'n vier- à vijfhonderd vierkante meter groot. Richt het in zoals je zelf wilt. Dan hebben we ook een pied-à-terre wanneer we in Parijs zijn.' Hij wist dat ze daar heel graag was. Ze ging vier keer per jaar naar de haute-couture- en de prêt-à-portershows. Dan logeerden ze altijd in het George v. Nu zouden ze er hun eigen huis hebben. Haar ogen begonnen te stralen en dat deed hem plezier.

'Meen je dat? Mag ik dat echt doen?' Ze leek net een kind op kerstochtend.

'Natuurlijk. Het appartement in Parijs is jouw schip en zal een stuk sneller klaar zijn. Je kunt meteen beginnen met zoeken. Ik ga volgende week voor het eerste overleg naar Italië.'

Ze waren allebei enorm opgewonden en Natasha kon nauwelijks wachten tot ze de makelaar kon bellen om appartementen in Parijs te gaan bekijken. Vijfhonderd vierkante meter was groot en er zou genoeg te doen zijn voor haar.

'Je kunt ook naar huizen kijken als je dat liever hebt, maar ik denk dat een appartement makkelijker en gerieflijker is.'

Dat was ze met hem eens. Een huis was veel meer werk. In Londen hadden ze veel personeel onder hun hoede en er waren constant reparaties. Ze had geen zin om daar toezicht op te houden. Ze hield zich liever bezig met alles rond de inrichting en nu kreeg ze van hem carte blanche om te doen wat ze maar wilde.

'Wanneer ga je naar Italië?' Ze sloeg haar armen om hem heen en kuste hem.

Hij was blij dat hij haar zo'n plezier had kunnen doen. 'Volgende week dinsdag. Ik blijf tot het einde van de week.'

'Ik begin morgen met makelaars bellen.'

Ze belde een makelaar in Londen die ze kende om namen van makelaars in Parijs te krijgen en de volgende dag had ze er al een paar gebeld. Twee dagen later had ze afspraken om in de week daarna zes appartementen te bekijken. Twee daarvan lagen in het 16e arrondissement en een in het 8e. Dat leek het minst interessant. Er was er ook nog een op de Linkeroever, aan een van de *quais*, met uitzicht op de Seine, en er waren er twee op de avenue Montaigne, die allebei perfect klonken.

'Wil je mee als ik ze ga bekijken?' vroeg ze hem die avond bij het eten.

Hij schudde breeduit glimlachend zijn hoofd. 'Dit is jouw project. Jouw "schip". Laat het me maar zien als je er een hebt uitgekozen. Doe jij nu maar eerst het zware werk.'

'Ik kan niet wachten!' Ze was in de zevende hemel en stond erop hem meteen de foto's van internet te laten zien. Hij was het met haar eens dat de twee appartementen op de avenue Montaigne veelbelovender en luxueuzer leken dan de andere.

'Neem de tijd,' adviseerde hij haar. 'Zoek tot je de plek gevonden hebt die je echt helemaal aanspreekt. Heerlijk voor je om wat tijd door te brengen in Parijs.'

Vladimir regelde dat ze die maandag naar Parijs kon vliegen, zodat zijn vliegtuig op tijd terug zou zijn in Londen om hem op dinsdag naar Italië te kunnen brengen. Zijn assistente had voor Natasha hun gebruikelijke suite geboekt in het George V.

Die avond vroeg ze om roomservice, zoals altijd wanneer ze daar zonder Vladimir was. Ze keek er enorm naar uit om de volgende dag met de makelaar op stap te gaan. Ze zouden eerst een appartement op de avenue Foch bezichtigen, aan de zonkant van de straat, had de makelaar haar verteld. En dan verderop nog een, maar dat appartement was mogelijk een beetje donker.

Natasha ontmoette de makelaar om tien uur de volgende ochtend bij het eerste adres. Het appartement viel tegen. Het was inderdaad zonnig, maar in slechte staat, groot en onhandig ingedeeld en er moest erg veel aan gebeuren. De makelaar wees haar op de hoge plafonds en de prachtige hoge ramen, maar het was te ouderwets en Natasha had er geen goed gevoel over.

Het volgende beviel haar nog minder. En het appartement met uitzicht over de Seine op de Linkeroever was heel mooi, maar veel te klein. Zij waren gewend aan meer ruimte en ondanks het uitzicht en het balkon voelde het benauwd aan.

Na de lunch ging ze op stap met een andere makelaar. Het appartement in het 8e arrondissement was helemaal niet geschikt voor hen. Vladimir zou het vreselijk gevonden hebben. Er was haar verteld dat er ook een appartement bij het Palais Royal was dat zeer goed in de markt lag, maar dat was piepklein, met een heel kleine slaapkamer, een kleine badkamer en het had niet eens vaste kasten.

De twee appartementen op de avenue Montaigne waren het laatst aan de beurt, weer met een andere makelaar. Het was een brede laan waaraan de beste winkels gesitueerd waren: Dior, Chanel, Prada en een tiental andere. De makelaar zei dat beide appartementen recent opgeknapt waren. Het ene was een modern penthouse en het andere een maisonnette in een ouder gebouw.

Ze begon de moed een beetje te verliezen. Ze had nog niets gezien wat ook maar in de buurt kwam van wat ze wilde of waarvan ze dacht dat het Vladimir zou bevallen. Ook al had hij gezegd dat ze mocht kiezen wat ze wilde, hij zou ervoor betalen, dus moest het voor hem ook een prettig appartement zijn.

Met de laatste makelaar ging ze het penthouse binnen. Het was mooi, maar kil. Alles was in zwart graniet of wit marmer uitgevoerd en ze kon zich niet voorstellen dat ze zich hier ooit op haar gemak zou voelen. Het was meer een toonzaal dan een thuis. En zij wilde juist iets wat warm voelde, wat verwelkomend was.

Toen de makelaar de deur van het laatste appartement opende, wist ze dat ze thuis was gekomen. Het was verbouwd en opgeknapt, maar de oorspronkelijke schoonheid was onaangetast. De moderne apparatuur – voor de muziek, de computers en zelfs de airconditioning – was overal onopvallend weggewerkt, wat heel ongebruikelijk was in Parijs. De houten lambrisering en het lijstwerk waren prachtig, er waren hoge plafonds, charmante openslaande deuren en spectaculaire antieke parketvloeren.

Het leek net Versailles in het klein, en het enige wat ze hoefde te doen was meubels uitzoeken en voor elke kamer gordijnen laten maken. Boven waren vier slaapkamers met bijbehorende kleedkamers, een studeerkamer voor Vladimir en een kleine zitkamer naast hun slaapkamer. Beneden bevonden zich een enorme suite, een grote eetkamer, een moderne keuken en een gezellige study. Elke kamer had een open haard, zelfs de badkamers, die allemaal opgeknapt waren. Het had precies de maat die Vladimir wilde. Met vijfhonderd vierkante meter voelde het meer als een huis dan een appartement en het was echt prachtig. Er hoorden ook vier oorspronkelijke meidenkamers bij, boven in het gebouw, waar ze de lijfwachten konden onderbrengen als ze die meenamen. En er was ruimte voor een hulp, die voor het appartement kon zorgen. Het had echt alles wat ze wilde, het was haar droomappartement.

Natasha viel bijna flauw toen ze de prijs hoorde. Het had een jaar leeggestaan toen het verbouwd werd en nu was de prijs extreem hoog. Ze vroeg zich af wat Vladimir daarvan zou zeggen. Ze had nog nooit een appartement gekocht, maar wist dat hij van plan was om een half miljard dollar aan zijn nieuwe schip uit te geven. Bij zo'n bedrag kon ze zich niets voorstellen, het was nog meer dan de *Princess Marina* had gekost.

Ze liet de makelaar weten dat ze haar zou bellen en ging verdwaasd terug naar het hotel. Ze wist niet wat ze tegen Vladimir moest zeggen en of ze de vraagprijs überhaupt wel moest noemen of gewoon maar naar iets anders moest gaan kijken. Ze voelde zich schuldig dat hij zoveel geld aan een 'project' van haar zou uitgeven, ook al zou hij er ook wonen. En het zou zeker goedkoper zijn om in het hotel te blijven logeren. Gewoonlijk kon het Vladimir niet schelen hoeveel hij uitgaf, maar Natasha voelde zich toch verantwoordelijk voor wat haar keuze financieel zou betekenen. Het was tenslotte niet haar geld.

Ze zat te wachten tot hij na zijn laatste vergadering zou bellen en at het avondeten in haar kamer. Ze vond het niet prettig om altijd alleen te eten, maar hoewel hij het nooit expliciet had gezegd, had ze het gevoel dat hij liever niet had dat ze alleen naar een restaurant ging.

'Dus, hoe ging het vandaag?' vroeg hij haar, nadat hij had verteld dat het overleg over het schip goed was gegaan.

'Het was interessant. De eerste vijf appartementen waren een grote teleurstelling. Sommige waren oud en er moest veel aan gebeuren. Het penthouse aan de avenue Montaigne was heel kil, alles was van marmer.' Ze aarzelde even.

Hij kende haar goed. 'En het zesde?'

'Was ongelooflijk duur. Ik weet niet of we wel zoveel moeten uitgeven voor een appartement.' Ze voelde zich niet op haar gemak nu ze het er met hem over had.

'Vond je het mooi?' vroeg hij, en hij klonk bijna vaderlijk.

'Ja,' gaf ze ademloos toe. 'Het was waanzinnig mooi.' Met een knoop in haar maag vertelde ze hem de prijs.

Hij moest lachen. 'Schatje, daar kan ik nog niet eens het meubilair van betalen dat ze voor de eetkamer van het nieuwe schip gaan maken.' Kosten noch moeite zouden worden gespaard voor dit schip. Het moest het meest luxueuze vaartuig worden dat ooit te water was gelaten. Hij had de interieurontwerper die hij had ingehuurd verteld dat hij een sprei van sabelbont wilde voor hun slaapkamer.

'Is dit het appartement dat je wilt?' vroeg hij.

'Ja, echt. Ik was alleen bang dat het te duur zou zijn. Ik wil niet dat je denkt dat ik misbruik maak van de situatie. Ik zou ook blij zijn met iets veel kleiners.'

'Maar ik niet.'

Toen vertelde ze hem alles. Hij was blij met de vele technische hoogstandjes die het appartement bevatte. En dat ze er geen werk aan zouden hebben, dat alles al gedaan was.

'Ik wil dat je het koopt. Het klinkt perfect en ik vertrouw op jouw oordeel en smaak. Ik zal ze morgen bellen.' Hij wilde de transactie snel afronden en was van plan het hele bedrag ineens te betalen. Dat deed hij altijd. Hij had geen zin om maanden te wachten en kon het geld meteen telegrafisch laten overmaken op de rekening van de eigenaar. 'Zijn er technische rapporten, zodat we kunnen zien dat al het werk echt gedaan is?'

'De makelaar zegt van wel.' Ongelooflijk dat hij de indruk wekte dat het allemaal zo makkelijk was, ondanks het exorbitant hoge bedrag.

'Ik regel het verder wel. Dan kun je een plannetje maken voor de inrichting. Of heb je liever een binnenhuisarchitect?' Voor het huis in Londen had hij er een ingehuurd, maar Natasha dacht dat het leuker zou zijn om het zelf te doen. Dit was tenslotte haar 'project' en Vladimir liet haar de vrije hand.

'Ik weet niet wat ik tegen je moet zeggen. Het is zo mooi, Vladimir, ik ben er zo blij mee. Wanneer kun je komen kijken?'

'Ik kom vrijdag naar Parijs. Ik moet de volgende dag naar Moskou voor een week of twee. Jij zou in Parijs kunnen blijven als je wilt en alvast een begin maken met de inrichting.'

Hier zou ze echt zo enorm veel plezier aan beleven, dacht Natasha opgewonden. Hij had al zijn andere huizen al in bezit voordat ze met hem was gaan samenwonen. Dit was het eerste huis dat ze voor hen samen zou inrichten.

Die nacht lag ze aan alle dingen te denken die ze zou gaan

doen. Pas om vier uur viel ze eindelijk in slaap. Ze wist maar één ding en dat was dat zij de gelukkigste vrouw van de hele wereld was. Niemand was zo vrijgevig als Vladimir. De risico's die ze liep, zoals die angstige periode in Sardinië in juni, en het afgeschermde leven dat ze leidde, leken haar een kleine prijs om te betalen voor zijn gulheid en het gouden leven dat ze samen deelden. Ze had werkelijk niets om over te klagen, want hij gaf haar alles wat ze nodig had. De dag dat ze hem ontmoet had was haar redding geweest en haar leven met hem leek haar perfect. Vladimir was een ongelooflijk geschenk, als ze dacht aan het weeshuis, de fabrieken, de vreselijke mensen die ze gekend had en haar moeder die haar in de steek had gelaten. Daar was ze elke dag dankbaar voor. En nu hadden ze dit prachtige appartement in Parijs. Ze was werkelijk heel bevoorrecht, daar was ze van overtuigd.

7

Zoals hij Natasha had beloofd, vloog Vladimir op vrijdagmiddag uit Italië naar Parijs. Hij kwam net op tijd aan om voor donker het appartement nog te kunnen bezichtigen. Eerder die week had hij de complete koopsom al telegrafisch laten overmaken van een bankrekening in Zwitserland. De vorige eigenaren waren het jaar daarvoor naar Zwitserland verhuisd en deden het appartement van de hand om niet langer belasting te hoeven betalen in Frankrijk. Daarom wilden ze het geld ook niet naar een Franse bank overgemaakt krijgen. Ze hadden haast met de verkoop en konden hun geluk niet op toen Vladimir aanbood het hele bedrag ineens te voldoen. Daardoor was hij in staat geweest om een betere prijs te bedingen. Vladimir had Natasha de dag ervoor verteld dat het appartement nu van hen was.

Ook de makelaar was zeer tevreden. Ze had nog nooit zo snel een transactie afgehandeld, al had ze wel eerder zakengedaan met Russen en wist ze hoe snel het kon gaan als je de juiste personen trof. Russen hadden veel contant geld beschikbaar en je kon makkelijk zaken met ze doen. Ze waren besluitvaardig, wisten wat ze wilden en deden niet al te moeilijk.

Ze ontmoetten elkaar voor het gebouw en Natasha hield haar adem in toen Vladimir het appartement binnenliep. Even raakte ze in paniek. Wat als hij het niet mooi vond, de houten lambrisering niet, de ramen of de antieke vloeren?

Hij bekeek het hele appartement zeer aandachtig, terwijl hij van ruimte naar ruimte liep. Toen ze ook de laatste kamer gezien hadden, sloeg hij met een brede glimlach op zijn gezicht zijn armen om haar heen. 'Het is perfect, Natasha. Je hebt een spectaculair appartement voor ons gevonden. We zullen het heerlijk vinden hier.' Ze barstte bijna in tranen uit, zo blij was ze dat het hem beviel. Nu liet ze hem alle details zien, en ze gingen pas twee uur later naar het hotel. Ze zou in het George v veel tijd doorbrengen terwijl ze bezig was met de inrichting van het appartement en ze begon zich er zelfs al een beetje thuis te voelen.

Bijna onmiddellijk nadat ze hun suite binnenliepen bedreef hij de liefde met haar. Daarna gingen ze samen in bad en kleedden zich voor het diner. Hij nam haar mee naar La Tour d'Argent, een van de extravagantste restaurants in Parijs, om de aankoop van hun nieuwe huis te vieren. Tijdens het eten kon ze niet ophouden met hem te bedanken.

'Ik vind het jammer dat ik je morgen alweer alleen moet laten.' Hij had kaviaar en champagne voor hen beiden besteld en een wodka voor hem. 'Maar je zult het druk hebben hier.'

Ze wist dat dat zo zou zijn, maar als hij zo lang weg was miste ze hem. Hij had veel te doen in Rusland nu hij belangen had in de delfstoffenindustrie. En ze had hem horen zeggen dat hij meer olievelden wilde kopen en dat ze aan het boren waren in de Baltische Zee. Zijn zakenimperium groeide nog steeds. Het was onvoorstelbaar dat het nog groter kon worden, maar dat was toch wat er de afgelopen zes maanden gebeurd was. En nog steeds was hij druk bezig met uitbreiden. Terwijl er elders een economische terugval was, sloot Vladimir elke dag grotere deals. Hij was onverzadigbaar in wat hij wilde bezitten.

Na het eten gingen ze terug naar het hotel en lag ze weer in zijn armen. Hij nam de tijd om uitvoerig de liefde met haar te bedrijven. Hij had haar gemist, de hele week dat hij weg was geweest. Vladimir vond het zeer onplezierig wanneer ze niet in zijn buurt was, maar hij nam haar niet vaak mee naar Moskou. Daar had hij altijd veel te doen en leidde zij hem alleen maar af. Bovendien wist hij dat ze geen gelukkige herinneringen aan de stad had en liever in Londen of op het schip op hem wachtte. En nu zou ze voortaan ook het appartement in Parijs hebben. Het was perfect voor haar en Natasha probeerde die nacht meer dan ooit te voldoen aan al zijn seksuele fantasieën en verlangens, om hem te tonen hoe dankbaar ze was.

Hun relatie was een soort ruilhandel: zij schonk hem alles van haarzelf in ruil voor alle materiële dingen die hij haar gaf. Soms moest ze aan haar moeder denken, en ze vroeg zich af of ze op haar leek. Haar moeder had als prostituee haar lichaam voor geld verkocht. En Natasha vroeg zich onwillekeurig af of dat ook was wat zij deed, Vladimir haar lichaam en haar vrijheid geven, haar leven en haar toewijding in ruil voor het weelderige leven dat ze met hem leidde en de cadeaus waarmee hij haar overlaadde. Of was dit meer als het huwelijk, waarbij een vrouw voor een man zorgde, ze hem haar lichaam gaf en hem kinderen schonk, terwijl hij in haar onderhoud voorzag? Was het fatsoenlijk of beschamend? Soms wist ze het gewoon niet meer. Hij was altijd vriendelijk en genereus naar haar. Er waren geen kinderen, die wilde hij niet, maar ze gaf hem verder haar hele lichaam en ziel.

Na hun liefdesspel lag hij verzadigd in haar armen. Hij had zoals altijd gebruld als een leeuw en soms deed hij een beetje ruw, maar ze wist dat hij er op zo'n moment behoefte aan had om zich te bevrijden van de druk waaronder hij elke dag leefde. Ze was zijn uitlaatklep en verwelkomde hem in haar lichaam zo vaak hij maar wilde. En dat leek haar niet slecht als ze bedacht wat hij allemaal voor haar deed.

De volgende ochtend was hij al om zes uur op en Natasha bestelde het ontbijt voor hen. Een uur later vertrok hij. Nog even keek hij verlangend naar haar. Haar schoonheid trof hem nog steeds en in de afgelopen zeven jaar was ze er alleen maar lieftalliger en verfijnder uit gaan zien.

'Ga maar inkopen doen voor het appartement,' zei hij toen glimlachend, en hij kuste haar. Ze stond naakt in zijn armen en rook naar hun liefdesspel en hij wilde dat hij kon blijven. Maar ze moesten om acht uur in de lucht zijn op weg naar Moskou en het zou hem een halfuur kosten om naar Le Bourget te komen.

'Ik zal je missen,' zei ze zachtjes, en ze kuste hem.

'Ik jou ook. Ik bel je wanneer we geland zijn.' En toen was hij weg. Hij zei maar heel zelden dat hij van haar hield, maar ze wist dat het zo was. En zij hield van hem, of meende dat ze dat deed. Dit was de liefde die ze kende.

Die ochtend ging ze op zoek naar spulletjes voor het appartement. Ze was al vaak langs de antiekzaken van Parijs gelopen, maar nu was er werk aan de winkel. Ze had het nog nooit zo naar haar zin gehad in haar leven. Een van de antiekhandelaren gaf haar de naam van een vrouw die fabelachtig mooie gordijnen maakte. Ze kocht schilderijen, meubels, stoffen, twee prachtige tapijten voor de zitkamer en een voor hun slaapkamer. Ze kocht een antiek hemelbed dat groter was gemaakt. Ze kocht alles wat ze nodig hadden voor de keuken en nam een Russische hulp in dienst. Twee weken lang was ze onophoudelijk bezig met de aankleding van het appartement. En wanneer ze teruggingen naar Londen zou ze daar ook nog het een en ander aanschaffen voor het appartement.

Vladimir belde haar dagelijks voor het laatste nieuws en

voordat hij haar in Londen trof, ging hij nog even naar Italië, om te kijken hoe het vorderde met het schip.

Ze hadden het allebei druk dat najaar en in december zag Natasha toe op de aflevering van alles wat ze had gekocht en begeleidde de hele inrichting. Vladimir was op dat moment weer bij de president in Moskou, maar tegen de tijd dat hij zich, een week voor Kerstmis, in Parijs bij haar voegde, zag het appartement eruit alsof ze er al jaren woonden. En hij vond alles wat ze gekozen had prachtig. Hij was ervan onder de indruk dat ze zich zo goed van haar taak had gekweten.

Ze besloten de kerst in Parijs door te brengen en vlogen de dag erna naar de Caraïben, waar de *Princess Marina* op hen wachtte. Het schip was daar in november naartoe gevaren en Vladimir was van plan om het daar tot april of mei te houden en het dan weer naar Zuid-Frankrijk over te laten varen. Het voelde goed om aan boord te zijn en in die vertrouwde omgeving te kunnen ontspannen.

Eind januari zouden ze teruggaan naar Parijs voor de hautecoutureshows. Hij vond het heerlijk om daar kleding voor haar te kopen, maar tot die tijd genoten ze op het schip, terwijl Vladimir aan boord werkte in zijn kantoor vol technische hoogstandjes.

Twee dagen voor de modeshows begonnen vloog hij met haar naar Parijs en het was zalig om naar hun appartement te kunnen gaan. Het begon al echt als thuis te voelen.

Er waren nog maar twee van de oorspronkelijke befaamde haute-couturehuizen over, Dior en Chanel, en daarnaast was er een nieuw modehuis, Elie Saab, dat op maat gemaakte avondkleding maakte. Dan was er nog een kleine groep nieuwe, jonge ontwerpers, maar hun werk werd door modekenners niet beschouwd als haute couture. Maar het was aardig om naar de twee shows te gaan en de kleren en de omgeving waarin ze getoond werden, waren spectaculair.

De eerste die ze bezochten was de show van Dior. Die werd gehouden in een tent die speciaal op de Linkeroever, achter het Place des Invalides, voor dit doel was opgebouwd. Het was een spectaculaire constructie, met verwarming en fenomenaal gekozen belichting. De wanden waren bekleed met spiegels en er was gekozen voor een tuinthema. Het zag eruit als een filmdecor geïnspireerd door de tuinen van Versailles. Aan de decors voor deze modeshows werden miljoenen uitgegeven, net als voor de prêt-à-portershows, die al bijna net zo dramatisch waren en ook twee keer per jaar gehouden werden.

Bij de prêt-à-portershows ging veel geld om. Ze werden in vier steden georganiseerd om detailhandelaren van over de hele wereld de mode te tonen voor het volgende seizoen, zodat zij hun bestellingen konden plaatsen. Ook deze shows trokken massa's beroemdheden en fashionista's.

De haute-coutureshows waren van een andere orde en werden alleen in Parijs gehouden. Het was wel de vraag hoelang ze nog zouden worden georganiseerd, want hun klantenbestand werd kleiner en kleiner.

Met kleding die tussen de vijftigduizend en vijfhonderdduizend dollar kostte – allemaal op bestelling gemaakt, volledig met de hand, tot het laatste steekje, en nooit meer dan één kledingstuk in dezelfde stad, voor dezelfde sociale kringen of dezelfde gebeurtenis – waren er praktisch geen mensen meer die haute couture kochten. In vervlogen tijden was er een hele schare welgestelde dames uit de betere kringen geweest van wie er veel op de lijst van best geklede vrouwen stonden, die twee keer per jaar van over de hele wereld naar Parijs kwamen om een nieuwe garderobe te bestellen. Maar het ene na het andere grote modehuis sloot nu zijn deuren en haute couture was onbetaalbaar geworden. Er waren nog maar een paar jonge vrouwen, meestal de minnaressen van steenrijke mannen, die de kleding nu kochten. De stijlen pasten niet langer bij de oudere vrouwen die zich dit soort kleding konden veroorloven, en de jonge vrouwen voor wie ze nu werd ontworpen, zouden die kleding nooit zelf kunnen betalen.

De shows werden nu meer gehouden omdat het spektakel publiciteit genereerde. De enkele vrouwen die het geluk hadden dat ze de kleding wel konden bestellen, kregen ze van de veel oudere mannen die hen onderhielden en met hen pronkten als symbool van hun enorme fortuin, macht, viriliteit en zakelijke capaciteiten. En daar was de haute couture helemaal niet voor bedoeld. Die was bedoeld om uitzonderlijk elegante en modebewuste vrouwen te kleden. De haute couture was nu grotendeels een parodie van zichzelf geworden en alleen een handjevol extreem vermogende Arabische prinsessen en de jonge, steeds wisselende, minnaressen van Russische zakenlieden konden zich de kleding veroorloven. In veel gevallen werd wat er te zien was op de catwalk niet eens gemaakt of verkocht. Het was slechts een voorbeeld van het prachtige vakmanschap dat ooit het toppunt van de Franse mode was geweest. De kleren werden nu gedragen door sexy jonge meiden die geen enkele waardering hadden voor de zeldzaamheid en de kwaliteit van hetgeen ze droegen.

In januari werden de zomerkleren geshowd en in juli kwam de winterkleding, zodat de bestellingen op tijd geplaatst konden worden en er genoeg tijd was om de met de hand gemaakte en vaak ingewikkelde kledingstukken te kunnen vervaardigen. Dus toen Vladimir en Natasha in Parijs arriveerden voor de modeshows was dat om een zomergarderobe uit te kiezen. Vladimir wilde altijd mee naar de shows. Dan noteerde hij terwijl de vrouwen op de catwalk liepen zorgvuldig wat hij wilde dat Natasha zou gaan dragen. Hij koos altijd de allerduurste outfits en avondjurken. Net als voor zijn auto's en vaartuigen gold, en voor de sieraden die hij haar gaf, was wat Natasha droeg een zichtbaar teken van zijn onmetelijke vermogen. Natasha droeg het liefst jeans en eenvoudige kleding als ze thuis was, maar Vladimir zag haar altijd graag tot in de puntjes gekleed in zeer dure kleding, niet alleen wanneer ze samen uitgingen, maar ook thuis, waar alleen hij haar zag.

'Spijkerbroeken zijn voor boerenkinkels,' zei hij dan, al droeg hij ze zelf ook. Maar hij wilde dat alle aandacht op Natasha gevestigd was wanneer ze een ruimte binnenkwam, en iedere outfit kostte evenveel als een dure auto of een klein appartement.

Ze vond het nooit prettig om met hem van mening te verschillen, of ondankbaar te lijken, maar ze probeerde wel altijd zijn aandacht te vestigen op de wat eenvoudigere kleding wanneer ze naar de haute-coutureshows gingen, vooral voor de zomer, wanneer ze toch vaak aan boord verbleven. Maar daar ging Vladimir nooit op in. Zelfs als ze alleen thuis waren wilde hij soms dat ze bij het diner een extravagante avondjurk aantrok. Hij zou net zomin goedkope of eenvoudige kleren voor haar kopen als dat hij onbeduidende kunst zou aanschaffen. Hij wilde waar voor zijn geld en wilde de wereld ondubbelzinnig laten zien hoever hij het geschopt had.

Alhoewel Natasha het heerlijk vond om naar de shows te gaan en de mode op de catwalk te zien, vreesde ze altijd wat hij voor haar zou uitkiezen. Ze mocht een paar dingen zelf uitkiezen, maar meestal bepaalde hij wat ze droeg. Ze ging niet in discussie met hem, want ze wilde hem niet boos maken. Dat was een paar keer gebeurd en de blik in zijn ogen en de hardvochtige toon van zijn stem waren genoeg geweest om haar daarna in alles zeer meegaand te maken. Elke keer wanneer iemand hem dwarsboomde, hem tegensprak of zijn orders niet opvolgde, liep dat verkeerd af. Als je deed wat hij je opdroeg en wat hij van je verwachtte, was hij een vriendelijke, zachtaardige man. Maar de vulkaan stond altijd op uitbarsten. Natasha had gezien hoe het anderen was vergaan als dat gebeurde en ze deed alles wat ze kon om te voorkomen dat zij het mikpunt werd. En ze was al helemaal niet van plan om zijn woede te riskeren over zoiets onbelangrijks als de kleding die ze droeg. Hoe kon je nu klagen als je zulke mooie kleren kreeg? En dus gaf hij elk jaar miljoenen uit aan haar kleding en alles wat hij kocht stond haar prachtig.

Het podium van de Dior-show stond vol bloemen en het rook overal naar tuberozen en lelietjes-van-dalen. De kleding was doorschijnend en sexy, de rokjes waren kort en bijna alles was doorzichtig. Tijdens de show was er geregeld een glimp van een blote borst te zien en veel van de kledingstukken hadden een blote rug. De hakken waren zo hoog dat je er bijna niet op kon lopen. Het waren allemaal kleren die haar goed zouden staan, al had het wat haar betrof wel wat eenvoudiger gemogen. Daarom koos ze zelf twee simpele katoenen jurkjes uit die onberispelijk gesneden waren en minder opwindend dan alles wat Vladimir voor haar had uitgekozen. Die kleding verhulde haar lichaam niet en kon alleen maar gedragen worden bij bijzondere gelegenheden. Er waren veel pailletten en piepkleine lovertjes, allemaal met de hand op vleeskleurig gaas genaaid. Er waren leggings en body's, vol met kraaltjes in bloempatronen, die tweehonderdduizend dollar kostten, vanwege al het borduur- en kralenwerk. Vladimir bestelde er drie voor haar en een vierde in glinsterend roze. Hij hield haar voor dat je een beeldschone vrouw niet kleedt in vodden. Zo noemde hij alle eenvoudigere kleren, zelfs al was het haute couture. In de winter kleedde hij haar altijd in bont, bij voorkeur sabelbont, of in exotische kleuren geverfd nerts, chinchilla en hermelijn. Daarbij kwamen dan fantastische bijpassende hoeden, leggings van krokodillenleer, heuplaarzen van leer en bont en met versiersels bestikte jassen. Hij kocht kleding voor haar waarin ze opviel, niet omdat het de mode was of makkelijk zat, en ze vroeg zich soms stiekem af hoe het zou zijn om gewone kleren te dragen ook als ze niet aan boord was. Maar meteen voelde ze zich dan weer schuldig en ondankbaar over die gedachten. Ze wist dat ze veel geluk had gehad met een man die haute couture voor haar kocht.

Hij bestelde tijdens de Dior-show zeven outfits voor haar en nog zes bij Chanel, en drie avondjurken voor de zomer van Elie Saab, allemaal met diepe decolletés en splitten aan de zijkant tot aan haar heupen. Het stond haar allemaal beeldig en de vrouwen die de scepter zwaaiden bij de modehuizen vonden het heerlijk om haar te kleden. Ze legden hen allebei in de watten. Vladimir maakte altijd meteen zijn keuze zodra hij gezien had hoe de jurken haar stonden en veranderde bijna nooit van mening. Hij wist hoe hij haar het liefst zag. En Natasha bedankte hem uitbundig wanneer ze klaar waren bij elk modehuis. Ze moest daarna altijd drie keer komen passen voordat de jurken bezorgd zouden worden om er zeker van te zijn dat ze haar perfect zaten. Geen rimpeltje of fout steekje mocht er zijn. Een couturejurk moest helemaal gaaf zijn, net als de vrouw die hem droeg.

Ze gingen terug naar het appartement, nestelden zich bij de open haard in hun slaapkamer en bedreven de liefde. Hij was verrukt van de kleren die hij voor haar had gekocht en kon niet wachten tot ze ze in de zomer kon dragen.

De Chanel-show was nog spectaculairder dan die bij Dior. Hij werd elk seizoen in het Grand Palais gehouden, een indrukwekkend gebouw met veel glas. Chanel had ooit een ijsberg in het midden van de ruimte gezet voor een wintershow. Hij was uit Zweden overgevlogen en de volgende dag weer teruggebracht. Deze keer had Chanel een tropisch strand gecreeerd voor de zomershow met tonnen zand en een steiger voor de vijftig modellen om over te lopen. De show en de kleding gaven Natasha een prettig gevoel. De outfits waren minder opzichtig en bloot dan die bij Dior, die Vladimir prefereerde.

Maar welk modehuis haar ook kleedde, er was geen twijfel over hoe adembenemend ze eruit zou zien in alles wat Vladimir voor haar bestelde. Hij raadpleegde haar wel over de kleding die hem beviel, maar maakte uiteindelijk zelf de keuze. Haar mening was voor hem net zoveel waard als die van een kind. Het was altijd een beetje vernederend voor haar wanneer hij duidelijk maakte dat ze niets te vertellen had, maar de modehuizen waren eraan gewend. Vladimir verschilde hierin in niets van de andere mannen met wie ze te maken hadden, allemaal zeer machtige mannen, en in Vladimirs geval zelfs machtiger dan de meeste. Mannen zoals hij leunden niet simpelweg achterover en lieten anderen hun beslissingen nemen, waar het ook over ging, zelfs over mode of hoe ze hun vrouwen kleedden. En het was functioneel wat Natasha droeg. Het was haar taak om ervoor te zorgen dat anderen hem benijdden om de vrouw aan zijn arm.

Hij praatte met haar over de plannen voor het nieuwe schip en liet haar wat tekeningen zien toen ze die avond zaten te eten in het appartement. Het sneeuwde en ze hadden hun tafelreservering bij Alain Ducasse op de Plaza afgezegd en besloten om thuis te blijven. Buiten was het bitterkoud. Vladimir was aan het werk en Natasha was verdiept in een nieuw boek over impressionistische kunst dat ze net had gekocht.

Ze had ook een aantal interieurboeken gekocht om ideeën op te doen voor het appartement, en het werd steeds mooier. De gordijnen waren opgehangen toen ze op het schip waren en Vladimir vond ze prachtig. Ondanks het feit dat hij veel tijd stopte in zijn werk, had hij een scherp oog voor schoonheid en hij zag altijd wat ze gedaan had in het appartement. Wanneer hij het mooi vond, zei hij dat ook, en hij was zeer vergenoegd met wat ze bereikt had.

Ze vond het prettig om meer tijd in Parijs door te brengen, waar het appartement haar omhulde als een warme jas. Het huis in Londen, dat voor Natasha's tijd door een beroemde binnenhuisarchitect was ingericht, was erg opzichtig. Het had dan misschien in alle toonaangevende architectuurbladen gestaan, maar Natasha had zich er nooit zo thuis gevoeld als ze dat nu in Parijs deed of aan boord. Ze hoopte dat ze ook van het nieuwe schip zou kunnen genieten; zijn plannen klonken in ieder geval groots.

Vladimir bleef het weekend na de modeshows bij haar in Parijs en keerde toen terug naar Moskou. Het runnen van zijn nieuwe delfstoffenconsortium bleek meer tijd te kosten dan verwacht en hij wilde dat zij in Parijs bleef. Het was veel te koud voor haar in Moskou en hij zou het zelf te druk hebben. Bovendien moest hij in Rusland enkele regio's aandoen waar het minder goed toeven was.

Over drie weken zou hij haar weer zien in Courchevel. Alle rijke Russen gingen daar tegenwoordig naartoe om te skiën, en hij had half februari voor een week een huis met personeel voor hen gehuurd. Hij skiede graag wanneer hij de tijd had en had de afgelopen zeven jaar elke winter voor haar een skileraar ingehuurd. Nu kon ze redelijk uit de voeten, al was ze niet zo goed als hij. Maar ze genoten altijd van het samen skiën en ze keek ernaar uit.

Het was stil in het appartement nu hij weg was. Het sneeuwde die week in Parijs en ze bracht het grootste deel van de tijd lezend in bed door of zittend bij de open haard. Als ze de deur uit ging, bezocht ze antiekwinkels op zoek naar nieuwe schatten. Ze vond altijd wel iets moois voor in het appartement. Die week nog had ze voor hun slaapkamer een paar met bladeren en engelen versierde bronzen Lodewijk xv-haardijzers op de kop kunnen tikken.

Op zoek naar kunst voor het appartement bezocht ze ook

diverse galeries en ze kreeg regelmatig uitnodigingen voor openingen. Een uitnodiging voor de donderdagavond, op de Linkeroever, trok haar aandacht. Die was van een galerie waar ze twee maanden geleden een aardig schilderijtje had gekocht. Ze nam zich voor om als het niet zou sneeuwen naar de opening te gaan. Soms ging ze, als dat lukte, erheen nog voordat een expositie was geopend zodat ze iets wat ze wilde hebben meteen kon kopen, voordat anderen de kans kregen. Maar die dag zou daar geen tijd voor zijn. Er kwamen werklieden om nieuwe planken in de keuken op te hangen en daar wilde ze zelf toezicht op houden.

Een uur nadat de expositie was geopend stapte ze in de Bentley met chauffeur die Vladimir in Parijs voor haar gehuurd had. In de stad reed ze nooit zelf. Ze vond het ingewikkeld met al die straten met eenrichtingverkeer, een beetje eng zelfs. Soms reed ze wel zelf in Zuid-Frankrijk, waar aan boord van het jacht een Bentley-sportwagen voor haar klaarstond, maar in Parijs reed ze liever met een chauffeur. Wanneer Vladimir in de stad was gebruikte hij zijn eigen Rolls-Royce, maar deze Bentley was stijlvoller en net iets minder opzichtig.

Ze reden over de Pont Alexandre III naar de Linkeroever en toen naar de galerie in het 6e arrondissement. De ruimte was klein maar praktisch ingericht en stond vol pratende en wijn drinkende mensen. Het waren de gebruikelijke kunstzinnige types plus een paar belangrijke mensen uit de kunstwereld, jong en oud door elkaar, een bont gezelschap. Terwijl Natasha rondliep bekeek ze de schilderijen. Het was mooi werk van een hoog niveau. Het combineerde de perfecte schildertechnieken van de oude meesters met de lichtere kleuren en onderwerpen van de impressionisten. Deze kunstenaar had absoluut een eigen stijl. Ze had niet op zijn naam gelet maar vond de schilderijen heel aansprekend. Ze pakte het cv van de kunstenaar van het bureau en liep verder. Toen ze aan het eind van de ruimte kwam stond ze opeens stokstijf stil, oog in oog met haar eigen gezicht, dat indringend geportretteerd was. De schilder had de vrouw op het doek haarfijn vastgelegd, en geschokt besefte ze dat dit haar portret was. Natasha stond als versteend naar zichzelf te staren.

Instinctief keek Theo op en zag haar aan de andere kant van de galerie voor haar eigen portret staan. Zijn hart sloeg over. Hij had nooit verwacht dat ze hier zou zijn of ooit zelf het schilderij zou zien.

'Is er iets? Je ziet eruit of je een geest gezien hebt.' Inez, die hem vergezelde, had gezien hoe alle kleur uit Theo's gezicht was weggetrokken op het moment dat hij Natasha zag.

Theo had besloten om het nog één keer bij Inez te proberen en had haar vlak voor de kerst uitgenodigd voor een etentje. Ze gingen nu een maand samen uit en ze was nog steeds op haar hoede, maar het ging heel goed. Tot nu toe had hij haar kunnen laten zien dat hij niet gek was, en hij vond zelfs haar dochtertje Camille leuk. Theo was niet verliefd op haar, nog niet in ieder geval, maar hij genoot van haar gezelschap. Inez was een intelligente vrouw, verstandig en praktisch, die heel goed voor zichzelf en haar dochtertje kon zorgen. Ze was helemaal niet op zoek naar iemand die haar kon 'redden' of onderhouden, en wilde niet trouwen. Liever alleen dan samen met de verkeerde man, zei ze. Ze had een oppas geregeld en was met hem naar Parijs gekomen voor de opening. Ze logeerden samen in een hotelletje op de Linkeroever, vlak bij de galerie. Hun verhouding was nog heel pril, maar tot nu toe beviel hem alles aan haar.

'Nee, niets aan de hand.' Hij glimlachte naar Inez en glipte weg van het groepje waarin ze stonden. Hij baande zich een weg naar de plek waar Natasha stond. Ze droeg een zware bontjas, jeans en hoge hakken – Vladimir was tenslotte niet in de stad – en zag er net zo hartverscheurend mooi uit als altijd. Haar zachte blonde krullen waren als een stralenkrans om haar gezicht en haar haar hing los als bij een jong meisje.

Ze wendde zich tot hem. 'Heb jij dit geschilderd?' vroeg ze met opengesperde ogen, alsof ze hem ervan beschuldigde dat hij haar en plein public de kleren van het lijf had gerukt en haar daarna onbeschermd had laten staan.

Hij kon niet ontkennen dat dat eigenlijk ook was wat hij had gedaan. Het was zo'n indringend schilderij, zo sterk en zo intens dat het op de een of andere manier suggereerde dat hij intiem met haar was geweest en zelfs van haar hield.

'Ik... ja... Ik heb... nadat ik je vorige zomer had ontmoet. Je hebt een gezicht dat erom vraagt om geschilderd te worden,' zei hij. Het klonk zelfs in zijn oren als een slap excuus. Het schilderij had zoveel diepte dat het voor hen beiden duidelijk was dat het voor hem zoveel meer moest betekenen.

Haar ogen boorden zich troebel van emotie in de zijne. Alleen Russen konden zo kijken, geneigd als ze waren tot tragiek en verdriet, en dat kwam ook tot uitdrukking in hun literatuur, muziek en kunst. 'Ik had geen idee dat je zo getalenteerd was,' zei ze zacht.

'Dank je, dat is erg aardig.' Hij glimlachte wat beschaamd naar haar omdat zij hem betrapt had op dit bewijs van zijn obsessie voor haar. Hij was er nu overheen, maar toen was hij verrukt van haar geweest en het portret bewees dat overduidelijk. Ze was niet zomaar een onderwerp of een model, niet zomaar een interessant gezicht om te schilderen. Ze was een vrouw op wie hij toen verliefd was, al was hij inmiddels bij zijn positieven gekomen. Maar alles wat hij voor haar gevoeld had, kwam tot uitdrukking in dit schilderij. Hij had alles gegeven, en daarom vonden Gabriel en Marc het ook zijn beste werk.

Gabriel was bij de opening, maar zijn vriend Marc kon het zich nu niet veroorloven om naar Parijs te komen. Hij had niet gewild dat Theo de reis betaalde, maar was wel van plan de expositie nog te bezoeken.

'Het was geweldig om je te schilderen,' zei Theo. Hij wist niet goed wat hij anders tegen haar moest zeggen, hoe hij zich moest verontschuldigen dat hij inbreuk op haar privacy had gemaakt. 'Maar je ogen waren wel heel moeilijk.' Wat stond hij daar nu als een idioot te bazelen en haar aan te staren? Alleen al door naar haar te kijken stokte zijn adem en ontstond er een soort knoop in zijn maag. Elke keer dat hij haar zag – en dat was maar drie keer geweest – gebeurde er van alles met hem. In zijn atelier had hij maandenlang dag en nacht naar haar gestaard. Haar schilderen was zijn passie geweest en had tot dit hoogtepunt in zijn werk en schildertechniek geleid.

'Ik wil het kopen,' zei ze zachtjes. 'En die ogen, die zijn perfect.'

Dat had hij ook gevoeld toen hij eindelijk klaar was, en nu hij haar zag, wist hij dat het inderdaad goed was. Hij had haar gezichtsuitdrukking perfect op het doek gekregen.

Theo had gezien dat Vladimir niet bij haar was, dus die zou hier niet alles op alles zetten om het schilderij tegen elke prijs te kopen. Even was hij in de verleiding om, naar waarheid, te zeggen dat het niet te koop was.

'Het spijt me. Het is al verkocht,' zei hij toen. Er zat geen rode stip op de muur om aan te geven dat het door iemand gekocht was en ze keek hem vragend aan. 'We hebben het net verkocht. Ze hebben de rode stip nog niet op de muur geplakt.'

Ze keek geschokt en teleurgesteld. Ze wilde niet dat een portret dat zo intiem was in het huis van een vreemde zou hangen.

En dat wilde hij ook niet.

'Hebben ze al betaald? Ik wil niet dat iemand anders het krijgt. Ik geef je er meer voor.' Ze had wel iets van Vladimir geleerd en dat werkte meestal. Maar weinig handelaren waren trouw aan hun klanten als iemand hun een betere prijs bood.

Theo zag hoe teleurgesteld en verdrietig ze was en besefte dat hij het haar had moeten aanbieden voor hij het hier had tentoongesteld, maar hij wilde het schilderij zelf houden. Tegelijkertijd had hij het ook ontzettend graag willen exposeren, en Jean had het in elk geval tijdens de opening willen ophangen om Theo's vakmanschap te laten zien.

'Ze hebben net betaald. Het spijt me echt,' zei Theo verontschuldigend. Het liefst wilde hij zijn armen om haar heen slaan. Ze was lang, maar hij was langer en ondanks haar lengte zag ze er zo zacht en kwetsbaar uit. Ze was het soort vrouw dat je wilde beschermen, zodat niemand haar iets kon aandoen. Dat gevoel had hij nog nooit bij iemand gehad. 'Ben je op bezoek in Parijs?' Hij probeerde haar aandacht van het portret af te leiden. Wat was hij toch een hork dat hij het niet voor de expositie aan haar had aangeboden.

'Nee.' Ze lachte hem wat treurig toe, het verlies van het portret stemde haar verdrietig. 'Ik heb hier nu een appartement. Wíj hebben hier nu een appartement. Aan de avenue Montaigne. Het was leuk om het in te richten en ik ben nog steeds op zoek naar kunst.' Ze keek naar haar eigen beeltenis. 'Dit zou perfect zijn geweest. Maar ik zal ook naar je andere werk kijken.'

'Misschien kan ik eens een keer komen kijken naar de ruimte die je hebt, en de lichtinval. Dan kunnen we samen iets uitzoeken,' zei hij hoopvol. Waarom hij het zei, wist hij eigenlijk zelf niet. Vladimir had zijn advies niet nodig als je hun kunstcollectie bezag. Hij vroeg zich af waar de man was. 'Waar woon je precies?'

'Op nummer 15. Ik neem via de galerie wel contact met je op,' zei ze slechts. 'Ik ben hier nog twee weken. Blijf je nog even in Parijs?'

'Nog een dag of twee voordat ik terugga naar het zuiden, maar ik kan er tijd voor maken.' Ze hoefde het maar te zeggen en hij zou meteen naar haar toe vliegen, maar hij betwijfelde of ze hem zou bellen.

'Het is een fantastische expositie,' zei ze complimenteus. Ze had een aantal rode stippen gezien, die aangaven dat er al diverse stukken verkocht waren. Ze glimlachte naar hem. 'Dank je dat je me geschilderd hebt. Het is een groot compliment,' zei ze beleefd. Ze had het hem vergeven dat hij haar portret aan een vreemde had verkocht, zonder het zelfs maar eerst aan haar aan te bieden.

Bijna had hij haar op dat moment de waarheid verteld, dat hij er geen afstand van kon doen. Als hij het kwijtraakte, zou het zijn alsof hij haar verloor, zelfs al was ze nooit van hem geweest en wist hij dat dat nooit zou gebeuren ook.

Ze liep nog een paar minuten rond en toen hij weer naar haar op zoek ging, was ze verdwenen. Alsof er niets aan de hand was, keerde hij terug naar Inez en de anderen.

Zij keek hem wantrouwig aan en haar stem klonk kil toen ze alleen waren. 'Ik ben niet blind, weet je. Ik zag je met de vrouw op het portret. Je vertelde me dat je haar niet kende.' Haar ogen stonden hard en vragend.

'Ik ken haar ook niet echt.' Dat was bijna de waarheid. Kende hij haar maar. 'Ik heb haar drie keer ontmoet, vanavond is de vierde keer. Vorige zomer in mijn moeders restaurant met haar vriend, daarna toen ik een schilderij bij haar afleverde, toen twee minuten op een beurs in Londen en nu dus. En ik heb haar vanavond niet uitgenodigd. Ik weet niet waarom ze kwam. Ze staat zeker in hun klantenbestand. Ik wilde gewoon haar gezicht schilderen.'

'Het portret is een perfecte gelijkenis. Ik herkende haar meteen.' Haar volgende vraag schokte hem. 'Ben je verliefd op haar?'

'Natuurlijk niet. Ze is een complete vreemde voor me.'

'Kunstenaars schilderen geen vrouwen die ze niet kennen, tenzij ze op de een of andere manier geobsedeerd zijn, of als ze studiomodellen zijn.'

En dit schilderij straalde iets uit van die obsessie, dat hadden ze beiden wel gevoeld. Het was een liefdesbrief aan een vrouw die hij dolgraag beter wilde leren kennen. Nu kon hij slechts gissen wat voor vrouw ze was. Inez had gelijk. Maar het was alweer zes maanden geleden dat hij in haar ban was geweest. Hij had gedacht dat hij eroverheen was, maar nu hij haar weer gezien had voelde het alsof iemand opnieuw zijn hart uit zijn borstkas had gerukt. Het begon weer van voren af aan. Ze had een of andere magische kracht waartegen hij zich niet kon verzetten. 'Ik ben niet geobsedeerd.' Hij probeerde niet alleen Inez te overtuigen, maar ook zichzelf.

Ze stond er ongelukkig bij. Nu ze Natasha in levenden lijve had gezien, wist ze dat ze een geduchte rivale had als hij echt verliefd op haar was.

'Waarom heb ik nu het idee dat er zich hier een drama afspeelt?' Ze keek hem strak aan. 'Ik heb je al gezegd dat ik niet aan drama doe. Als dat het is, ben ik nu weg.'

'Je hoeft je geen zorgen te maken.' Hij sloeg een arm om haar schouder. Maar hij vond zichzelf een leugenaar en een bedrieger. Hij had Natasha's gezicht gestolen door haar portret te schilderen zonder dat zij dat wist en nu loog hij tegen Inez over een vrouw die een obsessie voor hem was zonder dat hij haar kende. Hij voelde zich een dwaas toen hij haar enkele minuten later liet staan, naar Jean Pasquiers bureau liep, een rode stip pakte en die op de muur naast Natasha's portret plakte. Dat was iets wat hij wel voor haar kon doen, nu zou niemand het die avond kopen.

De rest van de openingsavond verliep goed en zowel Theo als Jean Pasquier was tevreden. Gabriel feliciteerde hem voordat hij vertrok en Theo en hij waren het erover eens dat het jammer was dat zijn moeder niet was gekomen. Ze had het druk met een kleine verbouwing en enkele reparaties aan het restaurant en beweerde dat ze niet weg kon. Maar ze wisten allebei dat ze het gewoon vreselijk vond om naar Parijs te komen en dat ze liever in haar veilige, bekende wereldje in Saint-Paul-de-Vence bleef. Theo begreep dat wel en trok het zich niet aan.

'Ik zal haar vertellen wat een succes de expositie was,' beloofde Gabriel hem toen hij wegging.

Theo sprak met Pasquier af dat ze de volgende ochtend de verkopen zouden bespreken en een lijst met geïnteresseerde klanten zouden samenstellen naar wie foto's zouden worden gestuurd.

Nadat de laatste gasten vertrokken waren, liepen Theo en Inez zwijgend terug naar het hotel. Beiden waren ze in gedachten verzonken. Toen ze op hun kamer kwamen, begon Inez hem weer uit te horen.

'Hoe komt het nou dat ik je niet geloof wanneer je zegt dat je niet verliefd bent op die vrouw?' Ze zat op het bed naar hem te staren alsof ze het antwoord in zijn ogen kon vinden en niet in zijn woorden.

'Ze is van de rijkste man van Rusland.' Hij zei het alsof ze een object was, een meubelstuk of een slaaf, en hij vond het vreselijk hoe dat klonk. En nog erger was dat het eigenlijk ook gewoon waar was. Vladimir beschouwde haar als een bezit en behandelde haar ook zo.

'En als ze niet "van hem" was,' ging ze verder, 'zou je haar dan willen?'

'Wat een belachelijke vraag.' Hij ijsbeerde door de kamer en voelde zich heel ongemakkelijk. 'Dat is net alsof je vraagt of ik de Eiffeltoren wil hebben of de *Mona Lisa*. Die zijn niet te koop.'

'Alles heeft zijn prijs, als je die maar wilt betalen,' zei Inez kil, exact Vladimirs woorden herhalend.

Hij huiverde bijna van afkeer, wilde niet dat dat waar was. In Natasha's geval was dat ook niet zo. En daarnaast had zijn moeder gelijk: hij kon haar zich niet veroorloven.

'Je bent zelf ook niet direct aan de bedelstaf,' bracht Inez hem in herinnering. 'Al doe je graag alsof. Misschien heb je niet zoveel als haar Russische vriendje, maar ze zou bij jou ook niet van de honger omkomen.' Het kon Inez niet schelen hoeveel geld Theo had, maar het was in de kunstwereld geen geheim wie zijn vader was en wat die hem had nagelaten.

'Vrouwen zoals zij zijn anders,' zei Theo gekweld, en hij ging zitten. 'En ik ben er niet op uit om iemand op een veiling te kopen, tegen anderen op te bieden. Voor haar speelt dat helemaal niet. Ze is zijn minnares, heeft een geweldig leven, materieel gezien in ieder geval, en ze lijkt gelukkig te zijn met hem. Ik zou trouwens niet weten wat ik aan moest met een vrouw zoals zij. Einde verhaal.'

'Misschien niet,' zei Inez veelbetekenend. 'Misschien is dit pas het begin.'

'Als dat waar was, dan zou dat zeven maanden geleden gebeurd zijn, toen ik haar voor het eerst ontmoette. Maar zo is het niet gegaan. Ik schilderde een portret van haar omdat ze een mooi gezichtje heeft. Dat is alles.'

Maar geen van beiden voelde zich er gerust op toen ze die avond naar bed gingen. Inez geloofde hem niet. En Theo wist dat alles weer opnieuw begonnen was. Terwijl hij in bed lag met Inez, werd hij gekweld door gedachten aan Natasha.

Elke keer dat hij in haar buurt kwam, raakte hij bezeten van haar en kon hij niet meer helder denken. Hij voelde zich verward en stuurloos en lag lang wakker. En de teleurstellende gebeurtenissen hadden nu al vat op zijn relatie met Inez gekregen: Inez en hij lagen zo ver mogelijk van elkaar af in bed.

Er was ruimte genoeg tussen hen in voor de vrouw die hem betoverd had. Natasha had net zo goed bij hen in bed kunnen liggen. Voor allebei was het alsof ze haar krachtige aanwezigheid in de kamer bijna fysiek konden voelen.

En op de avenue Montaigne lag Natasha in haar bed en dacht aan Theo. Hij had iets heel intens, al kon ze niet precies haar vinger leggen op wat het was, en ze praatte graag met hem. Ze nam het vel papier uit haar tas om naar zijn cv te kijken, benieuwd waar hij gestudeerd had. Zijn achternaam viel haar in eerste instantie niet op, maar toen las ze de derde alinea, waarin stond wiens zoon hij was, en dat hij als jongetje het vak aan de zijde van zijn vader had geleerd. Geschokt realiseerde ze zich dat hij Theo Luca was en dat hij in het restaurant nooit iets gezegd had en ook niet toen hij het schilderij was komen brengen. Hij was eenvoudig en bescheiden en had gedaan alsof hij een werknemer of loopjongen was en niets meer.

Ze las het cv meerdere keren... geboren in de studio van zijn vader... groeide op in Saint-Paul-de-Vence... vanaf zijn vijfde door zijn vader opgeleid... École des beaux-arts in Parijs... een na grootste verzamelaar van zijn vaders werk... zelf ook een getalenteerd kunstenaar... zijn eerste expositie in een galerie. En daar hing zij nu ook. Hij had duidelijk zijn ziel en zaligheid in haar portret gelegd en ze kon niet begrijpen waarom. Waarom had hij haar geschilderd en hoe kon het dat hij zoveel gezien had in haar ogen? Hij had de pijn van haar jeugd gezien, de verschrikkingen van het weeshuis, het enorme verdriet toen haar moeder haar in de steek liet... hij had alles gezien. Het zat allemaal in het schilderij dat hij van haar gemaakt had en het voelde alsof hij zich in haar binnenste genesteld had, diep in haar ziel. Ongemerkt was hij naar binnen geslopen en het voelde alsof hij daar nu zat, stil, wachtend, begrijpend. Ze wist niet of ze nu moest wegrennen of juist niet. Maar er was geen plaats voor hem in haar leven. Ze hoorde bij Vladimir. En ze voelde aan dat Theo Luca een gevaar voor haar betekende. Alleen al door in zijn buurt te zijn bracht ze haar hele leven in gevaar.

8

Toen Theo en Inez de volgende ochtend opstonden, begonnen ze geen van beiden meer over Natasha. De vorige avond hadden ze het onderwerp uitputtend besproken. Ze ontbeten in een café in de buurt met café au lait en croissantjes. Theo zei dat hij tegen de lunch klaar zou zijn en haar dan zou bellen. Hij ging naar de galerie om met Jean Pasquier te bespreken hoe de opening was verlopen en eventuele recensies door te nemen.

Jean vertelde hem dat er de vorige avond zes schilderijen verkocht waren, wat werkelijk een mooi resultaat was. En er stond een heel positieve recensie in *Le Figaro*. Dat herinnerde Theo eraan dat de recensent van die krant nogal onder de indruk was geweest van Natasha's portret en dat hij het daarover met Jean moest hebben.

'Trouwens, ik haal het portret uit de expositie,' zei hij kalm. 'Ik had het er niet bij mogen doen zonder toestemming van de geportretteerde.'

'Ze was er gisteren,' merkte Jean op. 'Ik zag haar. De gelijkenis is werkelijk treffend. Was ze niet blij met het schilderij?'

'Ik denk dat ze geschokt was. Ik voelde me echt een eikel dat ik het haar niet gezegd had.'

'Je bent een kunstenaar. Je kunt schilderen wie of wat je wilt.'

Theo vertelde hem maar niet dat Natasha aangeboden had het te kopen. Voor de galeriehouder zou dat een gemiste kans zijn. De verkoop was tenslotte zijn inkomen. Maar ze waren het er beiden over eens dat het heel erg goed gegaan was voor een eerste expositie.

'Ik neem het portret vandaag weer mee en dan gaat het morgen mee terug naar Zuid-Frankrijk.' Theo probeerde het nonchalant te laten klinken.

'Ik kan het voor je opsturen als je wilt,' bood Jean aan, maar Theo schudde zijn hoofd.

'Ik neem het zelf mee. Ik wil niet dat het kwijtraakt.' Dat was een redelijke verklaring: kunstenaars waren notoir paranoïde over hun werk.

Ze praatten een uur over de expositie en Theo bedankte hem voor zijn uitstekende werk. De schilderijen waren buitengewoon mooi tentoongesteld in de galerie en hij was Jean zeer dankbaar dat hij hem de kans had gegeven zijn eerste expositie te houden.

Met het portret van Natasha onder de arm liep hij naar de boulevard Saint-Germain, waar hij een taxi aanhield. Hij gaf de chauffeur uit zijn geheugen het adres op de avenue Montaigne op. Hij wist dat hij niet zomaar naar binnen kon, maar er zou vast wel een concierge zijn. Hopelijk kon die haar bellen zodat hij het schilderij aan haar kon geven. Hij vroeg zich af of Vladimir er zou zijn.

Zoals hij afgaande op de buurt en vooral de straat al had verwacht, was het een prachtig, zeer gedistingeerd gebouw. Het was met zes woonlagen niet zo hoog en ieder appartement besloeg een hele etage, maar sommige appartementen hadden zelfs twee verdiepingen. Er was niet alleen een conciërge maar ook een portier, en een intercom voor elk appartement. Hij drukte op de bel naast het naamplaatje waar vs op stond en hoorde een oudere vrouw met een Russisch accent antwoorden. Hij vroeg of Natasha er was en de vrouw zei dat ze haar zou halen. Toen hoorde hij haar stem.

'Hoi. Ik ben het, Theo. Ik kwam even iets langsbrengen.'

Ze aarzelde, toen zei ze: 'Kom maar naar boven. Het is de derde verdieping.' Ze drukte op de knop en hij ging een glazen deur door. Hij stapte in een lift met spiegels aan de muren die plaats bood aan vier personen, wat voor Parijse begrippen vrij groot was. Toen hij uit de lift stapte, stond ze in de deuropening op hem te wachten.

Ze droeg jeans en ballerina's en een dikke zwarte trui. Haar lange blonde haar hing los en zat een beetje in de war. Het reikte bijna tot haar middel.

Hij gaf haar het met papier omwikkelde schilderij en zag de verbazing op haar gezicht.

'Ik wil dat jij het hebt. Ik was van plan het te houden, omdat iedereen zegt dat het mijn beste werk is tot nu toe. Maar het hoort eigenlijk gewoon bij jou.'

'Is de koper dan van gedachten veranderd?' vroeg ze beduusd.

Hij schudde zijn hoofd. 'Er was geen koper. Ik wilde het aan jou geven. Ik wist het ineens toen ik je gisteravond zag, maar ik wilde het niet zeggen waar al die mensen bij waren.'

'Ik wil het van je kopen,' bood ze aan. Ze stonden op de overloop met het schilderij tussen hen in.

Weer schudde hij zijn hoofd. 'Het is een geschenk. Het is niet geprijsd en is niet te koop. Het is van jou.'

'Dit kan ik toch niet zomaar van je aannemen!'

Ze was zichtbaar in verlegenheid gebracht, maar ook heel blij en geroerd. Ze zag er ontzettend jong uit, vooral in de kleding die ze nu droeg. Dat was hem al eerder opgevallen, al had hij geen idee hoe oud ze in werkelijkheid was. Ze leek haast een jong meisje, zoals ze hier nu stond. De dure designeroutfits die ze altijd bij Vladimir droeg maakten haar ouder dan ze was.

'Waarom niet?' Hij glimlachte naar haar. 'Ik nam jouw gezicht om het te schilderen. Nu mag jij het resultaat nemen.'

'Het is een prachtig portret. Zullen we samen een goede plek zoeken om het op te hangen?' vroeg ze bescheiden. Toen hij knikte, stapte ze opzij, waarna hij het schilderij voor haar naar binnen droeg. Theo had een antieke lijst uitgekozen en daarom was het vrij zwaar.

Hij volgde haar het appartement in. Onmiddellijk vielen hem de schitterende antieke lambrisering en vloeren op. De kunst die ze in de gang had gehangen, had ze vast zelf uitgekozen. Vladimir kocht waarschijnlijk belangrijkere, duurdere stukken, maar deze waren warmer en spraken hem meer aan. Hij liep achter haar aan de zitkamer in, die eruitzag als een kleine salon in Versailles. Toch was het allemaal smaakvol gedaan, met tere zijde en damasten stoffen.

Ze liepen door de kleine study en de eetkamer, en ze nam hem mee de trap op naar hun slaapkamer. Dat was de plek waar Natasha het portret wilde ophangen. Er hing een zeventiende-eeuws schilderij van een jong meisje boven de open haard en ze vonden beiden dat dat de perfecte plek was voor het portret. Voorzichtig haalde hij het schilderij dat er hing van de muur en hing haar portret aan de haak. Perfect. Ze stonden er glimlachend naar te kijken en Natasha straalde.

'Ik vind het prachtig, jij niet?' Ze klapte opgetogen in haar handen. Ze leek wel een kind, zo jong en onbedorven, ondanks alles wat ze moest hebben meegemaakt en het leven dat ze met Vladimir deelde.

Theo moest lachen. 'Ja, ik vind het ook prachtig.' Hij was blij dat hij haar het schilderij gegeven had. En het was waar wat hij had gezegd. Het was bij haar op zijn plaats. Hij wilde dat zij het had.

Samen besloten ze waar ze het andere schilderij zouden hangen, aan de tegenoverliggende muur in haar slaapkamer, en hij vroeg haar om een hamer en een spijker. Ze ging ze halen en hij hing het schilderij voor haar op. Toen keek Natasha hem vragend aan.

'Waarom heb je me niet verteld dat je Lorenzo Luca's zoon bent? Zeker toen Vladimir het schilderij kocht.' Ze had bijna 'we' gezegd, maar ze was zich er zoals altijd van bewust dat dat schilderij niet van haar was. Het was van Vladimir en in tegenstelling tot Theo's portret van haar geen geschenk. Zij was niet de eigenaar van de kunst die Vladimir kocht.

'Het leek me niet belangrijk. Wat maakt het uit? Ik vertel het bijna nooit aan mensen, dat leidt maar af. Ik maak liever geen misbruik van zijn naam.'

'Dat heb je ook niet nodig,' zei ze zachtjes. 'Je werk is erg goed. Ik probeer zelf thuis kunstgeschiedenis te studeren. Ooit zou ik graag colleges volgen aan de Sorbonne, maar we blijven nooit lang genoeg op één plek om dat te doen. En Vladimir heeft het liever niet,' legde ze uit. 'Misschien kan ik af en toe colleges volgen nu we het appartement hebben, of een privéleraar inhuren.'

'Je lijkt me al behoorlijk goed op de hoogte.' Dat had hij afgeleid uit hun gesprek op het schip, toen hij zijn vaders schilderij had afgeleverd. 'Je weet misschien wel meer dan sommige docenten bij wie je colleges zou volgen,' zei hij vrolijk.

Natasha voelde zich gevleid. Ze had op internet in de loop der jaren inderdaad veel kennis opgedaan, evenals uit alle boeken en tijdschriften die ze las.

Ze deden een stapje terug en bewonderden weer het portret. Het hing op de perfecte plek. Theo probeerde er niet aan te denken dat ze in de slaapkamer stonden die zij met Vladimir deelde en dat het bed slechts op een meter afstand was. Dat idee gaf hem de rillingen.

Toen kreeg hij een ingeving. 'Heb je het druk? Heb je zin om met me te lunchen?' Hij wist niet of Vladimir aan het werk was of weg, en hij vroeg er niet naar. Het leek erop alsof ze alleen was en tijd had.

Even aarzelde ze. Ze ging nooit uit lunchen met een andere man, alleen met Vladimir. Zoiets was in al die jaren dat ze nu met hem was niet gebeurd. Maar er was eigenlijk geen reden om het niet te doen. De uitnodiging was niet ongepast en samen lunchen leek haar heel gezellig. Het zou enorm afwijken van haar gebruikelijke patroon; ze wist dat Vladimir het niet prettig zou vinden, maar hij hoefde het niet te weten. En ze wilde niet het schilderij zomaar aannemen en vervolgens Theo gewoon wegsturen. Dat leek haar ook niet beleefd.

Een beetje beduusd van haar eigen keuze antwoordde ze hem: 'Ja, waarom niet? Ik lunch eigenlijk nooit buiten de deur. Maar er is hier vlakbij een leuk restaurantje. Daar gaan we soms 's avonds eten of op zondag lunchen.' Aan de tafeltjes op het terras kon Vladimir zijn sigaren roken.

Theo kende het ook, het was L'Avenue, een gezellig restaurant waar naast buurtbewoners ook wel modellen kwamen, en mensen die in de film- en modewereld werkten. Het was een populaire eetgelegenheid in Parijs en het lag een eindje verderop in de straat.

'Ik pak mijn jas even,' zei ze, en ze kwam terug met een enorme Russische jas van sabelbont die Vladimir voor haar had gekocht bij Dior. De diepbruine kleur contrasteerde mooi bij haar blonde haar. Ze had hoge donkerbruine suède laarzen aangetrokken en een bruine krokodillenleren Birkin en bijpassende handschoenen van Hermès bij zich.

Theo moest lachen toen hij haar zo zag. 'Weet je zeker dat je met mij over straat wilt?' Hij had zich gekleed op zijn bezoek aan de galerie en had daarna rond willen slenteren in het 6e en 7e arrondissement, waar de galeries waren. Hij droeg jeans, een dikke trui, een oud windjack en bruine suède laarzen. Zijn kleren waren een stuk informeler dan de hare, maar zijn haar was goed geknipt en hij zag er aantrekkelijk uit.

Natasha was zich wel degelijk bewust van zijn knappe uiterlijk, al flirtte ze niet met hem. Ze wist gewoon niet hoe ze zich moest gedragen nu ze ging lunchen met een jonge man van haar leeftijd. Het was onderdeel van de stilzwijgende afspraak met Vladimir dat ze dat soort dingen niet deed. Ze was helemaal van hem, op alle fronten: lichaam, geest en ziel. Dat liet geen ruimte voor iemand anders in haar leven. Zo wilde hij het, en dat wist ze. Terwijl ze naar het restaurant liepen, hield ze zichzelf voor dat dit die ene uitzondering zou zijn die de regel bevestigde en dat het geen kwaad kon. En deze keer was er geen bemanning die verslag aan hem kon uitbrengen en dus zou Vladimir er ook niet achter komen.

Aan tafel in het restaurant voelde ze zich de eerste minuten wat onrustig en ongemakkelijk. Theo had zijn telefoon uitgezet zodat niemand hem kon storen en de manier waarop hij steeds naar haar keek was indringend, alsof hij haar probeerde te doorgronden, haar helemaal in te drinken. Maar het voelde ook alsof hij haar eigenlijk al door en door kende.

Ze praatten over koetjes en kalfjes en bestelden een salade voor haar en een kalfsschnitzel voor hem. Het eten was hier prima en het was druk in het restaurant. Langzaam ontspande ze en begon ze te genieten van haar omgeving. Ze bevond zich altijd in de schaduw van Vladimir en sprak nooit met zijn vrienden. De Russische zakenlieden die hem bezochten, praatten alleen met elkaar. Zelfs wanneer ze vrouwen bij zich hadden, lieten ze hen links liggen. Het enige wat hen interesseerde waren de deals waarmee ze bezig waren. Vrouwen waren decoratie en geschikt voor pleziertjes als het werk klaar was, daarin verschilde Vladimir niet van hen. Ze was eraan gewend.

Ze kletsten nog een paar minuten over onbelangrijke dingen en toen hield Theo het niet langer uit. Hij had maanden met haar in zijn atelier geleefd en het voelde alsof hij haar kende. Daarom durfde hij haar te vragen naar de dingen die hij niet wist.

'Ik weet niet hoe ik dit op een nette manier moet zeggen,' begon hij voorzichtig, 'en ik weet dat het mij niets aangaat, maar ik heb het gevoel dat ik je ken nu ik je geschilderd heb. Er is altijd een moment van herkenning, elke keer dat we elkaar ontmoeten, alsof er een band tussen ons is. En ik wil je graag beter begrijpen... Waarom ben je met hem? Hou je van hem? Het kan niet alleen om geld gaan. Ik ken je niet eens, maar volgens mij is dat niks voor jou.' Hij had een groot gevoel van vertrouwen in haar, ook al waren ze eigenlijk vreemden. Natasha bezat een soort zuiverheid. Ze leek gewoon niet het soort vrouw dat zichzelf zou verkopen om er alles uit te slepen wat ze kon. De dure kleren die ze droeg en haar omgeving leken niets te betekenen voor haar. En zeker niet genoeg om haar ziel voor te verkopen.

'Hij heeft me gered,' zei ze slechts, en ze keek hem diep in de ogen.

Theo zag dat ze eerlijk was.

'Ik zou het in Moskou waarschijnlijk niet hebben overleefd als hij me niet gered had. Ik kwam om van de honger, ik was ziek en de kou was moordend.' Ze overwoog even of ze wel open kaart zou spelen, maar ook zij voelde die ongewone band tussen hen. 'Ik groeide op in een staatsweeshuis. Mijn moeder liet me in de steek toen ik twee was en stierf twee jaar later. Ze was prostituee. Ik had geen vader. Toen ik het weeshuis verliet, ging ik in een fabriek werken. Ik had niet genoeg geld om eten, warme kleding of medicijnen te kopen... elke maand stierven er in mijn pension wel een paar vrouwen, omdat ze ziek waren of alle hoop opgegeven hadden...

Vladimir zag me en probeerde me mee te nemen, weg van die ellende. Maar ik liet het niet toe. Ik hield een jaar lang de boot af, maar toen kreeg ik een longontsteking en kon ik niet meer. Ik was doodziek. Hij nam me mee naar zijn appartement en heeft me daar zelf verzorgd. En toen ik beter was, wilde ik niet terug... Dat kon ik niet ... Hij was zo goed voor me... Ik wilde niet weg...

Waar moet ik heen als ik bij hem weg zou gaan? Ik kan niet terug. Hij is goed voor me en zorgt voor me, en ik zorg ook voor hem. Ik heb niets om hem te geven, behalve mezelf. Ik ben dankbaar voor wat hij toen voor me deed en voor wat hij nu doet... Het is een bijzonder leven,' zei ze zachtjes, zich ervan bewust dat haar woorden hem misschien zouden schokken.

Ze had het gevoel dat ze Theo een verklaring schuldig was. Maar meestal zag ze de manier waarop zij met Vladimir leefde als een eerlijke tegenprestatie, over en weer. Veel mensen zoals Theo hadden geen idee wat het betekende om zo arm te zijn, zoveel ontbering te moeten lijden, hoe hopeloos het leven dan leek en hoe moeilijk het was om daaraan te ontsnappen. 'Vladimir begreep dat. Ook hij groeide op in grote armoede. Daar heeft hij nog steeds nachtmerries over. Wij allebei. Daar kun je niet naar teruggaan. Het doet me niets wat hij me geeft, al is het allemaal heel mooi, maar waar het echt om gaat is dat hij me een veilig onderkomen biedt en me beschermt.'

'Beschermt waartegen?' Theo boorde zijn ogen in de hare. Het was alsof hij steeds verder doordrong in haar diepste wezen.

'Tegen het leven, soms tegen gevaarlijke mensen die hem of mij iets willen aandoen.' Ze dacht aan de vorige zomer op Sardinië.

'Het lijkt me dat hij zelf ook gevaarlijk kan zijn.' Vladimir straalde dat zeker uit, maar Natasha scheen Theo zo onschuldig toe dat hij zich afvroeg of ze zich daarvan bewust was.

Maar ze was niet zo naïef als ze eruitzag. Ze had in die zeven jaar veel gezien en geraden, al zou ze dat nooit aan een vreemde toegeven, trouw als ze was aan Vladimir.

'Ik weet zeker dat hij gevaarlijk kan zijn,' zei ze eerlijk. 'Maar niet voor mij. Hij zorgt ervoor dat niemand mij iets kan aandoen. Ik respecteer wat hij heeft opgebouwd, uit het niets. Dat bewonder ik. Hij is een genie op zakelijk gebied.'

'Mijn vader was ook een genie, als schilder,' zei Theo spontaan. 'Dat zijn nooit de makkelijkste mensen. Maar mis je je vrijheid niet, of heb je die wel? Doe je waar je zin in hebt?' Hij was nieuwsgierig naar haar leven. Was het zoals het leek?

Ze moest lachen om zijn vraag. 'En wat moest ik met vrijheid? Een opleiding volgen? Vrienden hebben? Dat zou wel leuk zijn, ja. Maar wie zou mij beschermen als ik Vladimir niet had?'

'Misschien zou je dan geen bescherming nodig hebben,' zei hij kalm.

'Die hebben we allemaal nodig,' zei ze zacht. 'Zelfs Vladimir. Het leven is vol gevaar. Arm zijn is gevaarlijk. Dat kan je dood betekenen. Dat gebeurde mij bijna. En hem ook, als een straathond, toen hij veertien was. Iedereen heeft iemand nodig die over hem waakt.'

Theo begreep nu waarom ze bij hem was. Waar zij vandaan kwam, was het leven zo rauw geweest, zo barbaars en gevaarlijk dat overleven voor haar het belangrijkste was. Niet die bontjassen en sieraden en dure kleren die ze droeg, of zijn jachten. Die waren belangrijk voor hem, maar niet voor haar. Zij was alleen bezig met overleven. Hij besefte dat ze zich een veilige wereld gewoon niet kon voorstellen, een wereld waarin ze niet elke dag risico zou lopen. Zo was haar leven als jong meisje geweest en Vladimir had haar uit die wereld gehaald en in de zijne geplaatst. Ze kende niets anders. En zelfs nu moesten de gevaren haar nog helder voor de geest staan. Ze had er geen notie van hoe het moest voelen om op te groeien zoals Theo. Of hoe het leven van andere mensen was. Geen van allen liepen ze grote risico's. Zij deden normale dingen, ontmoetten mensen, hadden vrienden, werden verliefd, hadden een relatie, gingen naar school of naar hun werk. Hij voelde aan dat ze het idee van zo'n leven op een bepaalde manier wel aantrekkelijk vond, maar dat het haar volkomen vreemd was. Zij kende alleen maar een wereld met lijfwachten en jachten, met een man aan haar zijde die in haar ogen haar redder en beschermer was, al was hij nog zo gevaarlijk voor anderen. Dit was waar het om ging, veilig te zijn voor het kwaad en alle gevaren uit haar verleden. Voor haar was belangrijk wat Vladimir haar kon geven in een wereld die in ieder opzicht bedreigend was.

'Het leven in Rusland is hard,' zei ze zachtjes. 'Vroeger in ieder geval. En ik denk dat het voor de meeste mensen nog steeds zo is. Sterke mensen zoals Vladimir overleven het en worstelen zich omhoog. Anderen halen het niet en velen overleven het zelfs niet. Dat had ook mij kunnen overkomen.'

'En daarom heb jij je vrijheid opgegeven,' zei hij. Hij was geschokt door wat ze had gezegd en het maakte hem ook verdrietig. Ze leek zo breekbaar, hoewel ze waarschijnlijk sterker was dan ze eruitzag. Maar haar onschuld was echt.

Ze knikte, en het leek haar niet te deren dat ze haar vrijheid voor Vladimir had opgeofferd. 'Dat is de prijs die ik heb betaald voor rust en veiligheid in mijn leven. Iedereen geeft wel iets op in zijn leven,' zei ze filosofisch.

'Je hebt nog geen antwoord gegeven op mijn vraag of je van hem houdt.' Hij wist dat hij niet het recht had om dat te vragen, maar hij wilde het zo graag weten. Maanden had hij met die vraag geworsteld en dit was waarschijnlijk de enige kans die hij kreeg om hem te stellen. Hij zou vast niet weer met haar kunnen afspreken.

'Dat denk ik wel. Op zijn manier is hij erg goed voor me. Hij is geen zachtaardige man. Hij wil geen kinderen. Ik ook niet. De wereld is een beangstigende plek voor een kind. Wat als alles zou misgaan? Ik zou het een ander niet kunnen aandoen, dat ze moesten leven zoals ik dat heb moeten doen.'

Theo kon het allemaal maar moeilijk begrijpen. Zijn ouders hadden hem aanbeden en waren altijd dol op hem geweest. Zijn hele leven was aangenaam en veilig geweest. Op geen enkele manier had hij ooit een risico gelopen. Hoe kon hij een oordeel hebben over een leven als het hare? Hij wist dat hij dat niet mocht doen en hij wilde het ook niet. Hij vergaf haar met liefde alles wat ze gedaan had om te overleven. En wie wist wat hij had gedaan als hij in haar schoenen had gestaan, wat hij had willen opgeven om te overleven?

Al vanaf haar geboorte had Natasha gevaren gekend. En hij vermoedde dat ze ook bij Vladimir soms gevaar liep. Hoe, dat kon Theo niet inschatten. Het was meer een gevoel, als je in aanmerking nam wie en wat Vladimir was. Maar zij scheen dat zelf niet te beseffen en geloofde dat ze volkomen veilig was bij hem.

'En wat gebeurt er als dat alles ophoudt?' vroeg hij bezorgd. Al die vragen die hij had, en slechts een enkele middag om ze allemaal te stellen en haar beter te leren kennen.

Ze waren begonnen met eten, maar het gesprek was voor hen beiden belangrijker dan de maaltijd. Zij had zich ook afgevraagd hoe het met hem zat. Mannen als Theo waren een raadsel voor haar, mannen van haar leeftijd die zinvolle, normale levens leidden.

'Ik weet niet wat er dan zou gebeuren,' zei ze eerlijk. 'Ik denk niet dat het ooit zover komt. Hij heeft me nodig. Maar op een dag komt er misschien iemand die jonger of opwindender is. Hij is grootmoedig, maar als ik hem bedrieg, zal hij me dat nooit vergeven. Als ik dat niet doe, denk ik dat hij voor me zal blijven zorgen. En zo niet, dan zal ik mijn eigen weg moeten vinden. Dan zou ik niet teruggaan naar Rusland. Daar zou ik het zonder hem niet kunnen redden, zelfs nu niet. Dat zou te moeilijk zijn.'

Theo wist dat er nog een andere oplossing was, maar dat zei hij niet. Zoals zijn moeder al had gezegd, vonden de meeste vrouwen zoals zij een andere man zoals Vladimir als ze afgedankt werden. De minnaressen van rijke, machtige Russische mannen leken altijd een ander te vinden, misschien niet zo'n zwaargewicht als de eerste, of soms juist wel als ze geluk hadden. Maar het leven dat ze geleid hadden, had hen ongeschikt gemaakt voor gewone mannen. Ze konden zich onmogelijk meer aanpassen aan het normale leven als ze eenmaal in de exclusieve sferen van mannen zoals Vladimir hadden verkeerd, en de meesten van die vrouwen wilden dat ook niet. Hij wist niet of dat ook voor Natasha gold. Ze leek anders dan de Rus, maar misschien was dat niet zo. Misschien was ze verslaafd aan het profijt dat ze elke dag had van het leven in zijn kielzog. Hoe kon je zoiets verruilen voor een gewoon leven? Dat konden of wilden maar weinig vrouwen. Vladimir had haar verpest voor ieder ander als hij haar ooit verliet, behalve dan voor een man net als hij. Theo voelde een diep medeleven met haar.

Ze waren klaar met de lunch, bestelden koffie en besloten om samen een dessert te delen. Ze bestelden de zachte chocoladetaart en die was verrukkelijk.

Er was nog een laatste vraag die hij haar wilde stellen, al wisten ze geen van beiden het antwoord.

'Wat als je hem ooit zou verlaten?' Toegegeven, hij kon het zich zelf ook maar moeilijk voorstellen.

'Waarom zou ik? Hij is goed voor me, hij is attent. Ik geloof dat hij op zijn manier van me houdt.'

'Maar als je het toch deed?'

Ze dacht even na en had bijna gezegd dat hij haar dan zou vermoorden. Maar ze wilde Theo niet choqueren of bang maken.

'Dat zou hij me nooit vergeven.'

Beiden vermoedden ze dat hij dan gevaarlijk zou zijn, maar spraken die gedachte niet uit.

'Toen ik je voor het eerst ontmoette, vroeg ik me af of je gelukkig met hem was. Hij is zoveel ouder dan jij, zo hard. Zulke mannen zijn thuis niet zachter.'

'Nee, dat klopt,' was ze het met hem eens. 'Maar ik ben best gelukkig, hoor. Zonder hem zou ik ongelukkiger zijn.'

En Theo wist nu dat het niet ging om het luxeleven of de voordeeltjes die het leven met hem haar opleverden, maar om de veiligheid waarvan ze dacht dat hij haar die bood. Theo hoopte maar dat ze gelijk had. Maar wat haar beweegredenen ook waren, hij had met haar te doen. Hij had het gevoel dat ze een heleboel miste, of ze dat nu wist of niet. Maar ze leek geen spijt te hebben van het gemis aan vrijheid. Ze deed alsof dat niet belangrijk was, in ruil voor haar vermeende beschermde leven.

Hij voelde zich enorm verbonden met haar toen hij haar terugbracht naar haar appartement verderop aan de avenue Montaigne. Het was kouder geworden en er dansten sneeuwvlokken in de lucht die op haar wimpers bleven liggen.

'Dank je voor het schilderij. En voor de lunch,' zei ze vriendelijk toen ze voor haar deur stonden. Ze wist dat dit voor hen beiden een speciaal moment was. Theo en zij hadden al vanaf het moment dat ze elkaar voor het eerst ontmoetten een speciale band gehad. Het was alsof ze elkaar al jaren kenden, al begreep ze niet hoe dat kon. Ze kon zien in het portret dat hij van haar had gemaakt dat hij haar heel goed kende en dat gevoel had zij ook over hem. Maar deze bijzondere en toevallige ontmoeting die zo goed voelde, kwam nu ten einde. Ze was een beetje verdrietig dat ze afscheid moest nemen, wetend dat ze elkaar niet weer zouden zien. Dat kon niet. Vladimir zou het niet prettig vinden als ze vrienden werden. Dat paste niet in haar leven en ze wist dat Theo dat begreep.

'Dank je wel dat je met me wilde lunchen en dat je mijn vragen wilde beantwoorden. Ik vroeg me telkens af hoe het met jou zat terwijl ik je schilderde.' Hij zei maar niet dat hij, nu hij haar beter had leren kennen, nogmaals wilde schilderen, om heel andere aspecten van haar vast te leggen. Ze was een vrouw met veel kanten, zowel wijs als naïef, angstig en dapper, en ontroerend menselijk. Hij schreef zijn telefoonnummer op een stukje papier en gaf het aan haar. 'Als je me ooit nodig hebt, of behoefte hebt aan een vriend, of als je gewoon met iemand wilt praten, bel me dan. Ik zal er voor je zijn.'

En dat zou nog waar zijn ook, vermoedde ze. Hij leek haar een man op wie je inderdaad zou kunnen bouwen. 'Maak je geen zorgen om mij. Ik ben veilig.' Ze kuste hem op zijn wang en even hield hij haar in zijn armen. Hij hoopte maar dat ze gelijk had. Maar hoe kon ze veilig zijn naast een man als Vladimir, die bekendstond om zijn meedogenloosheid en die permanent in gevaarlijke kringen verkeerde? Misschien dat zij hem beter kende, maar Theo kon het zich moeilijk voorstellen.

Ze zwaaide naar hem en liep het gebouw in. Ze toetste de cijfercode in voor de binnendeur en toen verdween ze.

Theo liep in gedachten verzonken terug naar zijn hotel op de Linkeroever. Hij wist dat hij haar niet weer zou zien, behalve ergens bij toeval, en dat de tijd die ze net samen hadden doorgebracht een uniek en eenmalig geschenk was geweest.

Het liep tegen vijven toen hij zijn hotel bereikte. Ze hadden uren aan tafel gezeten in L'Avenue en hij had de tijd genomen om te overdenken wat ze had gezegd. Toen hij zijn hotelkamer binnenging stond Inez woedend haar koffer te pakken. Hij realiseerde zich dat hij zijn telefoon na de lunch niet weer had aangezet en dat hij had beloofd haar voor de lunch te bellen. Wat een enorme zak was hij toch. Maar in het gezelschap van Natasha had hij nergens meer aan gedacht.

'Waar heb jij verdomme gezeten, of kan ik het wel raden? En waarom stond je telefoon uit?'

'Ik weet het. Sorry. Ik ben vergeten om hem na de lunch weer aan te zetten. Ik heb met Jean geluncht en we raakten verdiept in een gesprek over de kunstwereld. Het spijt me echt, ik ben de tijd vergeten.'

'Ik heb Jean vier keer gebeld en die zei dat je daar om twaalf uur weg was gegaan,' zei ze woedend. 'Was je bij de Russische vrouw van het portret?'

Hij overwoog om weer tegen haar te liegen en besloot toen dat dat geen zin had.

'Ik heb het naar haar gebracht. Ik vond dat zij het moest hebben.'

'En ben je toen maar met haar naar bed gegaan?' vroeg ze met trillende stem terwijl ze haar koffer sloot.

'Nee, we zijn gaan lunchen en hebben gepraat. Ik heb mijn telefoon uitgezet en was vergeten dat ik je zou bellen.' Hij voelde zich een enorme schoft dat hij Inez voor de lunch had laten zitten. Hij nam het haar niet kwalijk dat ze kwaad was.

'Je bent verliefd op haar, Theo. Ik zag gisteravond hoe je naar haar keek. En het kan me niet schelen bij wie ze hoort, of welke Russische gangster haar rekeningen betaalt. Je bent verliefd op haar, maakt niet uit hoe zij erover denkt. Voor hetzelfde geld is zij trouwens ook verliefd op jou.'

'Dat is ze niet,' verzekerde hij haar. 'Ze lijkt gelukkig te zijn waar ze is.'

'Dit bedoel ik nou met drama. En dat heb ik helemaal niet

nodig. Ik heb een kind en een baan en probeer alle ballen in de lucht te houden. Ik kan een kerel die verliefd is op een andere vrouw, ook al kan hij haar niet krijgen, niet gebruiken.'

'Ze heeft haar vrijheid opgegeven om bij hem te zijn. Daar hadden we het over.'

Zijn woorden maakten Inez nog razender. 'O alsjeblieft, moet ik nu medelijden met haar hebben? Ze doet precies wat ze wil. O jee, wat heb ik met haar te doen, zeg! Het gaat bij vrouwen zoals zij toch alleen maar om het geld. Daar is helemaal niets bewonderenswaardigs aan.'

'Misschien, maar er steekt meer achter dan je denkt.'

'Kan me niet schelen. Iedereen heeft wel wat. En ik heb jou niet nodig om mijn leven nog ingewikkelder te maken dan het al is, terwijl jij achter een of andere illusie aan jaagt en portretten schildert van een vrouw die je niet krijgen kunt. Ik wil geen onderdeel zijn van jouw fantasieleven. En als ze meer is dan een illusie, dan ben ik helemaal weg.' Ze zette haar koffer op de grond.

Hij keek bezorgd, maar haar reactie verbaasde hem niet. Die was terecht, realiseerde hij zich beschaamd. 'Waar ga je heen?' vroeg hij.

'Ik ga een paar dagen naar mijn zus en daarna ga ik naar huis.'

'Zie ik je nog?'

'Dat weet ik niet. Ik laat het je weten. Ik heb wat tijd nodig. Dit is precies wat ik je vertelde dat ik niet wil. Ik denk dat je verliefd bent op die vrouw. En tegen een illusie kan ik niet op. Dat wil ik ook niet, daar is mijn leven net iets te echt voor.' Met die woorden liep ze met haar koffer de deur uit.

Theo hield haar niet tegen. Daar had hij het recht niet toe en bovendien had ze gelijk. Hij voelde dat zijn obsessie voor Natasha weer helemaal terug was. Dat gebeurde iedere keer wanneer hij haar zag en hij had het recht niet Inez' leven zo te compliceren. En hij moest zelf ook goed oppassen. Deze keer moest hij zijn hersens erbij houden. Natasha mocht zijn leven niet opnieuw totaal overhoopgooien.

Na Inez' vertrek maakte hij een wandeling in Saint-Germain. Het was ijskoud en het sneeuwde. Hij kon maar aan één ding denken: aan Natasha en wat ze bij de lunch tegen hem had gezegd over haar relatie met Vladimir, en over haar verleden. Hij begreep het nu allemaal zoveel beter. En hij betwijfelde of hij haar ooit nog terug zou zien. Die dag had hij twee vrouwen verloren, Natasha en Inez, en eigenlijk had hij geen van beiden ooit echt gehad.

En in haar bed op de avenue Montaigne staarde Natasha naar het portret en dacht aan de kunstenaar die het had geschilderd. Ze vroeg zich af wat Vladimir zou zeggen wanneer hij de slaapkamer in liep. Dan zou hij het meteen zien, want ze hield het niet geheim. Het was te mooi om te verstoppen. Ze zou hem alleen niets vertellen over de lunch. Dat hoefde hij niet te weten. Het papiertje met Theo's telefoonnummer had ze in haar portefeuille gestopt. Ze kon zich niet voorstellen dat ze hem ooit echt zou bellen, maar het was goed dat ze het had. Hij was haar enige vriend.

9

Vladimir kwam terug uit Moskou de avond voor ze naar Courchevel vertrokken en het eerste wat hij zag toen hij hun slaapkamer in liep was haar portret.

'Wat is dat?' vroeg hij, bevreemd naar het schilderij starend.

'Een portret van mij,' zei ze glimlachend. Ze was blij hem te zien en sloeg beide armen om hem heen. Vladimir drukte haar stevig tegen zich aan, hij had haar gemist tijdens zijn afwezigheid.

'Dat zie ik. Is dit een verrassing voor mij?' Hij was getroffen en ook een beetje verbaasd dat ze een portret voor hem had laten maken, maar hij vond het prachtig en was benieuwd wie de kunstenaar was.

'Het is een verrassing voor ons allebei. De kunstenaar zag ons bij Da Lorenzo en schilderde het uit zijn geheugen.'

'Heb je er helemaal niet voor geposeerd?'

Ze schudde haar hoofd.

'Het is buitengewoon knap. Wie is de kunstenaar?'

'De zoon van Lorenzo Luca. Kennelijk is hij ook schilder. Hij was die avond in het restaurant.'

'Heb je met hem gesproken?' Vladimir maakte zich van haar

los en keek haar oplettend aan. Er ging een alarmbelletje af in zijn hoofd en plotseling vroeg hij zich af of dat de man was die het schilderij had afgeleverd en die ze het schip had laten zien. Vladimir was zeer opmerkzaam en zijn instincten stonden permanent op scherp.

'Maar kort, toen ik naar de schilderijen keek toen je aan de telefoon was. Ik dacht dat hij een ober was. Ik weet nu pas dat hij Luca's zoon is.'

'Was hij het die het schilderij bij het schip afleverde?' vroeg hij haar, en ze knikte. Hij liep weer naar het schilderij en bekeek het aandachtig. 'Hij heeft talent. Heb je het gekocht?'

'Ik zag het op een expositie. Hij heeft het aan ons gegeven.' Ze deed alsof het een geschenk voor hen beiden was en sprak niet over de lunch.

'Hoe is het hier gekomen?' Hij keek Natasha indringend aan.

'Hij is het komen brengen.'

'Dan moet ik hem bedanken. Weet je hoe hij heet en hoe ik hem kan bereiken?'

Het klonk welwillend, maar Natasha voelde de spanning die in de ruimte hing nu er iets ongebruikelijks was gebeurd. 'Ik heb zijn cv hier ergens, dat zat bij het schilderij. Theo Luca of zo. Ik neem aan dat je hem bij het restaurant kunt bereiken,' zei ze achteloos om de spanning uit de lucht te halen.

Vladimir knikte en ze ging verder met pakken voor hun skiweekje. Ze zouden naar Genève vliegen en dan naar Courchevel rijden. Daarna gingen ze een maand naar Londen, want daar waren ze al een tijdje niet geweest. De laatste tijd was hij vaak in Moskou, en in Italië voor zijn nieuwe schip. En zij was in Parijs geweest om de laatste hand te leggen aan het appartement. Dat was nu bijna klaar en ze waren allebei zeer tevreden over het resultaat.

De hulp had een koude maaltijd voor hen in de koelkast

gezet en die avond aten ze in de keuken. Vladimir keek haar aan en stelde een vraag die hij haar nog niet eerder had gesteld.

'Is dit genoeg voor je, Tasha?'

'Voor het avondeten? Ja, ik heb niet zoveel trek.' En hij had gezegd dat hij alleen een salade wilde en wat koud vlees.

'Dat bedoel ik niet,' zei hij bedachtzaam.

Ze keek hem vragend aan.

'Ik bedoel ons. Het leven dat we leiden. Ik heb je nooit beloofd dat het meer zou zijn dan dit, maar je was erg jong toen we begonnen. Geen huwelijk, geen kinderen... ben je daar nu ongelukkig om? Je had met een of andere aardige, normale man getrouwd kunnen zijn, met een gewone baan, die er altijd is en met wie je een gezin had kunnen stichten. Soms vergeet ik hoe jong je bent en dat dit leven je misschien niet voor altijd zal bevallen.'

Ze keek hem aan en voelde hoe paniek haar in grote golven overspoelde. Ze herinnerde zich de vragen die Theo haar twee weken geleden bij de lunch had gesteld, over wat ze zou doen als haar leven met Vladimir zou eindigen. Ze had het niet willen zeggen, maar ze dacht dat ze dan zou sterven. Hoe moest ze dan leven? Waar moest ze heen? Wie zou haar willen? Wat als ze terug moest naar Moskou? Ze kon niets... Hoe moest ze een baan vinden, behalve weer in een fabriek? Ze was ervan overtuigd dat ze dat niet zou overleven. Ze hield van hem en dit was nu haar leven, daar was ze aan gewend en ze had geen idee hoe ze zich in de echte wereld moest handhaven. Ze wist dat ze verschrikkelijk verwend was, dankzij hem.

'Natuurlijk is dit het leven dat ik wil,' zei ze met verstikte stem. 'Ik wil geen kinderen, heb ze nooit gewild. Ze maken me bang. Ik zou niet weten wat ik met ze aan moest. De verantwoordelijkheid voor het leven van een ander is te groot. En we hoeven niet getrouwd te zijn, ik ben gelukkig met hoe het nu is. En met een "normale" man, zoals jij dat noemt, zou ik me waarschijnlijk vervelen. Wat zou ik tegen zo iemand moeten zeggen? Wat zou ik met zo'n man moeten doen?' Ze glimlachte naar hem. 'Trouwens, hij zou verwachten dat ik voor hem kookte, en ik zou niet weten hoe dat moest.' In al hun huizen hadden ze een kokkin, behalve in Parijs, en dan gingen ze meestal uit eten of lieten iets bezorgen.

Hij moest lachen om wat ze zei en leek weer gekalmeerd nu hij over de schok heen was die het zien van haar portret teweeg had gebracht.

'Ik vroeg het me gewoon af. Ik heb het de laatste tijd te druk gehad. Courchevel zal ons goeddoen.' Ze skieden trouwens niet veel samen; zij kon hem niet bijhouden. Hij was een uitstekend skiër, ondanks het feit dat hij er pas vijftien jaar geleden mee was begonnen.

Natasha voelde zich na het eten slecht op haar gemak. Wat als iemand die hij kende had gezien dat ze met Theo geluncht had en dacht dat ze een verhouding had? De lunch was niet romantisch geweest maar vriendschappelijk, al had die bij hen beiden allerlei emoties opgeroepen.

Maar Vladimir had haar nooit eerder zulke vragen gesteld. Ze bezwoer zichzelf dat ze van nu af aan extra voorzichtig zou zijn en geen vriendschappen zou aanmoedigen. Theo had na de lunch geen contact met haar gezocht, maar als hij dat zou doen, zou ze niet reageren. Dat risico kon ze niet nemen. Plotseling besefte ze hoe gemakkelijk het allemaal kon eindigen als Vladimir besloot om haar te verbannen. Dat was een angstaanjagende gedachte, en het was anderen al eerder overkomen. Ze gruwde van het idee alleen al. Zonder hem zou ze verloren zijn, dat wist ze. Dit was een waarschuwing, en die zou ze absoluut ter harte nemen.

Toen ze in Courchevel waren, was ze nog attenter dan ze anders al was. Ze kwam aan al zijn wensen tegemoet, was het best denkbare gezelschap en zorgde ervoor dat ze alleen

Vladimirs Russische lievelingskostjes aten. Ze vond zelfs een Russisch meisje dat voor hen kon koken en Vladimir vond alles wat zij klaarmaakte voortreffelijk.

De dagen verstreken zonder enige complicatie. Vladimir genoot overdag van zijn lange skitochten. De avonden brachten ze samen door voor de haard in de enorme zitkamer van het chalet dat ze hadden gehuurd, en in deze vakantiesfeer bedreven ze vaker dan anders de liefde. En elke avond kwam Natasha vroeg thuis om zich, voor hij van de skihelling af kwam, met zorg voor hem te kleden. Ze droeg alleen de kleding waarin hij haar graag zag: sexy en verleidelijk.

Zoals altijd werkte Vladimir elke ochtend voordat hij ging skiën en had hij voortdurend contact met zijn kantoren in Moskou en Londen. Vladimir leek veel aan zijn hoofd te hebben met al zijn nieuwe zakendeals. Daarnaast belde hij regelmatig met de botenbouwer in Italië. Hij zei dat er zes weken van hard werken aankwamen en dat ze daarna in april naar de Caraïben zouden vliegen, waar het schip in Saint-Barthélemy op hen lag te wachten. Vervolgens zou het schip de oversteek naar de Middellandse Zee maken, zodat ze er in mei in Frankrijk de beschikking over zouden hebben. Ze hadden hun plannen zoals gebruikelijk zorgvuldig gemaakt.

Tegen de tijd dat ze Courchevel verlieten, voelde Natasha zich weer geborgen bij hem. Vladimir had haar in Parijs angst aangejaagd met zijn vragen. Ze had zich daardoor opnieuw gerealiseerd hoeveel ze te verliezen had. Daarmee mocht ze geen enkel risico nemen.

Terug in Saint-Paul-de-Vence na de succesvolle opening in Parijs begon Theo aan een nieuw portret van Natasha. Dit schilderij zou anders worden, veel donkerder. Er zou een zweem overheen liggen van alles wat ze hem bij de lunch had verteld over haar jeugd in Moskou. Het zou uitdrukking geven aan alle pijn die ze in haar leven ervaren had en haar gezicht was in het nieuwe portret minder goed herkenbaar. Marc zag het op zijn ezel staan toen hij langskwam en besefte niet wie het was. Theo werkte er minder koortsachtig aan deze keer. Het onderwerp van het portret zat boordevol gelaagde emoties en hij merkte dat hij er niet zo vaak en zo intensief aan kon werken. Ook deprimeerde het hem, daarom werkte hij tegelijkertijd aan twee andere schilderijen. En ergens wilde hij haar ook niet nogmaals schilderen. Zijn hoofd vertelde hem haar los te laten, maar een ander deel van hem wilde dat niet. Deze keer vocht hij echter tegen de obsessie en gaf er niet zoveel aan toe als hij eerder had gedaan. Hij wist dat dat moest, in haar en in zijn eigen belang.

Toen hij een week terug was kreeg hij een mailtje van Inez. Zoals verwacht zei ze dat ze hem niet meer wilde zien. Ze dacht dat zijn leven te instabiel was, dat hij te zeer opgeslorpt werd door zijn werk. Hij had geen toekomstplannen naast zijn carrière als kunstenaar, hij was niet geïnteresseerd in een huwelijk en ze zei dat ze iemand nodig had die betrouwbaarder was. Ze voegde eraan toe dat ze ervan overtuigd was – of hij dat nu aan zichzelf kon toegeven of niet – dat hij verliefd was op Natasha, een vrouw die hij niet kon krijgen. Ze vertelde hem dat dat allemaal te ingewikkeld was voor haar, dat ze dacht dat hun relatie nergens toe leidde en dat ze er daarom de voorkeur aan gaf om er nu een eind aan te maken.

Dat speet hem, maar het nieuws verpletterde hem niet. Hij vond haar heel aardig, maar hield niet van haar en dat wisten ze allebei. Hij mailde haar terug dat, hoewel haar besluit hem speet, hij het wel begreep. En ergens was het ook een opluchting; in zijn hoofd en hart was geen plek voor haar en dat had Inez goed aangevoeld.

Maar hij was het niet helemaal met haar eens wat Natasha betrof. De jonge vrouw intrigeerde hem, zeker, en bij tijd en wijle werden zijn gedachten geheel door haar in beslag genomen terwijl hij aan haar portret werkte, maar hoe kon hij van een vrouw houden die hij nauwelijks kende? Kon hij maar meer tijd met haar doorbrengen en haar beter leren kennen, maar hij wist dat dat onmogelijk was.

Op momenten dat hij wat dieper nadacht over de dingen moest hij toegeven dat hij nog nooit echt van een vrouw had gehouden. Hij had bevliegingen gehad en relaties en een aantal korte, hevige affaires, en hij was met enkele vrouwen langere tijd uitgegaan. Met één vrouw had hij zelfs een jaar samengewoond. Maar van geen van hen had hij hartstochtelijk gehouden en zijn hart was niet gebroken geweest toen de relatie voorbij was. Hij vroeg zich af of er iets mis met hem was. De enige vrouw die hem echt in haar greep had, soms zelfs tot gek makens toe, was een vrouw die hij eigenlijk niet kende. Toen hij dat bedacht, staakte hij zijn werk aan het portret een tijdje om zijn obsessie voor haar een beetje te laten bekoelen.

Het onderwerp kwam ook aan de orde in een gesprek met zijn moeder, toen ze hem vroeg met wie hij uitging. Maylis vermoedde dat er geen vrouw meer in zijn leven was, en daar had ze gelijk in. Na Inez ging hij al enige tijd niet meer uit.

'En, wat voer jij zoal in je schild?' vroeg ze hem bij de brunch op zondag toen Gabriel een paar weken in Parijs was. Zijn dochter had geklaagd dat hij nooit meer naar de galerie kwam, dus wilde hij wat tijd in Parijs doorbrengen totdat ze gekalmeerd was.

'Gewoon, ik ben aan het schilderen,' zei Theo in zijn schik. Het ging goed met hem en dat was meestal het geval als hij niet afgeleid werd. Hij vond het altijd lastig om de balans te vinden tussen vrouwen en werk en beide de aandacht te geven die ze verdienden. De vrouwen in zijn leven hadden dat altijd moeilijk gevonden.

'Is er iemand in je leven?'

Hij schudde zijn hoofd. Het leek hem niet te deren.

'Nee, ik heb een tijdje iets gehad met een vrouw uit Cannes. Ze heeft een hekel aan kunstenaars en zegt dat ik geen duidelijke toekomstplannen heb, anders dan voor mijn werk, en dat ik niet wil trouwen. Dat klopt. En dat ik op dit moment geen kinderen wil. Dat klopt ook. Misschien wel nooit, daar ben ik nog niet uit. Eerlijk gezegd heb ik haar laten zitten voor een andere vrouw toen we voor de opening in Parijs waren. Ik vergat gewoon helemaal dat ze er was en dat was heel onbeschoft. Ze vertrok uiteraard en vertelde me later dat ze de relatie wilde verbreken. Ik neem het haar niet kwalijk, hoor, in haar plaats zou ik precies hetzelfde hebben gedaan.' Hij glimlachte naar zijn moeder.

'En voor welke vrouw heb je haar laten zitten?' vroeg zijn moeder nieuwsgierig.

Even aarzelde hij. Dat was een stuk moeilijker uit te leggen. 'Ik heb een poos geleden een portret gemaakt van de minnares van Vladimir Stanislas, uit mijn geheugen, en het hing op de expositie in Parijs. Gabriel vond het een geweldig schilderij en Pasquier ook. Zij kwam toevallig naar de opening en was er weg van. Dus heb ik het de volgende dag aan haar gegeven en zijn we samen gaan lunchen.' Hij probeerde het terloops te laten klinken en niet te laten merken hoe belangrijk het voor hem was geweest.

'Was hij er toen ook?' Ze keek hem aan met toegeknepen ogen.

'Nee, Stanislas was er niet. Ik geloof dat hij weg was. Ik heb hem niet gezien.'

'Het verbaast me dat ze met je wilde lunchen. Mannen zoals hij houden hun vrouwen meestal erg kort.'

'We hadden geen seks in het restaurant, hoor. We hebben alleen gepraat.'

Maylis wond er geen doekjes om, dat deed ze nooit. Haar ogen boorden zich in de zijne. 'Ben je verliefd?'

'Natuurlijk niet. Ze lijkt gelukkig met haar leven zoals het nu is. En zoals je al eerder opmerkte, kan ik me haar niet veroorloven.' Hij wilde er niet te diep op ingaan met zijn moeder. Ze kende hem te goed en als hij loog zou ze dat onmiddellijk doorhebben.

'Je speelt met vuur als je verliefd op haar bent,' zei ze waarschuwend. 'Onbereikbare vrouwen, of mannen wat dat aangaat, zijn gevaarlijk. Je kunt ze nooit veroveren en ze breken je hart. Hoe het ook zij, je kunt niet tegen Stanislas op. Zeker niet als ze gelukkig is waar ze is, zoals ze zegt. En dan heb ik het niet alleen over geld.'

'Ik geloof dat ze gelukkig is, en ze lijkt volledig bereid om de beperkingen van haar situatie te accepteren in ruil voor veiligheid en bescherming. Maar het lijkt me een triest bestaan. Hij bezit haar.'

'Zo werkt het. En in jouw geval lijkt verlangen naar iemand die je niet kunt hebben misschien erg romantisch, maar het is ook een kwelling die je leven op geen enkele manier verrijkt,' zei ze verstandig. 'Je moet haar vergeten, Theo. Je hebt een echte vrouw nodig in je leven, geen illusie. Ze ziet er allerliefst uit, maar ze zal je leven kapotmaken als je haar de kans geeft.'

'Of ik het hare.' En dat wilde hij ook niet.

'Dat zal ze niet laten gebeuren,' stelde zijn moeder hem gerust. 'Haar belangen zijn te groot. Jij hebt niets te verliezen behalve je geestelijke welzijn en je hart. Neem afstand nu het nog kan. Laat haar geen obsessie worden.'

Maar dat was ze al. Toen hij na de lunch terugging naar zijn atelier, dwong hij zichzelf niet aan het nieuwe portret van haar te werken. Zijn moeder had gelijk: hij moest zich bevrijden van haar.

Dat voorjaar begroef Theo zich helemaal in dat wat hij het best kon: schilderen. Hij werkte aan verschillende schilderijen tegelijk, zo lang als hij wilde, zonder afgeleid te worden door een vrouw in zijn leven of wat dan ook. Hij hoorde niets meer van Inez en miste haar ook niet. Hij wilde zich volledig richten op zijn werk en maakte maandenlang geen afspraakjes. Dat beviel hem goed. Hij genoot van zijn werk en was erin geslaagd weg te blijven bij het donkere portret van Natasha. Zijn gedachten waren nu bij andere schilderijen.

In april vroeg zijn moeder hem of hij haar in mei drie weken wilde vervangen in het restaurant. Gabriel en zij wilden een rondreis met de auto door Toscane maken. Zoals gewoonlijk ging hij daar schoorvoetend mee akkoord. Maar hij wist dat ze het aan niemand anders kon vragen en meende dat de vakantie hun goed zou doen. Ze zouden hun reis afsluiten in Villa d'Este aan het Comomeer en dat zou een soort huwelijksreis zijn. Theo was heel blij voor hen, al zag hij ertegen op om drie weken in het restaurant te moeten werken.

In het eerste weekend van mei gingen ze opgewekt op reis, ze hadden erg uitgekeken naar deze vakantie.

De eerste week in het restaurant verliep soepel. Het was warm en elke avond waren alle tafeltjes in de tuin bezet. De obers konden het met elkaar vinden en de agenda stond vol, maar ze konden de hoeveelheid werk met z'n allen goed aan.

De tweede week ging het wat minder makkelijk. Er ontstond wrijving, de chef was een dag ziek en toen, halverwege de week, op donderdagavond, kwamen Vladimir en Natasha naar het restaurant. Het gaf hem een schok hen samen te zien. Theo kreeg er een wee gevoel van in zijn maag, al wist hij dat dat krankzinnig was. Haar leven was samen met Vladimir en dat was al acht jaar zo. Ze was zijn minnares en zei dat ze van hem hield.

De hele avond bleef hij bij hen uit de buurt en liet hij de eerste kelner hen bedienen. Maar toen ze vertrokken kon hij hen niet langer ontlopen. Theo zag dat Natasha haar ogen afwendde en ze zei niets tegen hem. Dus praatte hij even met

Vladimir, die hem daarbij doorlopend indringend aankeek. De onuitgesproken boodschap was dat hij zich verre van haar moest houden. Hij sprak niet over het portret en bedankte hem ook niet.

Ze reden snel weg in de Ferrari. Theo stond op de stoep en keek hen na. Onbegrijpelijk genoeg voelde hij zich in de steek gelaten. Het was duidelijk dat Natasha geen connectie met hem voelde en die ook niet wilde. Ze nam geen risico met Vladimir. Theo had gemerkt dat de Rus hen beiden scherp in de gaten had gehouden om te kijken of er zich iets tussen hen afspeelde. Maar er was niets te zien geweest. Ondanks hun bijzondere lunch in januari was Natasha koel en afstandelijk naar hem geweest, alsof ze elkaar niet kenden. Het was een duidelijke boodschap dat hij afstand moest bewaren.

Die avond borg hij het geld weg, sloot het restaurant nadat iedereen vertrokken was en dronk thuis een halve fles wijn terwijl hij over haar nadacht en zich afvroeg waarom Vladimir zoveel geluk had. Hij verdiende haar niet. Theo hoopte maar dat ze niet weer naar het restaurant zouden komen terwijl hij daar was. Weer haalde hij het onvoltooide portret tevoorschijn en staarde ernaar. Hij kon voelen dat zijn obsessie groeide en dat wilde hij niet. Maar die gevoelens leidden een eigen leven en hij kon ze maar niet tegenhouden, behalve door te proberen haar te vergeten. Ze was als een geestverschijning die af en toe in zijn leven opdook en dan weer verdween. Maar of hij haar nu zag of niet, ze was altijd onbereikbaar. En hij wist dat het hem helemaal geen goed deed als hij aan haar dacht. Zijn moeder had absoluut gelijk.

Theo sliep nog toen de telefoon de volgende ochtend om zeven uur ging. Hij deed zijn ogen open en besefte dat hij een kater had van de vorige avond en daverende hoofdpijn. Hij reikte naar de telefoon, legde zijn hoofd weer op het kussen en sloot zijn ogen. Het was zijn moeder en ze huilde. Hij schoot overeind en probeerde te begrijpen wat ze zei. Het enige wat hij uit haar verwarde verhaal kon opmaken was dat er iets met Gabriel was gebeurd en dat hij in coma lag.

'Wat zeg je?' Hij moest schreeuwen, de verbinding met Italië was heel slecht. 'Probeer rustig te praten, maman. Ik kan je niet verstaan.'

Ze begon nog harder te huilen.

'Hebben jullie een ongeluk gehad? Ben je gewond?' vroeg hij in paniek.

'Nee, hij heeft een hartaanval gehad.'

Theo wist dat Gabriel last had van zijn hart en een bypassoperatie had gehad, maar het klonk wel heel ernstig als hij in coma lag.

'Toch niet toen hij achter het stuur zat, hoop ik.' Hij maakte zich ook zorgen om zijn moeders veiligheid.

'Nee, in het hotel. Hij dacht dat hij last van zijn maag had, maar dat was het niet. Het hotel moest een ambulance bellen. Zijn hart hield er twee keer mee op op weg naar het ziekenhuis. Ik was bij hem. Ze gaven hem die vreselijke stroomstoten en dat bracht zijn hart godzijdank weer op gang. O god, Theo, en nu ligt hij in coma.' Ze snikte wel vijf minuten voordat ze weer kon spreken en Theo's vragen beantwoorden.

'Wat zeggen de artsen? Zit je in de buurt van een grote stad?'

'We zitten in Florence. De artsen zeggen dat het allemaal afhangt van wat er de komende achtenveertig uur gebeurt. Ze zeiden dat hij het misschien niet overleeft.' Ze klonk alsof ze volledig aan het einde van haar Latijn was. Gabriel was dertien jaar de rots geweest waarop ze had kunnen bouwen en nu was hij in elkaar gestort.

'Heb je vertrouwen in die artsen?'

'Ja. Ze willen nog een bypassoperatie doen, maar dan moet hij eerst aansterken.'

'Heb je Marie-Claude gebeld? Moet ik dat doen?'

'Ik heb haar gisteravond gebeld. Ze komt vanochtend.'

'Wil je dat ik kom, maman?' bood Theo aan. Hij wilde maar dat hij niet zo'n bonkend hoofd had. Dat kon hij helemaal niet gebruiken nu.

'Nee, je kunt het restaurant niet alleen laten. Er moet iemand de leiding hebben.'

'Als het moet, kunnen ze het best zonder mij af,' zei hij vastberaden. 'Als je wilt, kom ik.' Het was maar een korte vlucht van Nice naar Florence. Hij bedacht hoe het leven in een oogwenk kon veranderen. Tien dagen geleden was er nog niets met Gabriel aan de hand geweest. Hij was goedgemutst op reis gegaan en nu lag hij in coma en ging hij misschien wel dood. Dit was een belangrijke levensles.

'Laten we even aanzien hoe het gaat vandaag, en Marie-Claude komt toch ook.'

Theo wist niet zeker of zijn moeder zoveel steun aan haar zou hebben. De twee vrouwen hadden nooit goed met elkaar overweg gekund en hij wist dat het Gabriels dochter stoorde dat hij zoveel tijd met Maylis doorbracht. Daar klaagde ze vaak genoeg over.

'Bel me straks weer en laat me weten hoe het met hem gaat.'

Theo stond op en ging douchen. Hij was kwaad op zichzelf dat hij zo van de kaart was geweest toen hij Natasha gisteravond had gezien. Het had geen enkele zin om met zijn ziel onder zijn arm rond te lopen, ziek van verlangen naar een onbereikbare vrouw. En wat er nu met Gabriel was gebeurd, was voor hen allemaal een waarschuwing. Zijn moeder had hem al die jaren dat ze samen waren als tweede keus gezien. Mogelijk had ze zich niet gerealiseerd hoeveel ze van hem hield en nu raakte ze hem misschien wel kwijt. Als Gabriel bleef leven, zou Theo haar eens goed de les lezen. En hij sprak zichzelf ook streng toe over Natasha. Zij had het leven dat ze wilde, met een man die bij haar leek te passen. Er was geen plaats voor hem in dat verhaal, behalve dan als een soort voyeur of een verliefde schooljongen. Toen hij die ochtend op bericht van zijn moeder zat te wachten, sprak hij met zichzelf af dat hij het tweede portret van Natasha niet af zou maken. Hij moest haar echt uit zijn hoofd bannen en die obsessie niet langer aanwakkeren. Precies zoals Marc hem dat al maanden geleden had geadviseerd.

Terwijl hij in zijn keuken koffie zat te drinken, was Maylis in Italië in gesprek met de artsen. Het nieuws was niet hoopgevend. Gabriel had die ochtend nog een hartinfarct gehad en ze zagen het somber in. Ze zat huilend alleen in de wachtkamer toen Marie-Claude uit Parijs aankwam. Maylis vertelde haar de stand van zaken en Marie-Claude haastte zich door de gang naar haar vader, die op de hartbewaking aan de beademing lag. De familie mocht hem elk uur slechts een paar minuten bezoeken. Maylis had maar gezegd dat ze zijn vrouw was.

Wit weggetrokken kwam Marie-Claude even later terug. Ze ging zitten en snoot haar neus. 'Hij ziet er vreselijk uit,' zei ze, en ze begon weer te huilen.

Maylis probeerde haar te troosten, maar ze schrok toen Gabriels dochter zich boos lostrok.

'Ik weet niet wat voor spelletje je speelt,' zei Marie-Claude woedend. 'Je hebt mijn vader altijd alleen maar gebruikt. Je hebt nooit van hem gehouden.'

'Hoe kun je zoiets zeggen,' zei Maylis ontzet. 'We zijn nu vijf jaar samen en we waren daarvoor al jaren heel goed bevriend. Natuurlijk hou ik van hem!'

'Werkelijk? Het enige wat je doet is over je overleden echtgenoot praten alsof hij een soort heilige was, in plaats van een narcistische gek van wie iedereen gestoord werd, ook mijn vader, die alles voor hem deed terwijl Lorenzo hem van diefstal beschuldigde.' Die verhalen had ze jaren aan moeten horen en ze had niet net als haar vader geduld gehad met zijn artistieke temperament. Ze was ook niet op Lorenzo gesteld geweest zoals haar vader en bezat evenmin zijn gevoel voor humor. Hij had het altijd wel grappig gevonden wanneer Lorenzo hem een 'schurk' noemde. Zijn dochter niet. 'Het is mijn vader die hier de heilige is. En als hij sterft, heb jij het op je geweten dat hij nooit zal weten of je echt van hem hield. Het enige wat hij telkens hoorde was hoeveel je van Lorenzo hield. Je hebt hem zelfs expliciet gezegd dat je nooit zoveel van hem zou kunnen houden als je van je man hield. En hij was nog bereid dat te accepteren ook! God mag weten waarom. Dat verdiende hij niet.'

Marie-Claudes woorden waren als een harde klap in haar gezicht en Maylis was sprakeloos. Ze wist dat alles wat Marie-Claude zei waar was, woord voor woord. De tranen stroomden over haar wangen terwijl ze zat te luisteren.

Toen Marie-Claude haar hart gelucht had, liep ze de wachtkamer uit om haar man te bellen.

Maylis belde met Theo. Ze huilde nog harder dan de eerste keer.

'O, mijn god, is hij gestorven?' Theo kon niet verstaan wat ze zei, zo hard snikte ze, maar zoals ze klonk kon hij zich niet voorstellen dat het iets anders was.

'Nee, hij leeft nog. Het gaat om Marie-Claude.'

Maylis vertelde hem woordelijk wat ze had gezegd en toen ze klaar was, was Theo lang stil. Hij wist niet wat hij tegen haar moest zeggen. Het was waar en dat wist ze. Ze wisten het allemaal. Gabriel had dertien jaar lang tweede viool gespeeld bij een opvliegende, slechtgehumeurde dode man. Theo had zich soms afgevraagd hoe hij dat had kunnen verdragen. Hij nam het Marie-Claude niet kwalijk dat ze zo tekeer was gegaan tegen zijn moeder, nu al helemaal niet. Maylis wilde hem niet eens in Parijs opzoeken, maar dwong hem altijd naar haar in het zuiden toe te komen. Ze had heel weinig moeite voor hem gedaan terwijl Gabriel altijd vriendelijk en liefdevol voor haar was en er alles aan had gedaan om de relatie te laten slagen.

'Wat moet ik doen? Ze haat me. En ze heeft er alle reden toe. Ik heb me heel slecht tegenover hem gedragen. Hoe kon ik al die dingen over Lorenzo zeggen en dat ik meer van hem hield?' Plotseling werd ze verteerd door schuldgevoelens. Het enige wat ze nu wilde was dat Gabriel zou blijven leven, zodat ze hem kon vertellen hoeveel ze van hem hield.

'Hij weet dat je van hem houdt, maman. Ik denk dat jij dacht dat je papa's nagedachtenis ontrouw zou zijn als je zelfs maar aan jezelf toegaf hoeveel je van Gabriel houdt. Ik denk dat hij dat wel begreep. We moeten nu maar hopen dat hij beter wordt. Dat is het enige wat telt.'

'Het ziet ernaar uit dat hij het niet haalt,' zei ze snikkend.

'Dat weet je niet. Zo oud is hij niet.' Maar hij was net achtenzestig geworden en had al lang last van zijn hart. En het was gevaarlijk om meerdere keren zo vlak achter elkaar een hartstilstand te krijgen.

Ze praatten nog even en toen Marie-Claude de ruimte weer binnenkwam verbrak ze de verbinding. Die zag eruit alsof ze gehuild had.

'Het spijt me,' fluisterde Maylis terwijl Marie-Claude tegenover haar plaatsnam om niet naast haar te hoeven zitten. 'Wat je zei is waar, en ik heb het fout gedaan. Ik heb altijd van hem gehouden. Ik wilde alleen niet ontrouw zijn aan Lorenzo.'

'Dat wist mijn vader,' zei ze onwillig, 'maar dat maakt het niet minder erg. Hij houdt van je en hij was altijd zo eenzaam zonder jou in Parijs. Daarom zat hij aldoor in Saint-Paul-de-Vence. Mijn kinderen en ik zien hem nooit. Je had toch in ieder geval de moeite kunnen nemen om af en toe naar Parijs te komen?'

Maylis knikte en besefte dat ook dat waar was.

'Ik beloof je dat ik dat in de toekomst wel zal doen,' zei Maylis. Ze voelde zich heel klein en hoopte maar dat ze de kans zou krijgen om het goed te maken.

'Dat is misschien niet meer nodig,' zei Marie-Claude kortaf. Ze had al die jaren haar gevoelens opgekropt en Maylis kreeg nu de volle laag. Die was eerlijk genoeg om toe te geven waar ze in de fout was gegaan.

Ze zaten twee uur zwijgend in de wachtkamer, hopend op nieuws, totdat er een dokter verscheen die hun vertelde dat het niet goed ging met meneer Ferrand en dat ze op het ergste voorbereid moesten zijn. Maylis viel bijna flauw en Marie-Claude liep de wachtkamer uit om in haar eentje haar tranen de vrije loop te laten. Een tijdje later mochten ze hem even zien. Gabriel lag nog steeds in coma aan de beademing. Hij had niet weer een hartinfarct gehad, maar zijn hart was niet sterk. Hij was verbonden aan zes verschillende monitors en het personeel op de intensive care hield hem nauwlettend in de gaten.

Het was voor beide vrouwen een lange nacht. Ze gingen om beurten een paar minuten bij hem kijken, maar hij was zich niet bewust van hun aanwezigheid. Sinds Marie-Claudes uitbarsting die ochtend hadden de twee vrouwen geen woord meer gewisseld. Maylis was in gedachten verzonken en werd verteerd door schuldgevoelens. Ze herinnerde zich elk moment waarop ze hem gekwetst kon hebben en leed de helse pijnen die spijt en wroeging kunnen brengen. Marie-Claude had geen idee welke sluisdeuren aan emoties ze had opengezet met haar woorden.

Tegen de ochtend was Maylis gebroken. Een van de artsen kwam naar hen toe en vroeg of ze wilden dat hij door een priester bediend werd. De twee vrouwen barstten in snikken uit en deze keer stond Marie-Claude toe dat Maylis haar in haar armen nam.

De priester kwam en diende het heilig oliesel toe, en daarna gingen Marie-Claude en Maylis terug naar de wachtkamer. Geen van beiden durfden ze naar hun hotel te gaan uit angst dat hij zou sterven wanneer ze weg waren of dat hij voor de laatste keer bij bewustzijn zou komen zonder dat zij erbij waren. De verpleegkundigen hadden hun de avond ervoor kussens en dekens gebracht en er was een douche die ze konden gebruiken. Maylis haalde in de cafetaria eten voor hen, maar ze raakten het geen van beiden aan. Ze dronken slechts koffie en wachtten op het onvermijdelijke.

Tijdens een van Maylis' korte bezoekjes aan hem zag ze een verpleegkundige reageren op iets wat ze op een monitor zag en haastig op zoek gaan naar een dokter. Terwijl de arts de monitor bekeek, ging er een alarm af op een andere monitor.

Maylis was er zeker van dat het einde gekomen was. 'Wat gebeurt er?' Ze keek paniekerig toe terwijl het medisch personeel van alles controleerde bij Gabriel.

De verpleegkundige wendde zich tot haar. 'Hij wordt wakker,' fluisterde ze.

En terwijl ze het zei, opende Gabriel zijn ogen, keek verdwaasd in het rond en sloot ze weer. Hij zakte weg, maar hij was even bij bewustzijn geweest. Er kwam een andere dokter om te bespreken of ze de beademingsapparatuur weg zouden halen. Ze kwamen tot de slotsom dat ze nog even wilden wachten om te zien wat er zou gebeuren.

Die middag werd hij een aantal keren wakker, één keer op een moment dat zijn dochter bij hem was, en nogmaals met Maylis aan zijn bed. Om acht uur had hij zijn ogen helemaal open en haalden ze hem van de beademing om te kijken of hij zelfstandig kon ademen.

Zijn stem klonk schor. '... te jong om te sterven...' zei hij, en hij knipoogde naar Maylis. Toen zei hij piepend: 'Ik hou van je.'

'Ik hou ook van jou,' zei ze welgemeender dan ooit. Ze stond naast hem en hield zijn hand vast. 'Probeer niet te praten. Rust maar uit.'

'Ik heb gerust. Maar jij ziet er moe uit,' zei hij.

'Met mij gaat het prima.' Maar ze zag er bijna net zo slecht uit als hij. Gabriel was echter nog niet uit de gevarenzone. De dokter had uitgelegd dat hij het risico liep om nog een hartstilstand te krijgen en dus wilden ze, zodra hij sterk genoeg was, zo snel mogelijk de bypassoperatie uitvoeren.

Nu mochten de twee vrouwen tegelijk in de kamer zijn. Ze waren zo opgelucht dat hij iets beter was dat ze het voor het eerst in jaren met elkaar konden vinden.

Maylis wilde bij Gabriel blijven en moedigde Marie-Claude aan om die nacht haar hotelkamer te gebruiken. Zij gaf toe dat ze inderdaad wel heel erg toe was aan een keer een goede nachtrust. Maylis sliep weer in de wachtkamer, voor het geval Gabriel achteruit zou gaan. Op een vreemde manier had de uitbarsting van Marie-Claude de spanning opgelost die zich jarenlang tussen hen had opgebouwd.

De volgende ochtend was Gabriel er een stuk beter aan toe. Hij had wat kleur op zijn wangen, zijn bloeddruk was goed en hij reageerde op de medicijnen die ze hem gaven. Theo kreeg goede moed van zijn moeders verslag en sprak zelfs even aan de telefoon met Gabriel. Hij klonk best goed.

'Ze blazen het enorm op,' zei hij tegen Theo. 'Je weet hoe Italianen zijn.'

Maar Maylis zei dat de artsen geweldig waren en dat ze zonder twijfel zijn leven hadden gered. Die avond ging ze zelf ook naar het hotel en omdat het vol was deelden Marie-Claude en zij de kamer.

'Het spijt me dat ik eerder zo kwaad op je was. Ik weet gewoon hoeveel mijn vader van je houdt, en ik had nooit gedacht dat jij net zoveel van hem hield. Dat besef ik nu. Dat moet je hem wel vertellen, hoor.' Ze klonk een stuk aardiger nu alles wat rustiger was.

Maar Maylis had hem dat al verteld en had uitgebreid haar excuses aangeboden omdat ze hem altijd zo slecht had behandeld. Dat had hij heel groothartig ontkend. En ze had hem beloofd dat ze met hem mee naar Parijs zou gaan wanneer hij zich beter voelde. Ze verzekerde hem dat er nu dingen zouden veranderen. Maylis was oneindig dankbaar dat hij nog leefde.

Een week later voerden ze met succes de bypassoperatie uit. Toen was het de vraag waar hij zou revalideren. Marie-Claude wilde dat hij naar Parijs kwam, terwijl Maylis hem zelf in Saint-Paul-de-Vence wilde verplegen. Uiteindelijk hakte Gabriel zelf de knoop door. Hij wilde naar huis met Maylis en beloofde zijn dochter dat hij zodra hij zich sterker voelde naar Parijs zou komen om daar enkele weken door te brengen, hopelijk met Maylis. Die beloofde dat ze mee zou komen. Maar eerst wilde de arts dat Gabriel ten minste nog een week in het hotel in Florence zou blijven, voor het geval zich toch nog problemen voordeden. En hij wilde ook niet dat hij zo snel al zou vliegen of de lange autoreis terug naar Saint-Paul-de-Vence zou ondernemen. Daarom regelde Maylis dat de auto werd teruggereden.

Gabriel stond te trappelen om naar huis te gaan, maar beide vrouwen overtuigden hem ervan het rustig aan te doen, en Maylis herinnerde hem eraan dat er tenslotte wel ergere dingen waren dan een week in een vijfsterrenhotel in Florence doorbrengen. Ze slaagde erin een grote suite te bemachtigen op de bovenste verdieping met een spectaculair uitzicht. Tegen de tijd dat Gabriel uit het ziekenhuis kwam, was hij al wat sterker en kon hij zelfstandig lopen. Hij was dolblij met de prachtige suite.

Die avond dineerden ze met z'n drieën op de kamer en de

volgende dag ging Marie-Claude naar huis. Ze omhelsde Maylis hartelijk toen ze vertrok.

Gabriel had verbaasd toegekeken. 'Ik had niet gedacht dat ik dat nog eens mee zou maken,' zei hij.

'De lucht is opgeklaard terwijl je sliep,' zei Maylis zonder verdere uitleg. Maar ze wist dat Marie-Claude er nu van overtuigd was dat ze echt van haar vader hield, nu meer nog dan ooit. Dat ze Gabriel bijna kwijt waren geweest, had hen allebei de ogen geopend.

Ondertussen had Theo het restaurant gerund en was hij al die tijd niet in zijn atelier geweest. Hij hield de boeken bij, gaf leiding aan het personeel, overlegde met de chef over het menu en belde de bloemist. Bovendien kreeg hij bijna elk uur een verslag van zijn moeder in Florence. Ze zouden nog een week wegblijven en wanneer ze terugkwamen, zou ze 's avonds bij Gabriel willen zijn. Het was al bijna eind mei en hij zag het al gebeuren dat hij nog een maand in het restaurant zou moeten werken. Daar was hij niet blij mee, maar er was niets aan te doen. Maylis had haar handen vol aan Gabriel en had zelf ook een moeilijke tijd achter de rug, dus wilde hij zich niet bij haar beklagen.

Theo kreunde hardop toen hij Stanislas' naam voor die avond op de lijst met reserveringen zag staan met een gezelschap van vijf personen. Dat was wel het laatste wat hij nu nodig had. Maar hij voelde zich er klaar voor om Natasha onder ogen te komen en was vastbesloten om zich niet weer zoals de vorige keer door haar aanwezigheid van de wijs te laten brengen. Hij was er zeker van dat hij er nu vrede mee had dat ze bij de Rus hoorde. Hij had geen andere keus en had bovendien op dit moment te veel op zijn bord om aan haar te denken. Het echte leven had zijn fantasieën over haar eenvoudig naar de achtergrond gedrukt.

Hij zette zich schrap toen Vladimir om negen uur met

een groep mannen naar binnen liep. Ze waren in een busje gekomen en hij posteerde vier lijfwachten buiten. Theo begroette hen en zag een beetje opgelucht dat Natasha er niet bij was. De vier mannen in zijn gezelschap waren allen Russen en ze zagen eruit als zakenlieden, alhoewel ze een beetje onbehouwen overkwamen. Theo kon zich gemakkelijk voorstellen dat Vladimir met dergelijke mannen zakendeed, maar hij was zelf duidelijk welbespraakter en beter gekleed dan de anderen. Theo wist dat dit het soort mannen was dat tegenwoordig in Rusland de lakens uitdeelde. Voor hetzelfde geld hadden ze nu de vijf rijkste mannen van Rusland in het restaurant.

Vladimir keek hem doordringend aan en Theo wees de beste obers aan hun tafel toe en liet een drankje van de zaak voor hen inschenken. Alle mannen bestelden wodka, ook Vladimir, en ze dronken de hele avond stevig door. De Rus bestelde diverse flessen wijn van tweeduizend dollar per stuk en die werden smakelijk leeggedronken. Aan het eind van de maaltijd staken ze allemaal een sigaar op. Theo zag dat het Partagás waren en hij liet cognac voor hen komen.

Toen ze weggingen, leek Vladimir tevreden over hoe de avond was verlopen. Op weg naar buiten zei hij iets tegen de anderen in het Russisch en nam ze mee het huis in om een blik op de schilderijen te werpen. Theo had geen idee wat hij gezegd had, maar het moest complimenteus geweest zijn aangezien de mannen onder de indruk leken toen ze naar buiten kwamen. Theo wist dat er schilderijen waren die Vladimir niet eerder had gezien, aangezien zijn moeder een tijdje geleden enkele doeken gewisseld had en een paar van haar favoriete werken uit haar privécollectie opgehangen had. Sommige waren echt schitterend.

Vladimir kwam even naar Theo toe terwijl de anderen naar het busje liepen. Hun blikken kruisten elkaar en in Vladimirs ogen lag een boodschap, een of andere waarschuwing. Theo deed alsof hij het niet begreep.

'Hoeveel kost het schilderij van de vrouw met het jongetje?' vroeg hij Theo hautain. Het was er een van een serie die zijn vader had geschilderd van Maylis en hem als jong kind. Het was een heel mooi schilderij, en een van zijn moeders favorieten.

'Dat doek is niet geprijsd, meneer,' zei hij beleefd. 'Het is onderdeel van de privécollectie van mevrouw Luca en is voor haar van grote waarde. Het is écht niet te koop.'

Aangezien hij erin was geslaagd om eerder al eens te krijgen wat hij wilde, was Vladimir ervan overtuigd dat hem dat ook nu weer zou lukken, voor de juiste prijs.

'Wij weten dat het te koop is,' zei hij samenzweerderig tegen Theo. 'Het is alleen de vraag wat de prijs is.' Nu maakte hij geen gebruik van een tussenpersoon aangezien hij wist wie Theo was.

'Deze keer niet, ben ik bang. Dit schilderij zal ze niet verkopen, of een ander uit die serie.' De andere hingen in het atelier, maar er hingen ten minste zes bekende nieuwere doeken aan de muren. En het werk dat hij wilde was haar lievelingsschilderij. 'Het heeft grote emotionele waarde voor haar.'

'Ze zal het verkopen,' zei hij. Met kille ogen bezag hij Theo, en hij hield de sigaar dicht bij zijn gezicht.

Theo bleef beleefd en zakelijk maar hij hield voet bij stuk, ondanks Vladimirs nogal dreigende toon.

'Het is écht niet te koop,' benadrukte Theo, 'en ik denk sowieso niet dat ze zo snel na de laatste verkoop alweer een schilderij zou willen verkopen.'

'Bel me morgen met een prijs.' Vladimirs ogen schoten vuur.

'Er is geen prijs,' zei Theo nadrukkelijk, en er verscheen een razende blik in Vladimirs ogen, als bij een leeuw op het moment van toeslaan. Eén moment vroeg Theo zich af of hij hem zou aanvallen. Zou hij zo ook wel eens naar Natasha kijken? Hij was opeens een obstakel geworden tussen Vladimir en wat hij wilde hebben, en Theo voelde dat niets hem zou kunnen tegenhouden.

Uit lijfsbehoud deed hij een stap terug en woedend grommend stormde Vladimir naar het busje waarin de anderen al op hem zaten te wachten. De lijfwachten sprongen na hem het voertuig in en zo vertrokken ze. Het was een heel onplezierig moment geweest. Toen hij zijn zin niet kreeg wat betreft het schilderij was Vladimir opeens niet zo beleefd meer geweest. Na alle wodka, wijn en cognac was er niet veel nodig om hem in woede te laten uitbarsten. Maar het had niet alleen aan de alcohol gelegen. Theo had pure razernij in zijn ogen gezien toen hij zijn zin niet kreeg. Hij had eruitgezien alsof hij tot moord in staat was. Theo zou hem op dat moment niet graag in een donker steegje zijn tegengekomen. Even daarvoor was hij nog voorkomend geweest, maar dat was van het ene op het andere moment veranderd. Niemand zou deze man als vijand willen hebben.

Theo moest er nog steeds aan denken toen hij de lichten uitdraaide, het alarm activeerde en het restaurant afsloot. Hij was opgelucht dat hij die avond Natasha niet had hoeven ontmoeten, want hij had geen haast om zijn nieuwe onverschilligheid ten opzichte van haar te testen. Jammer dat Vladimir Da Lorenzo had uitgekozen om met zijn kornuiten naartoe te komen. Het was een onfris groepje mannen en als je niet beter wist zou je denken dat het gewoon criminelen waren. Vladimir had zijn afkomst met een dun laagje vernis bedekt, maar dat was er vanavond wel afgesleten. Wat een onaangenaam stel. Theo hoopte maar dat ze niet snel terug zouden komen.

Eigenlijk was er maar één ding echt belangrijk en dat was dat het goed ging met Gabriel, dacht hij, en dat hij en zijn moeder spoedig thuis zouden komen. Voor de rest waren dit gewoon de gebruikelijke ergernissen die hoorden bij het bestieren van een restaurant en het omgaan met tegendraadse, arrogante klanten. En nu had meneer Stanislas een keer zijn zin niet gekregen. Theo glimlachte in zichzelf. Een zoete wraak voor het feit dat Vladimir de vrouw bezat naar wie Theo verlangde. Het schilderij was níet te koop.

10

De volgende ochtend ging net na zevenen de telefoon. Theo opende zijn ogen en zag dat het een stralende dag was. Hij had gehoopt uit te kunnen slapen, maar nu hij al bijna een maand het restaurant runde, belde het personeel hem met elk wissewasje. Hij begreep niet dat zijn moeder er niet knettergek van werd. Het was net als het leiden van een school voor moeilijk opvoedbare kinderen, die altijd in de contramine waren, altijd ruziemaakten en niet één beslissing zelfstandig konden nemen. Hij pakte zijn mobiel en zag dat er inderdaad iemand van het restaurant belde en dat het niet zijn moeder was uit Florence.

Het beviel hem maar niets dat hij al zo vroeg gewekt werd. Na de confrontatie met Vladimir, die zijn avond compleet had verpest, had het keukenpersoneel er nog lang over gedaan om op te ruimen en hij was pas om twee uur bij het restaurant vertrokken. Maar hij had zijn moeder beloofd dat hij altijd als laatste weg zou gaan en zelf het alarm zou inschakelen en daar hield hij zich aan.

Een van de souschefs belde. Hij klonk zenuwachtig. De chef-kok was om zes uur naar de vismarkt gegaan en ze waren al een halfuur bezig met vis schoonmaken. Ze hadden gewacht tot ze hem op een wat fatsoenlijker tijdstip konden bellen.

Theo deed moeite om wakker te klinken. 'Wat is er dan?' Meestal was het iets belachelijks. Dan hadden ze gemerkt dat er twee stoelen kapot waren, en wat ze daar dan aan moesten doen. Of een van de afwassers kon niet komen.

'Fatima zegt dat er een probleem is,' zei de souschef behoedzaam.

'Wat voor probleem?' Theo keek bedenkelijk. Het enige waar hij zich echt zorgen over zou maken, waren lekkages in het oude huis die de schilderijen konden beschadigen. Ze waren zeer goed verzekerd, maar een beschadigd schilderij was onvervangbaar.

'Ze zegt dat je moet komen.'

'Waarom? Wat is er dan gebeurd?' Fatima was hun werkster. Ze was Portugees en sprak nauwelijks Frans. Haar twee zoons hielpen haar, maar die spraken helemaal geen Frans. 'Kun je me dan ten minste vertellen wat er aan de hand is?' Als het onbelangrijk was, kwam hij niet.

De souschef barstte bijna in tranen uit toen hij het hem vertelde. 'Er zijn twaalf schilderijen van de muur.' Zijn stem klonk verstikt. 'Fatima wil weten of jij ze van de muur hebt gehaald.'

'Nee, dat heb ik niet, en wat bedoel je met "van de muur"? Zijn ze gevallen, beschadigd?' Het klonk hem vreemd in de oren aangezien ze aan de muur vastgeschroefd waren. Theo gooide de dekens van zich af en zette zijn voeten op de grond. Het was duidelijk dat hij naar het restaurant moest. Wat de souschef hem vertelde sloeg nergens op.

'Niet beschadigd. Verdwenen. Iemand heeft ze allemaal losgeschroefd. Het alarm was niet aan toen ik binnenkwam en dat vond ik al vreemd. Tenzij je gisteren vergeten bent het in te schakelen. Maar jij denkt daar altijd aan.'

Theo wist dat hij het niet vergeten was, daar lette hij speciaal op.

'Ze zijn weg, verdwenen. Iemand heeft ze meegenomen. Ik dacht dat er misschien met het slot op de deur geknoeid was, maar alles leek in orde. Alleen de twaalf schilderijen waren weg.'

'O mijn god.' Theo voelde zich duizelig toen hij opstond. Dit was hun nog nooit overkomen. 'Bel de politie. Ik ben er over tien minuten.' Hij verspilde er geen tijd aan te vragen welke doeken waren verdwenen. Dit was gewoon onmogelijk. Hoe kon iemand nu bij hen inbreken? Ze hadden het nieuwste van het nieuwste op het gebied van alarmsystemen, infrarood, videocamera's, de bewakingsdienst kwam geregeld langs en ze hadden een directe verbinding met de politie. Er hing voor bijna driehonderd miljoen dollar aan kunst in het huis en hun alarmsysteem was onfeilbaar. Dat was hun tenminste verteld.

Hij trok snel een spijkerbroek en T-shirt aan, schoot met zijn voeten in sandalen, poetste zijn tanden, pakte zijn mobiel en zijn autosleutels en rende met een ongekamd hoofd de deur uit, maar zonder zijn portefeuille, die nog op de keukentafel lag. Op weg naar het restaurant ging hij langs het huis waar zijn moeder woonde, zijn vaders oude studio, waar het grootste deel van haar collectie zich bevond, om te kijken of er ook bij haar was ingebroken, maar daar was niets gebeurd en het alarm stond aan.

Theo sprong weer in zijn auto en racete naar het restaurant. Hij rende de voordeur in en keek naar de lege muren, die niet waren beschadigd. De schroeven waren niet met geweld uit de muur gerukt, maar professioneel verwijderd en de schilderijen waren zorgvuldig weggehaald. Theo bedacht dat hij iedereen moest waarschuwen nergens aan te komen, voor het geval er vingerafdrukken waren die de politie kon gebruiken. Maar er bestond bij Theo geen enkele twijfel: ze waren beroofd door professionele kunstdieven die wisten wat ze deden. Alle schilderijen die zijn moeder recentelijk had opgehangen, inclusief het doek dat Vladimir had willen kopen, waren verdwenen. Dit was niet het werk van een gewone inbreker, maar van zeer ervaren criminelen.

Hij ging het kantoor binnen om op de politie te wachten en bekeek ondertussen de beveiligingsvideo's van de avond tevoren. Alles wat hij zag was een grijs waas. Ze waren erin geslaagd om de camera's onklaar te maken, zodat er niets van de roofoverval was opgenomen. Vanaf een uur nadat hij was vertrokken, waren de banden leeg en dat had twee uur geduurd. Kennelijk had het hun zo lang gekost om alle twaalf schilderijen te verwijderen.

Theo had het gevoel dat hij in een shock verkeerde tegen de tijd dat er twee rechercheurs arriveerden. Nadat ze de plek kort in ogenschouw hadden genomen bespraken ze de situatie met Theo in zijn kantoor. Hij had zijn moeder nog niet gebeld omdat hij gewoon niet wist hoe hij het tegen haar moest zeggen. En bovendien wilde hij eerst meer informatie van de politie. Misschien waren er bekende kunstdieven in de regio en hadden ze een idee wie het gedaan kon hebben.

De twee rechercheurs waren uit Nice afkomstig en maakten deel uit van een gespecialiseerd team dat zich bezighield met grootschalige inbraken aan de hele Franse zuidkust. Daar stonden de huizen waar het vaakst werd ingebroken en waar sieraden, kunst en grote sommen geld werden gestolen. Soms werden er zelfs gijzelaars genomen.

Een van de rechercheurs was wat ouder en had grijs haar, de andere was eind dertig. Beiden leken ze ervaren te zijn. Ze vroegen naar de waarde van de gestolen spullen en of de schilderijen van meerdere kunstenaars waren.

'Nee, alleen van mijn vader, Lorenzo Luca. Alle schilderijen hier maken deel uit van mijn moeders privécollectie en de waarde van de twaalf gestolen doeken ligt rond de honderd miljoen dollar.'

Ze leken niet verrast. Ze waren gewend aan dat soort bedragen bij inbraken in de grote villa's in plaatsen zoals Cannes, Saint-Jean-Cap-Ferrat en Cap d'Antibes, waar de zeer vermogenden woonden.

'Zijn er de laatste tijd nog meer grote kunstdiefstallen gepleegd? Zou dit het werk kunnen zijn van een bekende bende?'

Veel van de werkelijk gevaarlijke professionals waren Oost-Europees en waren bekend bij de politie, maar ze zeiden dat er sinds de afgelopen winter geen bekende bendes actief waren geweest. Dit was de eerste grote inbraak sinds enige tijd.

De omgeving werd door de politie afgezet en een team van technici en deskundigen arriveerde een halfuur later voor sporenonderzoek en om het alarmsysteem en de camera's uit te lezen. Theo gaf een van de souschefs opdracht om iedereen die voor die avond gereserveerd had af te bellen en te zeggen dat het restaurant wegens omstandigheden gesloten was.

Pas tegen de middag konden de twee rechercheurs die het onderzoek leidden Theo iets vertellen. Er waren geen vingerafdrukken of andere sporen. Het alarm was elektronisch onklaar gemaakt, net als de camera's, mogelijk met afstandsbediening vanaf een andere locatie. Al hun geavanceerde apparatuur was gedurende de inbraak lamgelegd en weer in werking gesteld toen de dieven klaar waren.

'Het enige goede nieuws,' zei de oudere rechercheur tegen hem, 'is dat deze mensen wisten wat ze deden en dat ze waarschijnlijk de schilderijen niet zullen beschadigen of vernietigen. We zullen contact opnemen met al onze informanten. Iemand zal proberen deze schilderijen op de markt voor gestolen kunst te verkopen, of ze mogelijk tegen een hoge prijs aan u proberen terug te verkopen.'

'Of ze voor altijd verborgen houden,' zei Theo. Het huilen stond hem nader dan het lachen. Er was een markt voor gestolen schilderijen die verkocht werden aan gewetenloze verzamelaars die tegen elke prijs kunstwerken in hun bezit wilden hebben. Gewoon voor de kick, wetend dat ze ze nooit aan iemand konden laten zien. En het feit dat zijn vaders werk nauwelijks op de markt kwam, maakte het voor dergelijke kopers extra aantrekkelijk. Er waren mensen die alles zouden doen om ze in bezit te krijgen, zelfs als ze dat voor altijd geheim moesten houden. Sommige van de schilderijen die door de nazi's gestolen waren, waren op die manier verdwenen.

'We willen Interpol erbij betrekken. En ik zal bellen met het kunstteam in Parijs. Ik wil dat een van hun mensen hiernaartoe komt. Ik kan u verzekeren dat we alles zullen doen om uw schilderijen terug te krijgen, of zo veel mogelijk als we kunnen vinden. We moeten snel handelen, voordat ze het land uit gaan naar Rusland, Zuid-Amerika of Azië. Zolang ze in Europa blijven, hebben we een iets grotere kans om ze op te sporen. We hebben foto's nodig van de kunstwerken om overal in Europa op internet te zetten.'

Dit was een van de grootste kunstroven van de laatste tijd. Het was twee jaar geleden dat er een vergelijkbare schilderijendiefstal was geweest. Vaker werden er sieraden gestolen, aangezien die gemakkelijk in losse stenen op te splitsen waren. Het was veel moeilijker om kunstwerken te verkopen en te vervoeren en die waren ook veel makkelijker te identificeren.

'We zitten erbovenop, dat verzeker ik u. U moet het huis laten bewaken.'

Theo wilde ook dat zijn moeders huis bewaakt werd. Hij had nog steeds hun verzekeringsmaatschappij niet gebeld, en ook zijn moeder niet. De rechercheur gaf hem het zaaknummer, dat nodig was voor de verzekering, waarna Theo naar het kantoor liep. Ondertussen zwermde de politie nog steeds rond in het huis. Hij zag er enorm tegen op om zijn moeder van deze afschuwelijke gebeurtenis te vertellen, maar hij wist dat hij er niet onderuit kon.

En net toen hij het nummer wilde intoetsen bedacht hij iets: Vladimir Stanislas. Hij ging weer op zoek naar de rechercheur en hoorde dat ze net hadden ontdekt dat er met de achterdeur was geknoeid. Aangezien ze nog niet hadden uitgesloten dat het om een inbraak door bekenden ging, gingen ze nu na of een van de personeelsleden een crimineel verleden had. Wellicht had een van hen iemand een tip gegeven en informatie over het beveiligingssysteem verkocht. Fatima moest huilen toen haar zoons ondervraagd werden. Ze vond het een gruwelijk idee dat iemand kon denken dat zij een misdaad zouden hebben begaan. Een politieman probeerde haar uit te leggen dat naar alle werknemers een onderzoek zou worden ingesteld, niet alleen naar haar zoons.

'Dit klinkt misschien krankzinnig,' zei Theo zacht tegen de oudere rechercheur, 'maar Vladimir Stanislas was hier gisteravond, met vier andere Russische mannen. Hij wilde een van de schilderijen kopen, maar ik zei hem dat het niet te koop was. Een jaar geleden heeft hij ook een schilderij gekocht van mijn moeder. Dat was in eerste instantie ook niet te koop maar uiteindelijk accepteerde ze toch zijn – zeer hoge – bod. Maar ik wist dat ze het werk waarnaar hij deze keer informeerde niet zou willen verkopen. Hij was woedend toen hij wegging. Ik zeg het maar even, voor het geval het er iets mee te maken heeft. Misschien moet u eens met hem gaan praten, zijn jacht ligt meestal voor de kust van Antibes. Mogelijk is iemand als hij wel bereid een werk te kopen waar hij niet op een gewone manier aan kan komen.'

De rechercheur glimlachte. 'Ik denk dat Stanislas elk bedrag kan neertellen om legaal de hand te leggen op wat hij maar wil.'

'Niet als het niet te koop is,' drong Theo aan. 'Mijn moeder zou dit schilderij nooit verkopen. Het doek dat hij gisteravond wilde, was een van de twaalf die gestolen zijn.'

'Ik denk dat we er wel van uit kunnen gaan dat het toeval is,' zei de rechercheur wat neerbuigend. Wat hem betrof was de Russische magnaat geen kunstdief, al oogde hij misschien als een wat ruwe klant.

'Ik denk dat we niets zomaar kunnen aannemen of uitsluiten,' hield Theo vol.

'We houden het in het achterhoofd,' zei de rechercheur, en hij liep terug naar de anderen, die nog steeds bezig waren met het onderzoek. Ze haalden het huis helemaal overhoop en onderzochten ook de andere schilderijen op sporen, maar tot nu toe hadden ze nog niets gevonden.

Theo belde de verzekeringsmaatschappij en daar zeiden ze dat ze die avond hun eigen onderzoekers zouden sturen, onder wie twee van Lloyd's uit Londen. Daarna belde hij zijn moeder in Florence. Ze zaten net te lunchen op het balkon van hun suite en Maylis zei blij dat Gabriel zich zoveel beter voelde.

'Moeder, ik moet je iets vreselijks vertellen.' Hij viel met de deur in huis om haar niet in spanning te laten zitten. 'Gisteravond is er ingebroken en er zijn schilderijen gestolen door mensen die wisten wat ze deden en die ons alarmsysteem onklaar hebben gemaakt.'

'O mijn god.' Het klonk alsof ze bijna flauwviel. 'Welke hebben ze meegenomen?' Haar schilderijen waren net als kinderen voor haar, en nu was het alsof haar kinderen ontvoerd waren.

Theo vertelde haar welke doeken er gestolen waren, en

verder alles wat hij van de politie had gehoord. Hij zei dat er rechercheurs uit Parijs zouden komen en van de verzekeringsmaatschappij, en dat het leek of ze wisten waar ze mee bezig waren. Hij zei niets over Stanislas, want dat was pure speculatie en de politie nam het niet serieus.

Nerveus vertelde ze Gabriel wat Theo gezegd had. Ze klonk heel bedroefd.

Die kwam aan de lijn en klonk veel kalmer dan Maylis. Hij stelde Theo gerust. 'Zo lang als ik werk is er bij mijn weten maar één schilderij geweest dat gestolen is en nooit teruggevonden. De politieteams die kunstdiefstallen onderzoeken zijn erg goed in hun werk. En je vaders werk is zo opvallend en zo bekend, ze zullen ze heus wel vinden. Het duurt misschien even, maar dat gaat lukken.'

Theo was opgelucht, en het was ook goed dat zijn moeder erbij zat en dat hoorde.

'Ik hou je op de hoogte,' beloofde Theo. 'Het spijt me echt dat ik maman en jou nu met dit bericht moet belasten.'

'Ik vind het vervelend dat jij het moet afhandelen,' zei Gabriel meevoelend. 'Je zult het er wel druk mee krijgen. Misschien is het beter om het restaurant een tijdje te sluiten.' Op de achtergrond hoorde Theo dat Maylis het daarmee eens was.

'Voor vanavond heb ik iedereen al afgebeld. Ik wist gewoon niet hoe het zou lopen, maar misschien heb je gelijk. Waarschijnlijk staat de pers zo dadelijk voor de deur,' zei Theo. En een uur later kwamen inderdaad de eerste busjes met journalisten en reporters al aangereden. Ze wilden Theo interviewen maar hij zei dat hij geen nieuws had, behalve dan dat het verschrikkelijk was wat er gebeurd was.

La Colombe d'Or stuurde een bericht waarin ze hun steun betuigden. Het nieuws was bij hen ook hard aangekomen. Zij waren net zo kwetsbaar en hun kunst was net zo waardevol, dus had het hun net zo goed kunnen overkomen. Op het nieuws hoorde hij later dat het het grootste misdrijf was dat ooit in Saint-Paul-de-Vence gepleegd was. Die avond belde Inez hem. Ze sprak een boodschap in op zijn voicemail waarin ze hem vertelde dat ze met hem meeleefde. Hij had het te druk gehad om met haar te praten, want hij had nog tot na middernacht met de mensen van de verzekering in het restaurant gezeten. De volgende dag kwam de politie op volle sterkte terug, samen met het team uit Parijs.

Het voelde alsof zijn leven was overgenomen, Theo was de hele week met niets anders bezig dan de kunstroof, en zijn moeder belde continu met vragen. Hij sloot voor die week het restaurant en liet alle reserveringen annuleren. Daarna zouden ze wel weer zien.

Op de vijfde dag stelde de hoofdinspecteur van het kunstroofteam hem voor aan twee nieuwe rechercheurs die hun team kwamen versterken. Ze waren jonger dan de anderen en leken ondernemender. Ze wilden diverse personeelsleden opnieuw spreken en gingen met de stofkam door de plaats delict op zoek naar aanwijzingen.

Athena Marceau was van Theo's leeftijd en leek buitengewoon slim. Steve Tavernier, haar mannelijke partner, was iets jonger. Ze vroegen Theo het hemd van het lijf en zeiden daarna dat ze hem op de hoogte zouden houden. Hij wist dat ze hem ook zouden natrekken, om te achterhalen of het niet een poging was om de verzekering op te lichten. Theo had zijn zorgen over Vladimir ook met de twee nieuwe rechercheurs gedeeld. Steve had niet onder de indruk geleken, maar Athena's belangstelling was gewekt.

De twee rechercheurs bespraken deze invalshoek toen ze even koffie gingen drinken en chemicaliën moesten halen die ze voor het onderzoek nodig hadden. Het restaurant en het huis leken met al hun apparatuur nu meer op een laboratorium of een soort uitdragerij voor technisch hoogwaardige spullen.

'Dat is toch bizar,' zei Steve tegen haar. 'Die vent is overstuur. Hij zou zelfs de paus nog beschuldigen van die inbraak.' Zo kwam Theo op hem over.

Maar Athena zei: 'Er zijn wel gekkere dingen gebeurd. Ik deed eens onderzoek in Cap-Ferrat. Een buurman stal tien miljoen aan kunst en doodde de hond van de buren omdat die man met zijn vrouw sliep. Sommigen van die superrijken zijn echt de weg kwijt.'

'Misschien heeft Luca het zelf gedaan. Dat gebeurt ook. Voor het verzekeringsgeld. En honderd miljoen is niet niks,' zei Steve cynisch.

'Dat denk ik niet,' zei ze bedachtzaam. 'Daar zijn geen bewijzen voor.'

'Meen je dat nou? Honderd miljoen aan verzekeringsgeld? Hij zou onze hoofdverdachte moeten zijn.'

'Hij heeft het geld niet nodig. Hij is zelf meer waard dan al zijn vaders kunst bij elkaar en hij heeft meer dan genoeg op de bank staan. Dat hebben we al uitgezocht. Hij ziet er misschien uit als een dakloze en kamt zijn haar niet, maar hij is niet onze man.'

'Je vindt hem leuk, zeg maar eerlijk,' zei Steve plagerig.

'Klopt.' Ze grijnsde naar haar partner. 'Als hij zijn haar zou kammen én zich een beetje netter zou kleden, zou het echt een stuk zijn. Ik vraag me af hoe hij is als hij niet als een dwaas rondrent omdat er net een inbraak is geweest.

En wil jij die boot niet eens zien? We zouden voor de grap met Stanislas kunnen gaan praten. Je weet nooit wat dat oplevert.' Ze glimlachte ondeugend.

Haar partner schudde lachend zijn hoofd. 'Daar hebben we toestemming voor nodig en als die wordt gegeven, dan zou de hoofdinspecteur zelf gaan. Hij zou ons niet sturen.'

'Misschien wel. We kunnen het vragen. Wie weet? Misschien heeft Luca gelijk. Hij denkt dat Stanislas er iets mee te maken kan hebben. En die man is geen heilige, dat zijn die kerels die zoveel geld verdienen nooit.'

'Ik denk dat Luca gestoord is. Die Stanislas zou de hele verzameling kunnen kopen als hij wilde.'

'Niet als ze die niet aan hem willen verkopen. Zag je al die NIET TE KOOP-bordjes niet? Ze verkopen niks. Wie weet? Misschien baalde hij daar wel van, zoals Luca zegt. Sommigen van die Russische kerels zijn ruige gasten met onsmakelijke vriendjes.'

'Stanislas niet. Shit, hij is waarschijnlijk de rijkste vent van de hele wereld.'

'Dan zou ik hem wel eens willen ontmoeten. Misschien is het een stuk,' zei ze pesterig tegen haar collega. 'Hou je niet van varen, dan?'

'Nee, ik word zeeziek.'

'Op deze boot niet. Die is groter dan een hotel. Laten we het proberen.'

Steve Tavernier rolde met zijn ogen, maar hij was wel wat gewend. Ze werkten nu al drie jaar samen en Athena Marceau ging achter elke aanwijzing aan en liet niet los tot ze gevonden had wat ze zocht. Ze was onvermoeibaar en heel slim en had het vaak bij het rechte eind. Als team hadden ze een geweldige staat van dienst opgebouwd en dat was ook de reden dat ze deze zaak hadden gekregen. Ze werkten niet routineus en waren allebei buitengewoon toegewijd. Athena's stijl was dat geen aanwijzing te klein was om te onderzoeken en ze had een indrukwekkend aantal arrestaties op haar naam staan. Steve werkte graag met haar; als zij een zaak oploste, straalde dat ook op hem af en er was zo ongeveer niets wat hij niet voor haar zou doen. Wat hem betrof was haar intuïtie onfeilbaar. Over deze zaak had ze nog geen ideeën, maar ze was bereid om alles te onderzoeken. En een bezichtiging van Stanislas' jacht klonk goed, al was het maar voor de lol.

Die middag vroeg ze hun hoofdinspecteur om toestemming, niet om het schip te doorzoeken, maar om Stanislas een bezoek te brengen. Hij haalde zijn schouders op, vertelde Athena dat ze gek was maar vond het goed dat ze gingen. Hij merkte nog wel op dat hij ook wel eens een jacht zou willen bezoeken, maar dat hij net met belangrijke zaken in het onderzoek bezig was, terwijl zij een leuk uitstapje gingen maken.

'Maar strijk hem niet tegen de haren in en beschuldig hem nergens van. Ik wil niet dat er morgen een klacht op mijn bureau ligt,' zei de hoofdinspecteur vermanend.

'Nee, meneer,' beloofden ze. Steve wist dat dat antwoord niets voorstelde. Athena deed altijd haar eigen zin en speelde dan achteraf de vermoorde onschuld bij haar meerderen. Meestal kwam ze er nog mee weg ook.

Athena besloot om zonder afspraak naar het schip toe te gaan. Ze slaagde erin een politieboot te strikken, die door een jonge agent bestuurd werd, en twee uur later waren ze al op weg naar de *Princess Marina*, die voor anker lag voor Hôtel du Cap.

'Wat als ze ons niet aan boord laten?' vroeg Steve licht nerveus.

Maar Athena maakte zich geen enkele zorgen, ze keek er zelfs naar uit. 'Geen probleem, dan schieten we ze neer,' zei ze plagerig. 'Let op, hij laat zich vast van zijn charmantste kant zien. Hij ontvangt ons echt wel,' zei ze zelfverzekerd. 'Hij zal een goede indruk op ons willen maken om te bewijzen dat hij er niets mee te maken heeft.'

Ze legden aan bij het laadplatform aan de achtersteven van het schip. Athena zwaaide breed glimlachend met haar politiepenning naar de matrozen en stapte met haar hoge hakken in haar hand op blote voeten uit de politieboot. Ze trok haar rok op om aan boord te springen en een paar prachtige benen kwam tevoorschijn. Ze legde uit dat ze waren gekomen om meneer Stanislas te spreken en dat ze zijn hulp nodig hadden bij een onderzoek naar een kunstroof. Ze was er zeker van dat hij wel kon raden waar het om ging, aangezien het al uitgebreid in het nieuws was geweest. Zoals gewoonlijk liet Steve haar het woord doen. Ze zag eruit als een sexy pin-up in plaats van een politievrouw. De matrozen grinnikten naar haar en een van hen belde naar boven terwijl Steve en zij een praatje met hen maakten.

Even later kwam er een dekknecht aan om hen mee naar boven te nemen. Ze wierp Steve een veelbetekenende blik toe en liep achter de man aan de lift in die hen naar de vijf verdiepingen hoger gelegen buitenbar bracht, waar Vladimir net een glas champagne met Natasha dronk. Steve en Athena liepen het dek op en Athena stak haar hand uit en bedankte Stanislas hartelijk dat hij hen wilde ontvangen.

Vladimir knikte naar Natasha en zij stond direct op. Er viel niets af te lezen van haar gezicht.

Steve keek bewonderend naar haar opvallende verschijning. De roze bodystocking die ze droeg accentueerde elke centimeter van haar lichaam, ook haar borsten. Athena concentreerde zich op Vladimir, terwijl een stewardess hun een glas champagne aanbood. Natasha liep snel de trap af naar een lagergelegen dek. Interessant, dacht Athena, terwijl Steve haar teleurgesteld nakeek.

Athena keek even op haar horloge voordat ze het glas aannam. 'Wanneer we van boord gaan, is onze dienst afgelopen, dus ja, dank u.' Ze glimlachte naar de stewardess en toen naar Vladimir, en ook Steve nam een glas aan. Athena wond Vladimir vervolgens helemaal om haar vinger en hij moest lachen om haar verhalen. Ogenschijnlijk met moeite bracht ze het gesprek weer op de kunstroof, alsof ze het een saai onderwerp vond, maar ten minste moest doen alsof ze aan het werk was. Ze maakte duidelijk dat ze alleen waren gekomen om hem te ontmoeten en het schip te zien.

Dat amuseerde hem, maar hij liet zich niet om de tuin leiden. Ze speelden beiden een spelletje en daar waren ze heel goed in.

'Die diefstal is betreurenswaardig. Ik heb vorig jaar een van Luca's werken van hen gekocht. Een heel mooi stuk. Ik zag laatst nog een schilderij toen ik daar dineerde dat ik mooi vond.' Dat was de reden dat ze gekomen waren, wist hij. 'Die Luca's zijn onmogelijke mensen. Ze zijn erin geslaagd de markt voor zijn werk totaal te bevriezen.' Hij keek minachtend.

'Waarom, denkt u?' vroeg ze onschuldig.

'Om de prijs op te drijven. Op een dag zullen ze beginnen met verkopen. Ze zijn nu bezig om de lat zo hoog mogelijk te leggen. Deze kunstroof zal hun uiteindelijk geen windeieren leggen. Dat maakt de werken alleen maar nog aantrekkelijker. Misschien is het een heel slimme zet van ze. Mensen in de kunstwereld zijn soms tot vreemde, wanhopige dingen in staat. Dat zou ik maar eens onderzoeken, misschien staat u er nog van te kijken.'

'Dus u denkt niet dat de werken echt zijn gestolen?'

'Dat is moeilijk te zeggen. Ik weet het niet. Ik weet alleen dat er rare verhalen de ronde doen en dat er heel vreemde figuren rondlopen in die wereld, met gestoorde ideeën en ingewikkelde motieven.'

'Misschien hebt u gelijk.' Athena veranderde van onderwerp en vroeg hem naar het schip. Ze vond het heel spannend wat hij allemaal zei, en dat hij een nieuw schip aan het bouwen was dat nog groter was. Ze kon zien dat hij daar trots op was. Ze kletsten nog een uurtje en toen zette Athena haar glas neer en stond op. 'Mijn excuses dat we zo lang zijn gebleven. Uw gastvrijheid was onweerstaanbaar.' Ze glimlachte naar hem en zag dat hij haar figuur bewonderde terwijl ze zich naar Steve wendde.

'U bent altijd welkom,' zei Vladimir gastvrij, en hij legde een hand op haar schouder. 'Ik hoop dat u de schilderijen vindt. Vast wel. De meeste kunstwerken duiken altijd snel weer op. En het zou jammer zijn om zoveel van Luca's werken te verliezen, al zou het schilderij dat ik heb daardoor nog waardevoller worden,' zei hij lachend.

Athena bedankte hem nogmaals en een bemanningslid bracht hen met de lift terug naar het laadplatform, waar hun boot op hen lag te wachten. Ze gunde hun nog een korte blik op haar benen toen ze van boord gingen. De politieboot voer weg en kwam op snelheid. Vladimir zwaaide hen uit vanaf het bovendek en Athena zwaaide breed glimlachend terug. Ze zagen Natasha weer tevoorschijn komen aan de reling. Even later draaiden ze zich allebei om en verdwenen.

'Allemachtig, zag je die vrouw?' zei Steve. 'Ze was echt adembenemend mooi. Wie was dat, denk je? Een ingehuurde prostituee of zijn vriendin?'

'Nog beter, oen. Waarschijnlijk zijn minnares. Dat is een soort apart. Een paradijsvogel met gekortwiekte vleugels. Zag je hoe hij haar een seintje gaf om te verdwijnen? Ze zit echt heel, heel strak aan de riem en zal alles doen wat hij wil. Die baan zou ik voor al het geld van de wereld nog niet willen hebben.'

'Nou, dat was verspilde tijd,' zei Steve, en hij leunde ontspannen achterover voor het tochtje terug naar de wal. 'Maar die boot is wonderbaarlijk. Het is net een enorm luxehotel, nog groter zelfs, bijna zo groot als een oceaanstomer.'

'Nee, geen tijdverspilling,' zei Athena bedachtzaam. De brede glimlach was van haar gezicht verdwenen. Ze was aan het werk en de champagne had haar brein niet trager gemaakt, ze had maar enkele slokjes genomen.

'Kom op, vertel me nou niet dat je denkt dat hij het gedaan heeft.' Steve lachte. 'Als je dat denkt, ben je gek. Waarom zou hij die moeite nemen? Hij kan kopen wat hij wil. Waarom zou hij een gevangenisstraf riskeren voor een kunstroof?'

'Omdat kerels zoals hij nooit gepakt worden. Ze laten anderen het zware werk doen. En ik zeg niet dat hij het gedaan heeft, dat valt nog te bezien. Maar hij heeft er wel de ballen voor. Hij speelt het spel goed.'

'Jij ook. Ik dacht even dat je hem aan het versieren was.'

'Dat dacht hij ook.' Ze herinnerde zich de hand op haar schouder bij het afscheid. 'In geen honderd miljoen jaar. Maar die kunstenaar die eruitziet alsof hij onder een brug slaapt... dat is een ander verhaal.' Ze naderden de kade en ze lachte. 'Als ik een minuutje met hem alleen op een kamer zou zijn, dan zou ik hem nog wel iets kunnen leren, denk ik.'

'Denk je dat Theo Luca het gedaan heeft?' vroeg Steve haar ernstig.

'Nee, dat is gewoon het spelletje dat Stanislas speelt: twijfel zaaien. Leuk geprobeerd, maar niet gelukt.' Een van haar collega's hielp haar uit de boot op de kade in Antibes en deze keer schoof ze haar rok niet omhoog. Even later zaten Steve en zij weer in de auto terug naar het restaurant.

'Ik dacht dat je zei dat het einde dienst was. Ik heb vanavond een afspraakje.'

'Zeg maar af, er is werk aan de winkel,' zei ze met een afwezige blik in haar ogen.

'Je valt gewoon op die Luca.'

'Misschien wel,' zei ze glimlachend. Ze waren op weg terug naar Saint-Paul-de-Vence, niet om met Theo te praten maar om de plaats delict weer te onderzoeken. Ze had wat nieuwe ideeën die ze wilde testen. Steve had al door dat het een lange avond zou worden. Zo ging het nou altijd met Athena.

Zodra de politieboot was vertrokken kwam Natasha terug aan dek. Ze keek verbaasd naar Vladimir. 'Een van de jongens zei dat ze van de politie waren. Wat wilden ze?' Normaliter zou ze hem dat niet gevraagd hebben, maar het ging niet over het werk en ze was nieuwsgierig. Ze had gelezen over de kunstroof bij Da Lorenzo en wist dat Vladimir daar was geweest met zakenrelaties die uit Moskou waren overgevlogen voor een vergadering.

'Ze kwamen voor de gezelligheid. Ze wilden het schip zien,' zei Vladimir onbekommerd. 'Die diefstal was een goed excuus.'

'Weten ze al iets?' vroeg Natasha nieuwsgierig. Het was wel een vreemd toeval dat de Luca's het slachtoffer waren van zo'n diefstal niet lang nadat Vladimir een schilderij van de weduwe had gekocht en de zoon een portret van Natasha had gemaakt. Daardoor leek het persoonlijker dan als het mensen was overkomen die ze nooit ontmoet hadden.

'Ze weten waarschijnlijk nog niks. Het is nog te vroeg,' zei hij, en hij begon over iets anders. Hij vertelde haar over een schilderij waarop hij die week op een veiling wilde bieden en liet het haar zien in de catalogus. Het was een Monet. 'Die koop ik voor het nieuwe schip.' Hij lachte haar toe. 'Voor onze slaapkamer. Wat vind je?'

'Ik denk dat je een ongelooflijke man bent en het grootste genie van de wereld,' zei ze gemeend.

Vladimir boog zich voorover en kuste haar. Hij vertelde haar niet dat hij de avond voor de kunstroof geprobeerd had om nog een van Lorenzo's schilderijen te kopen, en dat Theo dat botweg geweigerd had. Vladimir was hun spelletjes beu.

'En die Monet, die is voor mij,' voegde hij eraan toe. 'Je weet dat ik altijd krijg wat ik hebben wil.' Het zou hem een fortuin kosten, maar dat kon hem niets schelen. Ze praatten er nog even over door en toen fluisterde hij haar iets in het oor. Ze glimlachte. Een ogenblik later volgde ze hem de trap af naar hun slaapkamer. Ze hadden wel wat beters te doen dan te praten over een kunstroof of aan de politie te denken.

11

De volgende dag vroeg de hoofdinspecteur Athena naar hun bezoek aan het schip en ze bevestigde zijn vermoeden dat het niets had opgeleverd. Het verbaasde hem niet. Er zou daar geen bewijs gevonden worden, Stanislas was niet de man die ze zochten.

'Dat dacht ik wel,' zei hij wat zelfingenomen. 'Je beschouwt hem toch niet als verdachte?' vroeg hij haar. Ze had een goede reputatie, een creatieve geest – al ging ze soms wat te ver, vond hij – en vaak leverde dat resultaten op.

'Dat sluit ik nog niet uit, maar waarschijnlijk niet.' Ze was er eerlijk over tegen hem. Het zou heel mooi zijn geweest als ze Stanislas' betrokkenheid hadden kunnen aantonen, maar zelfs als hij er op de een of andere manier mee te maken had, wist ze dat het heel moeilijk zou worden om hem in verband te brengen met dit misdrijf. Niet onmogelijk, maar het zou tijd kosten, veel tijd. En één bezoekje aan het schip was daarvoor niet genoeg.

'En de zoon? Luca?'

'Hij is het ook niet.'

Desondanks bezochten Steve en zij Theo opnieuw en ze vertelde hem dat ze met Stanislas waren gaan praten.

'Wat vond u van hem?' vroeg Theo gespannen.

'Hij is keihard, maar is waarschijnlijk niet de man die we zoeken. Hoe zit het met de vrouw die bij hem is? Weet u iets van haar?'

'Ze is zijn minnares. Russisch. Ze leeft al acht jaar met hem.'

'U kent haar?' vroeg Athena geïnteresseerd.

'Ik heb haar een paar keer ontmoet. Toen ik schilderijen bij hen afleverde – een keer een schilderij van mijn vader en een keer een van mij – heb ik met haar gepraat.'

'Hebt u misschien afbeeldingen van die schilderijen?' vroeg ze hem. Ze wist zelf eigenlijk niet goed waarom ze het vroeg. Het was niet eens een ingeving, ze was gewoon nieuwsgierig.

Hij aarzelde even, liep naar zijn computer en opende de twee bestanden.

Athena keek verrast toen ze het portret van Natasha zag. Ze herkende haar onmiddellijk. 'Heeft ze voor u geposeerd of hebt u dit van een foto geschilderd?' Ze voelde dat ze hier iets op het spoor was, maar ze wist niet precies wat.

'Geen van beide. Ik deed het uit mijn geheugen nadat ik haar in het restaurant had gezien. Ze heeft een gezicht dat je niet snel vergeet.'

Athena knikte, dat vond zij ook. En dan nog dat sensationele lichaam. Maar iets in de manier waarop ze op commando van Stanislas zo plotseling was verdwenen, zat haar niet lekker. Ze stelde Theo nog een paar vragen en even later vertrokken Steve en zij.

Steve had niet erg opgelet en vroeg Athena in de auto naar het gesprek. 'Heeft het iets opgeleverd?' Hij stak een sigaret aan.

Ze trok een gezicht. 'Weet je dat het echt walgelijk is om

met jou te werken?' Ze wees naar de sigaret. 'En ja, er is iets aan de hand.'

'Hoezo?'

'Ik weet niet hoe het gebeurd is en of zij het überhaupt weet, maar hij is verliefd op die vrouw.'

'Op wie?' vroeg Steve verstrooid.

'Die vrouw op de boot. Stanislas' minnares.'

Steve floot. 'Dát is interessant. Ik vraag me af of Stanislas dat weet.'

'Ik denk van wel.'

'Hoe heb je dat allemaal uitgevogeld?'

'Luca heeft haar geschilderd, en dat schilderij heeft zij. Kerels als Stanislas komen altijd achter dat soort dingen en dan slaan ze toe. Ze zou wel eens een groot probleem kunnen hebben. Zulke kerels vatten het nooit zo sportief op als het gaat om iets wat zij als "verraad" zien. Ze hanteren altijd vrij simpele regels.'

'Nou, slapen met een andere man zou je wel verraad kunnen noemen.'

'Ik zei niet dat ze met hem heeft geslapen. Ik zei dat Luca verliefd op haar is. Dat is wat anders. Maar dit zou heel slecht voor haar kunnen uitpakken.'

'Heeft hij je verteld dat hij verliefd op haar is?'

'Natuurlijk niet.'

'Jezus, wat zitten die mensen toch ingewikkeld in elkaar. Je zou net zo verknipt moeten zijn als zij om te begrijpen hoe het zit.'

'Ja, en daar betalen ze ons nou voor,' zei ze glimlachend.

Gabriel en Maylis kwamen een week na de inbraak terug uit Florence en het werd eindelijk weer wat rustiger. Gespecialiseerde teams in verschillende steden zaten op de zaak, maar ze hadden nog geen aanknopingspunten. En van de schilderijen nog steeds geen spoor. Op advies van Gabriel opende Theo het restaurant weer, om de schijn van normaliteit te wekken. Maar ze hadden nu bewaking in het huis en ook 's nachts waren er permanent twee beveiligers aanwezig.

Maylis installeerde Gabriel bij haar in de studio en Theo was opgelucht dat hij er zo goed uitzag. Hij deelde zijn theorieën met hem over Stanislas' betrokkenheid bij de kunstroof omdat hij hem het schilderij niet had willen verkopen. Gabriel beaamde dat het heel moeilijk zou zijn de roof aan hem toe te schrijven, misschien zelfs onmogelijk. Maar Theo was ervan overtuigd dat hij er op de een of andere manier mee te maken had. Hij vroeg zich af of de schilderijen misschien aan boord waren. Dat zou een perfecte plek zijn om ze te verbergen. Maar de politie had Theo onomwonden gezegd dat er geen enkele grond was waarop ze een huiszoekingsbevel konden krijgen om Stanislas' schip te kunnen doorzoeken.

Zelfs Athena achtte het niet waarschijnlijk dat hij er verantwoordelijk voor was. Stanislas had geen steekhoudend motief, behalve dan dat hij razend was geweest dat Theo hem het schilderij niet had willen verkopen. Ze dacht niet dat hij gek genoeg was om het daarom maar samen met elf andere schilderijen te gaan stelen. Alleen een gestoorde zou zoiets doen, of een beroepsmisdadiger.

Theo dacht dat hij beide was en had dat ook tegen de politie gezegd.

Het enige wat Maylis troost en afleiding bood van de diefstal was de zorg voor Gabriel. Theo runde nog steeds het restaurant voor haar, omdat ze Gabriel 's avonds niet alleen wilde laten ook al had hij geen medische zorg meer nodig. Hij herstelde voorspoedig en zij overstelpte hem met liefdevolle aandacht, in haar dankbaarheid dat hij nog leefde. Hun relatie was sinds de hartaanval enorm opgebloeid. Ze was hem bijna kwijt geweest, en Marie-Claudes harde woorden – die zelfs Theo gerechtvaardigd had gevonden – hadden hun uitwerking niet gemist. Gabriels hartaanval betekende voor iedereen een keerpunt.

Theo had het elke dag druk met de mensen van de verzekeringsmaatschappij, maar ook zij hadden niet meer ontdekt dan de politie. Zelfs Athena en Steve kwamen niet verder. Terwijl ze het beetje informatie overdachten dat ze hadden en keer op keer de werknemers hoorden, lichtte de *Princess Marina* het anker. Het zat Athena niet lekker, maar Stanislas was geen verdachte en er was geen greintje bewijs dat hem in verband bracht met het misdrijf.

Vladimir had Natasha voorgesteld een tocht naar Kroatië te maken, en dan op de terugweg een paar dagen in Venetië door te brengen. Dat idee stond haar wel aan. Ze waren van plan om de rest van juni weg te zijn. Er was geen enkele reden voor hen om in de buurt van Antibes te blijven en Vladimir werd rusteloos als ze te lang op dezelfde plaats ankerden.

De vaartocht naar Kroatië verliep kalm en was ontspannend, maar toen ze daar eenmaal waren, vielen de uitstapjes aan wal een beetje tegen. Ze waren niet zo interessant als anders en Natasha vond ook de mensen nogal onvriendelijk. Er hing een beetje een trieste sfeer en op sommige plaatsen zagen ze nog de sporen van de oorlog. Natasha verlangde naar Venetië en ze besloten om eerder dan gepland terug te gaan, via een route verder de zee op dan anders.

Op een dag passeerden ze een klein verwaarloosd vrachtschip dat hen aanriep. Het zag eruit of ze problemen hadden. Het schip voer onder de Turkse vlag, wat in deze wateren niet ongebruikelijk was. De bemanning van het jacht stond net op het punt om een tender te water te laten om het schip te helpen toen de beveiliging Vladimir meldde dat ze er zeker van waren dat het vrachtschip bemand werd door piraten en ze het risico liepen geënterd te worden. Ze hadden het schip nauwkeurig met verrekijkers in de gaten gehouden en gezien dat de bemanningsleden aan dek gewapend waren. Natasha stond in de buurt en hoorde wat ze zeiden. Ze keek angstig naar Vladimir, die zich naar haar toe keerde en haar grimmig aankeek. Zoiets als dit was nog nooit gebeurd als zij aan boord was en ze was doodsbang.

'Ga nu meteen benedendeks naar de saferoom,' beval hij. Hij gaf de lijfwachten opdracht de wapens die ze aan boord hadden te verdelen en de tender werd snel weer opgehesen.

Natasha hoorde buiten al geweerschoten terwijl ze de trap af rende. Ze haastte zich voorbij de ruimte waar de beveiliging de automatische wapens aan de bemanning uitdeelde. De deur naar de wapenkamer stond wijd open. Ze wierp een blik naar binnen en zag in een flits in een hoek een aantal ingepakte schilderijen staan. Ze had geen tijd om goed te kijken, maar begreep direct wat dat betekende. De twaalf schilderijen van Lorenzo Luca waren hier aan boord. Vladimir had ze gestolen, of de opdracht daartoe gegeven.

Haar ogen vlogen wijd open toen ze zich realiseerde wat ze gezien had. Ze rende door naar de schuilkamer, zoals Vladimir haar had gezegd, en sloot zichzelf daarin op. Er waren eten en drinken, een kleine koelkast, een communicatiesysteem en een aparte ruimte met een wc en wasbakje. De deur naar de schuilkamer was gepantserd en kogelwerend, en er waren geen patrijspoorten of ramen. De ruimte was ontworpen om zich in te kunnen verschansen in het geval van een aanval, een poging tot ontvoering of bij piraterij, zoals nu het geval leek te zijn.

Ze ging op het smalle bed liggen. Haar hart bonsde in haar keel toen ze dacht aan de zorgvuldig ingepakte schilderijen in de wapenkamer. Even later belde Vladimir haar over de radio en vertelde haar dat alles in orde was. Ze hadden een aanval kunnen voorkomen en waren niet geënterd. Het vrachtschip hadden ze nu ver achter zich gelaten en ze voeren op volle kracht, maar hij wilde dat ze nog even in de schuilkamer bleef. Het klonk niet alsof hij zich zorgen maakte en hij zei dat hij haar snel zou komen halen.

Natasha kon maar aan één ding denken: wat ze had gezien in de wapenkamer. Het waren de gestolen schilderijen, dat wist ze zeker, want waarom zouden die ingepakte doeken anders verstopt zijn in een afgesloten ruimte? Ze kon haast niet geloven dat Vladimir zoiets zou doen. Waarom? Om ze in bezit te hebben? Om ze te verkopen? Om de Luca's om een of andere reden te straffen? Om het Theo betaald te zetten dat hij een portret van haar gemaakt had? Het sloeg helemaal nergens op en ze vroeg zich af of zij hier soms verantwoordelijk voor was, doordat ze het portret van Theo had aangenomen. Dat ze Vladimir daarmee zo kwaad had gemaakt dat hij nu wraak wilde nemen. Maar was dat genoeg reden om twaalf enorm waardevolle schilderijen te stelen? Hij had haar uiteindelijk verteld dat hij had geprobeerd er een te kopen, de avond dat hij daar zonder haar was gaan dineren. En dat hij kwaad was geweest dat ze vastbesloten waren het schilderij dat hij wilde hebben niet te verkopen. Maar het was gestoord om dan uit wraak meteen maar twaalf schilderijen te stelen. En waartoe zou hij dan nog meer in staat zijn, vroeg ze zich af.

Ze had met Theo en zijn moeder te doen, maar zij kon er niets aan veranderen. Ze kon het ook aan niemand vertellen, want dan zou Vladimir misschien in de gevangenis terechtkomen. En dat niet alleen, hij zou direct weten dat zij hem had verraden. Het zou het ultieme verraad zijn, en de hemel wist wat hij haar dan zou aandoen. Maar ze wilde ook niet dat de Luca's hun schilderijen voorgoed kwijt waren. Het voelde alsof haar hele bestaan op het spel stond en ze wilde niet alles riskeren voor twaalf schilderijen. Aan de andere kant, als ze niets zei was ze net zo schuldig aan de diefstal als hij, als het inderdaad de schilderijen van de Luca's waren.

Haar hoofd tolde toen Vladimir haar twee uur later kwam halen. Ze was bleek en stond wankel op haar benen. Dat was niet alleen een reactie op het gevaar waarin ze hadden verkeerd, maar ook op wat ze gezien had en wat dat haar over Vladimir vertelde.

'Wat is er gebeurd?' vroeg ze hem bezorgd.

'Het waren inderdaad piraten, die zitten hier wel. Gelukkig hadden onze mannen het gauw door, voordat ze de kans kregen om aan boord te komen. En we waren ze te snel af, ze liggen nu ver achter ons. We hebben het aan de autoriteiten doorgegeven en die zullen naar ze uitkijken. Het waren geen Turken. Ze zagen er meer uit als Roemenen, of een of ander bont gezelschap. Behoorlijk gewaagd van ze, om te proberen ons te enteren.'

Ze knikte. Het incident had haar angst aangejaagd, om maar niet te spreken van wat ze in de wapenkamer had gezien. Haar veilige, rustige manier van leven leek opeens van alle kanten bedreigd te worden. En ze realiseerde zich heel goed dat de piraten hen hadden kunnen ombrengen als ze aan boord waren gekomen.

'Ik hoorde schoten,' zei ze zenuwachtig.

'Dat waren alleen maar waarschuwingsschoten, zodat we onze motoren zouden stilleggen. Er is niemand gewond geraakt,' stelde hij haar gerust. Vladimir leek er kalm onder en had snel gehandeld nadat ze hem hadden gewaarschuwd.

'Is er iemand geraakt?' fluisterde Natasha toen ze achter hem aan de trap op liep.

'Nee,' zei hij lachend. 'Wil je dat ik terugga en ze allemaal neerschiet?' Hij sloeg zijn armen om haar heen en gaf haar de kans om in zijn veilige omhelzing tot rust te komen. Maar zijn gedachten waren bij wat zijn beveiliger hem net had gemeld: hij had gezien dat Natasha een blik in de wapenkamer had geworpen en was er zeker van dat ze de ingepakte schilderijen had zien staan. Hij meende dat zijn baas dat moest weten. Maar Vladimir was er niet van overtuigd dat Natasha ook wist wat ze gezien had, in de panieksituatie rond de mogelijke aanval van de piraten. Als ze ze gezien had, dan zou ze er zeker iets over zeggen, meende Vladimir, en dat had ze niet gedaan. Ze had een onschuldig en zacht karakter en hij had vertrouwen in haar. Maar ze was intelligent en zou het zich later misschien gaan afvragen, of ze dat nu zou zeggen of niet. Alles was veranderd door die ene blik die ze in die kamer had geworpen, en nu vertegenwoordigde ze een aanzienlijk risico. Nu was de vraag of, en wanneer, ze zou beseffen wat ze gezien had.

Die avond keek hij naar haar slapende gestalte in hun bed en hield zichzelf voor dat ze hem nooit van iets dergelijks zou verdenken, of zelfs zou vermoeden van wie de schilderijen waren. Vladimir was er zeker van dat ze zich niet zou kunnen voorstellen dat hij het gedaan had om de Luca's een hak te zetten omdat ze hem dat ene schilderij niet hadden willen verkopen.

Het was tijd geweest om ze een lesje te leren. Hij had nog niet besloten wat hij met de schilderijen zou doen, maar het was een heel prettig idee dat ze nu van hem waren. Het gaf hem een buitengewoon gevoel van macht, om zich toe te eigenen wat hij maar wilde. Niemand zei hem dat iets niet te koop was of dat hij iets niet kon krijgen. Niemand maakte hier de regels of had hem in zijn macht, híj maakte de dienst uit. Hij betaalde royaal voor wat hij hebben wilde en als hem iets ontzegd werd, eigende hij het zich toe.

Ze voeren nu dichter onder de kust en waren binnen bereik van de plaatselijke kustwacht. Het schip voer snel en twee dagen later bereikten ze Venetië. De hele reis waren ze waakzaam geweest. De wacht was verdubbeld en alle officieren, beveiligers en dekknechten waren nog steeds bewapend voor het geval dat het vrachtschip samenspande met een ander schip dat hun pad zou kruisen, maar dat was niet gebeurd. Het bewapende personeel stond duidelijk zichtbaar aan dek en borg de wapens pas weer op in de wapenkamer vlak voordat ze Venetië bereikten. Natasha was deze keer niet in de buurt, ze stond met Vladimir aan dek en bewonderde Venetië.

Ze was blij om weer op een beschaafde plek te zijn, de hele situatie met de piraten had haar aangegrepen. Om haar te kalmeren en af te leiden ging Vladimir met haar winkelen in Venetië. Ze bezochten diverse kerken en toeristische plekjes en gingen uit eten in Harry's Bar. Daarna nam hij haar mee op een gondeltochtje en kuste haar onder de Brug der Zuchten. Eenmaal terug aan boord zetten ze weer koers naar Frankrijk.

Natasha was stilletjes gedurende de overtocht. Ze overpeinsde wat ze zou doen. Ze twijfelde er niet aan wat er in de wapenkamer stond en van wie het was. Het enige wat ze niet wist, was hoe het daar gekomen was. Zou ze het aan iemand vertellen, en zo ja, aan wie dan? Met Vladimir kon ze er in ieder geval niet over praten. En dat hij zorgzamer dan ooit voor haar was, maakte de beslissing nog moeilijker.

Het papiertje met Theo's telefoonnummer zat nog steeds in haar portefeuille, maar als ze hem zou bellen, kon dat gesprek naar haar telefoon worden herleid, of naar welke telefoon ze ook gebruikte, en ze wist dat Vladimir er op de een of andere manier achter zou komen. Ze wilde niet dat er iets ergs met Vladimir zou gebeuren, maar ze wilde wel dat Theo en zijn moeder hun schilderijen terugkregen. Dit hadden ze niet verdiend. Wat Vladimir had gedaan, was fout en de wetenschap dat hij het gedaan had drukte als een zware last op haar schouders. Ze had zoveel om over na te denken dat ze niet merkte dat Vladimir haar nauwlettend gadesloeg.

'Gaat het wel goed met je?' vroeg hij haar toen ze de Middellandse Zee weer bereikt hadden. Ze leek over iets in te zitten en hij wilde weten wat er in haar hoofd omging.

'Ik vond het afschuwelijk wat er gebeurde,' zei ze met een zorgelijk gezicht, doelend op de piraten. 'Wat als ze aan boord waren gekomen? Dan zouden ze ons omgebracht hebben.' Het was duidelijk dat dit haar veel angst had aangejaagd. Het was anderen tenslotte ook overkomen, al was dat in landen en wateren geweest waar de situatie onrustig was.

Ook Vladimir was geschrokken. Hij had een hekel aan onverwachte situaties. En het had hem geërgerd dat de deur van de wapenkamer open had gestaan en dat Natasha er op het verkeerde moment langs was gelopen, terwijl de schilderijen te zien waren geweest, weliswaar ingepakt, maar ze hoorden daar duidelijk niet thuis. En nog steeds had ze het er niet met hem over gehad, de piraten leken haar meer bezig te houden. Hij vroeg zich af of ze de schilderijen wel gezien had, ze was zo paniekerig geweest. Maar het hoofd beveiliging was er zeker van en had gezegd dat ze zelfs even stil had gestaan toen ze ze zag. Vladimir was er nog steeds niet zeker van, want het was niets voor haar om zo terughoudend te zijn.

'Daarom hebben we wapens aan boord,' zei hij geruststellend. 'Voor dit soort gevallen.' Maar hij zag dat ze nog steeds van slag was. Zelfs het bericht dat hij de Monet op de veiling had gekocht, leidde haar niet af. Het leek wel of het haar niets kon schelen. Ze leek pas te ontspannen toen ze na drie weken weer voor anker lagen voor de kust van Antibes.

Maylis werkte nu om de andere dag in het restaurant, zodat Theo het wat rustiger aan kon doen. Het was voor hem tenslotte ook een stressvolle periode geweest en zijn moeder vond dat hij dit wel verdiend had. Gabriel was weer helemaal de oude en maakte elke dag lange wandelingen.

Athena had van een van haar collega's te horen gekregen

dat de *Princess Marina* weer terug was. De volgende dag had ze het erover met Steve.

'Er is gewoon geen reden om weer bij hem langs te gaan,' hield Steve haar voor. 'Er is geen enkel bewijs dat hij er iets mee te maken heeft.' Er was nog geen enkele verdachte in beeld en van de twaalf ontvreemde schilderijen was ook geen spoor. Geen van hun informanten had nuttige informatie en dat bevreemdde Athena. Alle personeelsleden van het restaurant waren uitvoerig onderzocht en niemand van het team of de verzekeringsmaatschappij dacht dat de dieven hulp van binnenuit hadden gekregen. Maar de inbraak was duidelijk het werk van professionals die de nieuwste technische snufjes gebruikt hadden.

'Ik zou best eens met zijn vriendin willen praten,' zei ze bedachtzaam. 'Als hij dat goed zou vinden.' Ze had zo'n gevoel dat Stanislas dat liever niet had en dat hij daarom Natasha de vorige keer had weggestuurd.

'Wat heb je daar nou aan? Zij heeft ze niet gestolen. Waarom zou ze?' zei Steve. Volgens hem zat Athena er deze keer naast.

'Misschien weet ze iets.' Maar zelfs Athena wist dat die kans miniem was. Ze zag het jacht de volgende dag toen ze door Antibes reed. Er steeg net een helikopter op van het helikopterdek aan de achterkant van het schip en ze vroeg zich af of Stanislas aan boord was. Ze moest het er maar op wagen. Als ze Natasha alleen te spreken kon krijgen, zouden ze misschien een klik hebben en zou ze iets loslaten. Ze keek naar Steve en kwam in actie. 'Regel een boot. We gaan op bezoek.'

'Nu?' Hij was moe, het was een lange dag geweest en ze schoten voor geen meter op.

'Ja, nu!'

Een halfuur later maakten ze de politieboot vast aan de achtersteven van de *Princess Marina*. Athena keek stralend naar de bemanning en vroeg weer naar Stanislas. Ze was benieuwd wat ze zouden zeggen. Een van de dekknechten vertelde haar dat hij net was vertrokken en Athena keek teleurgesteld en vroeg toen of Natasha er was; ze had haar naam van Theo. Ze zeiden dat ze zouden vragen of ze beschikbaar was. Een ogenblik later was Athena weer op weg naar boven.

Natasha keek nerveus toen ze haar zag. Ze wist niet wat Vladimir zou zeggen als hij hoorde dat ze met haar gepraat had. Maar ze kon ook niet weigeren met de politie te spreken, of dat dacht ze tenminste. Het politiebezoek beangstigde haar en ze vroeg zich af wat het te betekenen kon hebben. Wat als ze iets wisten en haar van medeplichtigheid beschuldigden? De schilderijen waren tenslotte aan boord en zij ook. Wat als ze haar zouden arresteren en ze naar de gevangenis zou moeten? Die gedachte was gruwelijk. Ze had nog steeds niet besloten wat ze zou doen met wat ze in de wapenkamer gezien had, aan wie ze het moest vertellen, of dat ze het aan Vladimir verplicht was haar mond te houden. En wat zou het voor haar betekenen als ze dat niet deed? Ze durfde Theo niet te bellen, maar kon zich voorstellen hoe overstuur hij was nu er twaalf van zijn vaders schilderijen verdwenen waren.

Athena pakte het gesprek heel voorzichtig aan. Ze ging met Natasha op het bovendek zitten en vroeg haar naar het portret dat Theo van haar gemaakt had en of ze het mooi vond.

'Het is heel knap,' zei Natasha glimlachend. 'Hij is een heel goede kunstenaar.'

Athena knikte en hoopte maar dat ze zich zou ontspannen. Ze zag wel hoe zenuwachtig Natasha was en het was haar niet duidelijk waarom. Misschien mocht ze met niemand praten als Vladimir er niet bij was. Het leek of hij haar weggestopt hield. Athena vroeg haar hoe goed ze Theo kende.

'Ik ken hem helemaal niet,' zei ze snel. 'Ik heb hem een paar keer ontmoet. In het restaurant toen we daar de eerste keer naartoe gingen, toen hij hier een schilderij afleverde en de keer toen hij het portret kwam brengen. En ik kwam hem tegen op een kunstbeurs in Londen. Ik wist niet dat hij Lorenzo Luca's zoon was totdat ik op een expositie in Parijs het portret zag en zijn cv las.' Ze zei niet dat ze in Parijs samen geluncht hadden.

'Dus u bent niet bevriend?'

Natasha schudde ongerust haar hoofd. 'Heeft hij gezegd dat we vrienden zijn?' vroeg ze verwonderd.

'Nee, hoor,' zei Athena openhartig. Ze wilde er niet over liegen en haar helemaal afschrikken. Ze wist niet waarom, maar ze had het gevoel dat Natasha iets wist. Athena zou er een weeksalaris voor geven om erachter te komen wat er in haar hoofd omging. 'Maar het lijkt me een aardige vent. Hij is aangeslagen over wat er met zijn vaders schilderijen is gebeurd, dat kunt u zich wel voorstellen. Er twaalf in één keer kwijt te raken is ook niet niks.' Vooral niet voor het lieve sommetje van honderd miljoen dollar.

'Dat moet vreselijk zijn,' zei Natasha meelevend. Ze keek Athena aan. 'Denkt u dat ze ze zullen vinden?' Aan de ene kant hoopte ze dat maar, aan de andere kant wilde ze niet dat Vladimir daarvoor de gevangenis in ging.

'Dat weet ik niet,' zei Athena kalm. 'Kunstroven zijn rare dingen. Soms houden de mensen de kunstwerken en verstoppen ze, gewoon om maar te weten dat ze ze bezitten. Of ze worden bang en vernietigen ze, of ze verdwijnen naar andere landen. Het hangt ervan af waarom ze gestolen zijn. Door een gefrustreerde kunstliefhebber die ze niet kon kopen, of als een soort wraakoefening. Of om ze zelf te verkopen. We weten niet waarom deze schilderijen gestolen werden en dat maakt het nog moeilijker om ze terug te vinden.' Het was nu al bijna een maand geleden dat het was gebeurd.

Natasha knikte bedachtzaam.

'Hebt u enig idee?' vroeg Athena argeloos.

Natasha schudde haar hoofd en wierp haar een ongelukkige blik toe, alsof ze er niet over wilde praten. 'Nee.' Ze wilde maar dat Athena ophield met naar haar te kijken alsof ze iets wist. Haar ogen sneden als een laserstraal dwars door haar heen en veroorzaakten een brandend schuldgevoel. Ze bleef maar denken aan wat ze helaas had gezien. Het was fout wat Vladimir had gedaan en toch wilde ze hem niet verraden. Maar hij had kunst gestolen ter waarde van honderd miljoen dollar en als ze daarachter kwamen, zouden ze haar misschien ook de schuld geven en denken dat ze ervan af had geweten. Waarom waren ze überhaupt met haar komen praten? Misschien verdachten ze haar wel.

'We zijn bijna door piraten geënterd voor de kust van Kroatië,' zei ze om het over iets anders te hebben.

'Wat verschrikkelijk. Dat moet heel eng geweest zijn.'

'Ja, dat was het ook. Maar we konden wegkomen en er raakte niemand gewond.'

Maar Natasha zat duidelijk ergens mee en dat had niet alleen met die piraten te maken, dacht Athena.

'Dat had verkeerd af kunnen lopen als ze aan boord hadden weten te komen,' zei Athena meelevend. Ze vond Natasha er alarmerend jong uitzien en had het gevoel dat ze niet vaak met vreemden sprak. Ze leek een volledig geïsoleerd bestaan te leiden.

'Dat weet ik.' Natasha fluisterde bijna. Haar gevoelens werden beheerst door de piraten en de schilderijen. Maar plotseling voelde ze een enorm mededogen voor Theo en ze wist dat ze het moest vertellen. Het was zo slecht en ze wilde daar geen aandeel in hebben. Natasha wilde dat Theo zijn vaders schilderijen terugkreeg. En Vladimir had er niet één gestolen, maar twaalf!

'De bemanning haalde de wapens tevoorschijn. We bewaren

ze in een afgesloten ruimte, voor noodgevallen.' Ze keek Athena recht in de ogen toen ze het zei. Toen stond ze op, alsof ze ergens moest zijn.

Athena begreep dat het bezoek ten einde was. Ze hadden weer bot gevangen, dacht ze ontmoedigd. Haar instinct zei haar dat wat deze vrouw ook wist, ze dat duidelijk niet zou vertellen.

Natasha liep zelf met haar vanaf het bovendek naar beneden en halverwege de twee dekken keerde ze zich om naar Athena en fluisterde haar toe: 'Ik denk dat ze in de wapenkamer zijn. Ik zag ze.' Ze liep met een uitdrukkingloos gezicht verder de trap af, alsof ze niets gezegd had.

Een ogenblik was Athena verbouwereerd, maar ze reageerde niet, liep ontspannen verder naar de achtersteven van het schip en bedankte Natasha vluchtig dat ze aan boord had mogen komen. Ze wist dat Natasha zichzelf zojuist ernstig in gevaar had gebracht door haar die informatie te geven en wilde het risico niet nog groter voor haar maken. Het was ongelooflijk dapper van haar. Ze schudden elkaar beleefd en afstandelijk de hand en daarna stapte Athena met Steve aan boord van de politieboot. Hij was beneden gebleven om een praatje met de bemanning te maken. Athena had alleen met Natasha willen zijn, voor het geval ze verlegen was en het prettiger zou vinden als er geen man bij het gesprek aanwezig was. Ze was nog steeds getroffen door Natasha's ogenschijnlijke onschuld en was diep onder de indruk van wat ze haar verteld had, maar liet niets merken.

Ze waren halverwege de kust toen Steve haar de vraag stelde waarop hij het antwoord al wist. 'Weer niks, zeker?' Hij kon het al zien aan Athena's gezicht.

Ze wachtte tot ze uit de politieboot waren gestapt voordat ze met zachte stem antwoordde: 'Ze zijn aan boord. Nu moeten we alleen nog een huiszoekingsbevel regelen. Ik ga ze niet vertellen hoe ik het weet. Ik zeg alleen dát ik het weet. Ik wil haar niet in gevaar brengen. Hij zou haar iets aan kunnen doen, of erger.' Ze maakte zich ernstig zorgen over Natasha en begreep heel goed de positie waarin zij zich bevond. Als Vladimir wist dat Natasha hem verraden had, was niet te voorzien wat hij haar zou aandoen. Athena vond dat ze het aan haar eer verplicht was om haar te beschermen en op de een of andere manier had Natasha dat aangevoeld, waardoor ze zich had durven uitspreken.

Steve keek haar onthutst aan. 'Wacht eens even! Vertelde zij je dat ze aan boord waren?'

Athena knikte.

'Je móét ze wel vertellen hoe je het weet. Ze gaan je echt geen huiszoekingsbevel geven bij een vent zoals hij, alleen omdat jij een vaag vermoeden hebt. Hij is nog nooit in aanraking met de politie geweest. Je móét je bron onthullen,' zei Steve met een vastberaden blik in zijn ogen. Hij was verbijsterd dat Athena een tip van Natasha had gekregen.

'Hij is gewoon nog nooit gepakt. Als we wisten wat hij allemaal in zijn eigen land uithaalde, zouden we waarschijnlijk diep geschokt zijn. Als ik mijn bron prijsgeef, zal hij haar vermoorden. Dat risico neem ik niet. Het kan me niet schelen hoeveel die vermaledijde schilderijen waard zijn. Ik ga daarvoor niet haar leven in de waagschaal stellen. God weet waartoe hij in staat is. Misschien ketent hij haar wel aan een muur voor de rest van haar leven of gooit hij haar overboord. Hij zal geen halve maatregelen nemen als hij hierachter komt.'

Het was haar menens en Steve wist dat ze wel eens gelijk kon hebben over Natasha en wat Stanislas haar zou aandoen.

'Maar dan zit hij in de gevangenis,' zei Steve kalm. 'Dan zou ze toch veilig zijn?'

'Misschien niet. Of misschien laat hij haar door iemand anders ombrengen. We doen het op mijn manier of helemaal niet. Ze is míjn bron! Als jij haar leven in gevaar brengt, vermoord ik je.' Athena keek of ze het meende.

'Oké, chill. Maar met dit soort mistige verhalen krijg je geen huiszoekingsbevel, hoor. En als je dat niet krijgt, komt hij ermee weg.'

'Let maar op,' zei ze vastberaden.

Ze ging later die middag direct naar haar hoofdinspecteur, die haar vertelde dat hij zeer zeker geen huiszoekingsbevel zou krijgen op basis van flinterdunne informatie die ze van een informant had gekregen die ze niet wilde benoemen. Hij geloofde haar niet en was bang dat ze er maar een beetje naar raadde. 'Je zult met meer op de proppen moeten komen,' zei hij.

'Meer dan dit kan niet. Maar de informatie is betrouwbaar, dat zweer ik u. Laat u hem er nu mee wegkomen, omdat iedereen te schijterig is om me een huiszoekingsbevel te geven?'

'Zo is het nu eenmaal,' zei hij koppig. 'Kom met meer. Er is geen rechter die ons een huiszoekingsbevel geeft op basis van wat jij aandraagt.'

Drie dagen lang ging ze de strijd met hem aan, maar het leverde niets op. En tegen die tijd was Vladimir terug uit Londen en had de purser hem verteld over Athena's bezoek. Vladimir vroeg Natasha ernaar toen ze zaten te eten op de avond van zijn terugkomst. Hij had Natasha verteld dat hij hun nieuwe Monet in Londen had gezien en dat het een sensationeel schilderij was.

'Wat wilde ze weten?' Hij hoorde haar uit over Athena en observeerde nauwkeurig hoe Natasha reageerde.

'Ze wilde informatie over het portret en het schilderij dat je gekocht hebt en of we de Luca's kennen. Ik zei van niet, dat we ze alleen van het restaurant kenden. Ik vertelde haar over de piraten voor de kust van Kroatië en ze zei dat dat heel slecht had kunnen aflopen. En ze zei dat ze nog geen aanknopingspunten hebben voor de kunstroof. Ze zei dat dergelijke schilderijen soms gewoon verdwijnen.'

Hij knikte en leek tevreden met haar antwoord. Natasha was in zijn ogen even onschuldig als altijd en ze maakte zich veel drukker over de piraten dan de kunstroof.

'Vroeg ze nog andere dingen?'

'Niet echt. Het lijkt me wel een slimme vrouw. Misschien zal ze de schilderijen vinden en erachter komen wie ze gestolen heeft.'

'Ze is inderdaad slim,' zei hij. Hij vond het maar niks dat ze Natasha had opgezocht op een moment dat hij er niet was. 'Je hoeft haar niet te ontvangen als ze hier weer opduikt, dat weet je, hè.'

Natasha knikte gehoorzaam. 'Ze wilde jou spreken. Ze vroeg alleen maar naar mij omdat jij er niet was. En ik dacht dat ik dat moest doen, omdat zij van de politie is.' Het klonk wat kinderlijk.

'Dat hoeft helemaal niet,' vertelde hij haar. 'We weten niets van die gestolen schilderijen. Ze is hier nu twee keer geweest. Dat is genoeg. We hebben haar niets te zeggen. Ze is gewoon aan het vissen en wil kunnen zeggen dat ze hier aan boord is geweest. Je weet hoe de mensen zijn.'

Natasha knikte weer en speelde met het eten op haar bord. Ze had geen trek. Sinds ze het verteld had was ze een zenuwwrak. Athena's bezoek was nu drie dagen geleden en er was niets gebeurd. Ze vroeg zich af wat ze zouden doen.

Ze zei dat ze hoofdpijn had en ging naar bed, maar ze kon niet slapen. Vladimir was in zijn kantoor aan het werk en na middernacht hoorde ze een van de tenders vertrekken. Dat gebeurde niet vaak. Waarschijnlijk waren het enkele bemanningsleden, alhoewel het voor hen ook laat was, of misschien haalden ze hun collega's aan de wal op. Maar ze hoorde de tender niet terugkomen en sliep toen Vladimir naar bed kwam. Hij maakte haar niet wakker om met haar de liefde te bedrijven, maar kuste haar slechts. Ze glimlachte in haar slaap.

12

Toen de politie hem om zeven uur 's ochtends belde, sliep Theo nog, maar inmiddels was hij er haast aan gewend om zo vroeg gewekt te worden. Er was altijd wel wat, een vraag, een probleem of een crisis. Hij had al een maand geen ongestoorde nachtrust meer gehad en was in die tijd ook niet in zijn atelier geweest. Het restaurant slorpte zijn aandacht op, van schilderen kwam het helemaal niet.

Het was de hoofdinspecteur die belde en hem vroeg onmiddellijk naar het restaurant te komen. Hij wilde niet zeggen waarom. In paniek dacht Theo dat er weer was ingebroken en dat ze nog meer schilderijen kwijt waren. Hij reed zo snel als de deux-chevaux kon naar Da Lorenzo.

De hoofdinspecteur stond hem buiten het restaurant op te wachten. Hij viel met de deur in huis en vertelde Theo dat beide beveiligers de avond tevoren met een verdovingsgeweer waren beschoten en verscheidene uren bewusteloos waren geweest, maar dat ze verder niets mankeerden. Ze hadden de politie gebeld toen ze weer bij hun positieven waren en werden nu nagekeken door ambulancebroeders.

Theo zette zich schrap voor wat er nu zou komen, dat de

rest van de schilderijen ook weg zou zijn. Hij volgde de inspecteur naar binnen en keek vol ongeloof naar de muren. De gestolen schilderijen hingen weer op hun plek, keurig vastgeschroefd aan de muur, en toen hij ze onderzocht zag hij dat niet een van de schilderijen was beschadigd. Het leek wel of ze nooit weg geweest waren.

'Denkt u dat het vervalsingen zijn of zijn het de echte werken?' vroeg de inspecteur. Die gedachte was nog niet bij Theo opgekomen. Hij bekeek de schilderijen nogmaals zorgvuldig, maar hij was er zeker van dat het geen vervalsingen waren.

'Dit zijn mijn vaders schilderijen,' zei hij zacht. 'Wat heeft dit te betekenen?'

'Het lijkt erop dat iemand u een poets heeft willen bakken met deze kunstroof. Wat de politie betreft, is volgens de letter van de wet de zaak hiermee afgedaan. We zullen nooit te weten komen wat er echt gebeurd is en waarom. Niemand doet zijn mond open. Een van onze rechercheurs kreeg een tip dat Stanislas ze aan boord zou hebben, maar alleen op basis daarvan konden we geen huiszoekingsbevel krijgen, dus kunnen we dat niet bewijzen. Ik denk zelf dat het een valse tip was. Misschien werd de dief de grond te heet onder de voeten en heeft hij ze teruggehangen. Ik denk dat u geluk hebt gehad, meneer Luca.' Het klonk welgemeend.

'Dat denk ik ook.' Er verscheen een stralende glimlach op zijn gezicht. Hij schudde de inspecteur de hand en bedankte hem voor het vele werk; er was tenslotte een heel legertje mensen met de zaak bezig geweest.

En nu waren de schilderijen terug. Het leek wel een wonder en hij wist zeker dat zijn moeder er ook zo over zou denken. Hij belde haar meteen met het goede nieuws.

Een uur later kreeg Athena ook een telefoontje.

'Je hebt geen huiszoekingsbevel meer nodig,' vertelde de inspecteur haar.

'Echt wel. Ze zijn op die boot.'

'Nu niet meer, als ze er al ooit waren. Alle twaalf hangen weer op hun oude plek in het restaurant. Iemand heeft gisteravond de bewakers verdoofd en ze teruggehangen. Ze zijn op dezelfde manier te werk gegaan: het alarm en de camera's werden onklaar gemaakt. Maar eind goed, al goed. We zijn klaar. Goed werk.'

Ze wist niet of hij dat nu meende of dat hij de draak met haar stak. Wat betekende dit in hemelsnaam allemaal, vroeg ze zich onthutst af. Zou Stanislas vermoeden dat Natasha haar mond open had gedaan? Of had hij het er eenvoudig niet voor over om naar de gevangenis te gaan als hij gepakt werd? Ze hoopte maar dat Natasha niet had opgebiecht wat ze gezegd had en zichzelf daarmee in gevaar had gebracht. Athena kon niet zonder risico contact met haar opnemen en was wel zo wijs om dat ook niet te proberen.

Die middag was het overal op het nieuws en aan boord zag ook Natasha het. Ze vond het bizar en vroeg zich af of de schilderijen vervoerd waren op de tender die ze de avond daarvoor had gehoord. Had iemand Vladimir soms gewaarschuwd? Maar de Luca's hadden in ieder geval hun schilderijen terug en ze was blij voor hen. Waarom zou Vladimir ze teruggebracht hebben, vroeg ze zich af. Waarom zou hij van gedachten veranderd zijn? Of was hij al die tijd al van plan geweest om ze terug te brengen?

Die middag bedreef Vladimir met haar de liefde en vertelde haar dat ze die avond uit zouden gaan. Het was een verrassing waar ze zouden gaan eten. Ze deed een jurk aan die hij in januari voor haar bij Dior had gekocht en die pas enkele weken daarvoor was bezorgd. Dit was de eerste keer dat ze hem droeg. Ze stapten in de tender en hij zei haar glimlachend dat ze er nog nooit zo beeldschoon had uitgezien. De jurk was echt een schot in de roos.

Hij stapte als eerste uit de tender en keek toe terwijl de bemanning haar uit de boot hielp. Op de kade deed ze haar schoenen aan. De Rolls stond op hen te wachten maar terwijl ze ernaartoe liepen, stond hij plotseling stil en keek haar aan met een uitdrukking in zijn ogen die ze niet van hem kende. Zijn blik was ijskoud, maar zijn gezicht was een masker van teleurstelling.

'Het is voorbij, Natasha. Ik weet wat je gezien hebt. Ik weet niet of je het aan die vrouw verteld hebt, maar dat risico kan ik niet nemen. Ik ga niet voor jou naar de gevangenis, voor niemand niet. Luca had me het schilderij moeten verkopen, dat was voor iedereen een stuk eenvoudiger geweest. Maar ik kan je nu niet meer vertrouwen. Mijn gevoel zegt me dat je iets losgelaten hebt, maar dat is giswerk, ik zal het nooit zeker weten. Ik geef je een maand in het appartement in Parijs en zal de kleren die je aan boord hebt daarnaartoe laten sturen.'

Ze staarde hem vol ongeloof aan. Het was voorbij, zomaar, alsof ze niet acht jaar samen waren geweest.

'Je kunt al je kleren en sieraden houden, als je ze verkoopt krijg je er vast een goede prijs voor. En wat er op je bankrekening staat is ook voor jou. Ik wil dat je eind juli uit het appartement bent, want ik ga het verkopen. Je bent een heel mooi meisje, Natasha. Je redt het wel. Ik zal je missen,' voegde hij er zacht aan toe. 'Het vliegtuig staat klaar voor je.' En met die woorden liep hij met gebogen hoofd terug naar de tender.

Ze wilde hem achternarennen, hem tegenhouden, hem vertellen dat ze van hem hield. Maar ze wist niet of dat waar was. Na wat hij gedaan had, voelde ze geen respect meer.

Hij had haar ooit gered maar nu had hij haar afgedankt, en ze zou zich alleen moeten zien te redden. Zonder zelfs maar zeker te weten of ze hem verraden had, verbrak hij alle banden met haar om zichzelf te beschermen. Hij nam geen enkel risico, dat was ze hem kennelijk niet waard. Ze keek toe terwijl de tender met hem aan boord wegvoer van de kade. Hij keek niet één keer om. En zij stond zonder een geluid uit te brengen op de kade.

De tranen stroomden over haar wangen toen ze in de Rolls stapte en ze naar de luchthaven reden. Voor het eerst in jaren was ze helemaal alleen op de wereld. Er was niemand om haar te beschermen of voor haar te zorgen. Maar hoe angstaanjagend dat ook was, ze wist dat hij gelijk had. Ze zou het redden.

Vladimir stond aan dek en dacht aan haar. Hij had geen spijt. Hij kon niet alles wat hij opgebouwd had in de waagschaal stellen voor een vrouw, of voor wie dan ook. Weer vroeg hij zich af of ze een bepaalde band met Theo Luca had, of dat ze hem aan de politie had verraden. Maar het deed er niet toe dat hij dat nooit zou weten, het probleem was opgelost. Hij had Luca een lesje geleerd. En hij zou Natasha missen, maar niet zo heel lang. En tegen de tijd dat hij na het eten naar zijn hut ging, waren haar bezittingen ingepakt en alle sporen van haar vroegere aanwezigheid uitgewist.

13

Tijdens de vlucht naar Parijs in Vladimirs vliegtuig vroeg Natasha zich af of de bemanning wist dat dit de laatste keer was dat ze voor haar zorgden. Waren ze gewaarschuwd? Wisten ze waarom ze naar Parijs ging? In haar prachtige avondjurk zag ze eruit alsof ze op weg was naar een feest.

De hele reis staarde ze zwijgend uit het raampje, zich afvragend wat er nu zou gebeuren, hoe ze het zou redden, waar ze heen moest. Natasha wist niet hoeveel er op haar bankrekening stond en hoelang ze daarvan kon leven. Dat moest ze allemaal uitzoeken en ze moest een baan zien te vinden. Misschien kon ze in een galerie in Parijs gaan werken.

Eenmaal op Le Bourget geland bedankte ze de bemanning, voor de allerlaatste keer.

Toen ze het appartement aan de avenue Montaigne binnenliep, kreeg ze een brok in haar keel. Ze had het zo heerlijk gevonden om het voor hen beiden in te richten. Zorgvuldig had ze ieder meubelstuk en de rijke gordijnstoffen, vloerkleden en kussens gekozen zodat het een echt thuis voor hen zou zijn. Maar dat was nu allemaal verleden tijd, nu mocht ze alleen nog maar denken aan wat ze mee zou nemen en wat ze zou achterlaten. Daar had Vladimir niet duidelijker over kunnen zijn. Alleen de kleding en de sieraden waren van haar, maar geen van de kunstwerken. Behalve dan het portret dat Theo Luca van haar had gemaakt, want dat had hij haar immers geschonken. Vladimir zelf had haar nooit kunst gegeven. Hij beschouwde kunstwerken als een investering en ze piekerde er niet over om iets tegen zijn wensen mee te nemen. Ze wist dat ze geluk had dat ze überhaupt nog iets meekreeg.

Die nacht ging ze niet naar bed. Ze ijsbeerde maar door het appartement in een poging te bevatten wat er nu eigenlijk gebeurd was. Hij had gezegd dat hij haar niet meer kon vertrouwen, ook al wist hij niet eens zeker of ze hem echt had verraden. Maar het omgekeerde was ook waar. Zij had hem niet meer vertrouwd sinds ze ontdekt had dat hij een dief was die honderd miljoen dollar aan kunstwerken had gestolen. Ze vroeg zich af wat hij met de schilderijen had willen doen voordat hij besloten had ze terug te brengen. Dat zou ze nu nooit weten. Maar het was schokkend dat hij zo'n kunstroof op touw had gezet en dat had haar eindelijk de ogen geopend voor wie hij werkelijk was.

De hele nacht trok ze de ene kast na de andere open. Ze zou Vladimirs voorstel om het allemaal te verkopen opvolgen. Het had geen enkele zin om al die fabelachtige haute couture te houden, het bont, de avondjurken, de Birkin-tassen van krokodillenleer met de diamanten sluitingen. Wanneer zou ze die nog kunnen dragen of gebruiken? Ze kon zich niet voorstellen dat haar leven ooit weer zo zou worden zoals het de afgelopen acht jaar was geweest. Nu wilde ze eenvoudig leven en vrij zijn. Morgen zou ze de bank bellen en informeren hoeveel er op haar rekening stond. En wanneer dat geld op was, zou ze het geld dat de verkoop zou opbrengen goed kunnen gebruiken.

De hulp kwam om acht uur en Natasha vroeg haar om dozen te kopen zodra de winkels opengingen. Ludmilla vroeg niets, dus wist Natasha dat iemand haar had gewaarschuwd dat ze zou vertrekken. Ze maakte zwijgend een kopje thee en zette dat in de slaapkamer neer, waar Natasha door de laden ging. Ze vroeg de hulp om rekken in de lange gang naar haar kleedkamer te zetten zodat ze kon uitzoeken wat ze zou houden. Het meeste zou ze verkopen. Het was alsof ze verbannen werd uit het leven dat ze kende en van het ene op het andere moment een vluchteling was. Ludmilla zei niets toen Natasha kleren uit haar kasten begon te trekken. Ze probeerde het overzicht te bewaren, maar telkens moest ze even gaan zitten om op adem te komen. Ze deed haar uiterste best om niet in paniek te raken, niet te denken aan Vladimirs gezicht en aan de woorden waarmee hij haar weggestuurd had op de kade in Antibes.

Haar gouden leven aan Vladimirs zijde was voor altijd voorbij en ze wist niet of ze het zou missen of niet. Ze zou nu de vrijheid hebben – waarnaar ze soms zo gesnakt had – om te doen en laten wat ze wilde. Nu ze niet langer zijn minnares was, zou ze zich kunnen ontplooien, dingen kunnen doen en mensen leren kennen zonder altijd maar volgens zijn schema te moeten leven en te wachten tot hij het volgende bevel gaf. Maar het was in vele opzichten ook een goed leven geweest, waarin ze gekoesterd en veilig was geweest. Of had ze dat altijd verkeerd gezien? Ze dacht aan de twee vrouwen die het jaar daarvoor, toen zij in Sardinië waren, vermoord waren. Vrouwen die net als Natasha aan niets anders schuldig waren dan dienstbaar zijn aan de mannen die hen onderhielden en hun rekeningen betaalden. Alleen al door Vladimirs minnares te zijn had ze grote risico's gelopen, dat realiseerde ze zich nu wel. Maar lang kon ze daar niet bij stilstaan, nu ze haar leven op orde trachtte te krijgen.

Ze hing alle avondjurken per ontwerper op een rek. Het waren allemaal haute-couturejurken en ze realiseerde zich al snel dat ze niet eens allemaal op één rek pasten. In totaal had ze zes rekken nodig en ze nummerde alle jurken en voegde er de schetsen van de ontwerpers bij. Die had ze bewaard als aandenken, evenals de foto's van de modeshows waarin ze getoond waren door beroemde modellen voordat ze voor haar op maat gemaakt waren.

Tegen het middaguur had ze alleen nog maar de avondjurken uitgezocht en ze ging even op haar bed liggen om wat bij te komen. Maar al snel werd ze weer afgeleid door gedachten aan alles wat er in de laden in de slaapkamer lag, voornamelijk papieren, namaakjuwelen en nachthemdjes, allemaal heel sexy en van satijn, zoals Vladimir ze graag zag. Voor het eerst zag ze wat ze werkelijk waren: outfits voor een lustobject, alleen maar samengesteld en gedragen om de man die ze betaald had op te kunnen winden. Blijkbaar was ze dus toch niet zo anders geweest dan haar moeder, bedacht ze bitter. Ze had alleen meer geluk gehad en was er mooier bij gekleed geweest.

Maar vanaf nu zou dat allemaal veranderen. Ze zou haar lichaam niet langer verkwanselen voor bescherming en een luxueuze leefstijl. En ze begreep nu ook opeens waarom Theo Luca haar al die vragen had gesteld. Wat moest hij wel niet van haar gedacht hebben? Toch had dat hem er niet van weerhouden haar te schilderen en gewoon met haar te praten. Ze zou eigenlijk heel graag bevriend met hem willen zijn. Zou ze hem bellen in het restaurant en hem vertellen dat ze blij was dat ze de schilderijen terug hadden? Nee, dat voelde niet goed. Zij speelde hierin geen rol. Ze had de politie geïnformeerd, maar Vladimir had ze zelf terug laten brengen, misschien wel door dezelfde mensen die ze hadden ontvreemd, zonder door de politie te zijn gepakt. Het was heel knap gedaan, waarschijnlijk als wraak voor het schilderij dat hij niet had mogen kopen, of vanwege het portret van Natasha. Hij had er opnieuw mee bewezen dat hij alles kon doen wat hij wilde.

Ze ging verder met het sorteren van de kleding, pakte de jumpsuits en de winterkostuums, de broekpakken, jurken en alle kleding die ze droeg als ze in Londen en Parijs uit eten ging. Er hing een regenboog van kleuren aan de rekken, in de meest uiteenlopende stoffen, elke outfit even exquise en prachtig gemaakt. Het kostte haar de hele dag om alle kleren op de rekken te krijgen en aan het eind van de middag herinnerde ze zich pas dat ze de bank nog moest bellen. Toen ze hoorde wat er op haar rekening stond, leek het haar best een groot bedrag, tot ze zich realiseerde dat ze met dat geld niet eens een van haar avondjurken kon kopen. Maar als ze voorzichtig deed zou ze er vast wel een tijdje van kunnen leven.

Ze had nog nooit huur voor een appartement of hotelkamer hoeven betalen, niet in Parijs of waar dan ook. Vladimirs personeel had dat altijd geregeld en ze kon er slechts naar raden wat het zou kosten om een appartementje te huren, in bijvoorbeeld een rustige straat ergens op de Linkeroever. Ze hoopte dat ze een aantal maanden van het geld op haar rekening zou kunnen leven en als ze haar kleding en sieraden eenmaal had verkocht, zou ze natuurlijk nog meer geld hebben. Ze moest de verkoop echt in gang zetten.

Natasha ging tot laat die avond door met sorteren voor ze zich uiteindelijk uitgeput op haar bed liet vallen, waar ze in haar jeans en T-shirt in slaap viel.

De volgende ochtend belde ze de makelaar die ze het vriendelijkst had gevonden en vertelde haar dat haar nicht uit Rusland een klein, redelijk geprijsd appartement zocht in een veilige buurt. Het liefst in het 6e of 7e arrondissement, waar veel kunstgaleries waren, of als dat niet lukte in een minder dure buurt. Ze vroeg wie ze moest bellen voor zo'n huurappartement en de vrouw bood aan haar zelf te helpen bij het zoeken, aangezien ze heel goede klanten waren geweest en Vladimir werkelijk een fortuin had neergeteld voor het appartement.

Gewoonlijk hield ze zich niet met verhuur bezig en verwees ze klanten naar iemand anders, maar ze voelde dat er iets gebeurd was en wilde Natasha wel helpen. Ze zei dat het haar speet om te horen dat ze het appartement nu alweer gingen verkopen en dat ze had begrepen dat Natasha het werkelijk prachtig had ingericht.

Vladimir had er duidelijk geen gras over laten groeien en had blijkbaar direct gebeld om het appartement op de markt te brengen. Natasha hoopte maar dat hij er geen geld op zou moeten toeleggen en dat was zeer ruimhartig van haar, gezien de kille en onverwachte manier waarop Vladimir haar uit zijn leven had verwijderd.

De makelaar vertelde haar dat ze met bezichtigingen zou beginnen zodra zij was vertrokken. Vladimir wilde het gemeubileerd verkopen. Hij wilde dus duidelijk geen enkel aandenken aan hun tijd samen bewaren en dat besef deed Natasha pijn. Maar ze dwong zichzelf niet aan dat gevoel toe te geven, want dan zou ze totaal instorten. Geen emoties, geen angst. Ze moest gewoon doorgaan, stap voor stap, totdat ze helemaal klaar was en ze ergens, waar dan ook, een veilige haven had gevonden.

Ze liet Ludmilla de dozen in de zitkamer zetten maar vroeg haar verder niet om haar te helpen en dat bood de hulp ook niet aan. Het kantoor van Vladimir had haar laten weten dat ze kon blijven totdat het appartement verkocht was, dus ook zij was binnenkort haar baan kwijt. Ze kreeg een maandsalaris mee en dat was alles. Dat was netjes, maar niet erg riant; hij was en bleef vóór alles een zakenman.

De makelaar zei dat ze haar zou bellen als ze een paar huurappartementen had gevonden. Natasha hoefde niet langer te doen alsof ze iets voor een nicht zocht, want de vrouw wist duidelijk al precies hoe het zat. Ze legde er nogmaals de nadruk op dat ze iets kleins zocht dat niet te duur was. Ze had niet veel nodig en had maar een beperkt budget. De vrouw verzekerde haar dat ze het begreep, waarschijnlijk beter dan Natasha lief was, realiseerde ze zich, en dat was nogal gênant. Maar ze besefte ook dat er nog talloze vernederende dingen in het verschiet lagen: de verkoop van haar spullen, verhuizen, een baan zoeken zonder werkervaring. Zou er überhaupt wel iemand zijn die haar wilde aannemen? Misschien zou ze als kamermeisje in een hotel moeten werken, dacht ze op de momenten dat het haar allemaal erg zwaar viel en alles uitzichtloos leek. Maar zelfs als dat zo was, dan moest het maar. Of misschien kon ze als het geld op was een baan als hulp in de huishouding bij mensen thuis vinden. Dan had ze in ieder geval een dak boven haar hoofd.

Ze besefte dat ze elke mogelijkheid moest aangrijpen en dat ze alles zou moeten doen wat nodig was. Het kwam niet bij haar op om een andere man te zoeken, iemand als Vladimir, die haar zou redden en zou betalen voor haar schoonheid, haar lichaam en haar gezelschap. Dat was wel het laatste wat ze wilde. Eindelijk was ze nu op weg naar de vrijheid, en voor geen goud wilde ze naar haar oude leven terug. Er gingen deuren achter haar dicht, maar weer andere deuren zouden zich vast openen, al zag ze die nu misschien nog niet.

Het kostte haar vier dagen om al haar kasten leeg te maken en te beslissen wat ze wilde houden en wat ze zou proberen te verkopen. Eerst wilde ze alleen de twee eenvoudigste avondjurken houden, maar even later besloot ze toch dat ze er vier zou houden, voor het geval dat ze ooit weer formele uitnodigingen zou krijgen. Drie zwarte jurkjes, eenvoudig, maar heel mooi gemaakt, en het vierde was rood. Dat was een van de weinige jurken die ze zelf had uitgekozen en ze was er helemaal weg van geweest toen ze hem had gekocht. Er hingen tientallen andere jurken en ze voelde zich haast schuldig nu ze zag hoeveel het er waren, maar het was altijd Vladimir geweest die ze besteld had. Nu pas besefte ze dat ze voor hem eigenlijk een accessoire was geweest, om mee te pronken, niet een mens van vlees en bloed.

Ze hield ook enkele elegante pakken en een aantal rokken en broeken, al haar truien en de haute-coutureblouses, want die zou ze misschien goed kunnen gebruiken als ze in een galerie ging werken. En zes zware wollen jasjes en een paar lichtere exemplaren. Er stonden drie rekken met prachtige bontjassen voor de verkoop. Weer aarzelde ze en besloot toen toch een jasje van zwart vossenbont en twee sportieve jasjes te houden. En ze haalde de jas van sabelbont weer tevoorschijn die Vladimir afgelopen winter voor haar bij Dior had gekocht. Die was zo mooi, ze kon het niet over haar hart verkrijgen hem weg te doen.

Zo zocht ze ook haar schoenen uit en hield alleen die schoenen die ze echt zou dragen. Niet één paar van de fantastische schoenen die ze naar feestjes had gedragen en geen van de schoenen die ze aan boord of thuis had aangehad, wilde ze nog houden. Alleen schoenen om op het werk te dragen, een paar eenvoudige nette schoenen en haar laarzen. Al haar bontmutsen gingen de deur uit, behalve de muts die bij de jas van sabelbont paste, evenals alle Birkins, die bijna allemaal van krokodillenleer waren met diamanten sluitingen en die ze nooit mooi had gevonden. Vladimir had meer dan tweehonderdduizend dollar neergeteld voor elk van deze tassen en de prijzen waren sindsdien bij Hermès alleen nog maar verder gestegen. Ze zou er een stuk of tien verkopen en vroeg zich af wat ze er tweedehands of op een veiling voor kon krijgen. Hermès-klanten vochten om zo'n tas op de tweedehandsmarkt, had ze gehoord, want het bedrijf leverde altijd nogal traag. Op die manier hoefden ze niet drie jaar te wachten op een nieuw exemplaar in precies de kleuren die ze wilden. Tweedehandstassen behielden hun waarde en dat zou nu in haar voordeel werken.

De sieraden had ze netjes in hun oorspronkelijke doosjes teruggedaan. Vladimir had altijd heel gestileerde ontwerpen voor haar gekocht in plaats van sieraden met grote stenen, maar ze was er zeker van dat ook hier een markt voor was, al wist ze nog niet waar. Het was een vervreemdende ervaring om zo je hele leven te ontmantelen, maar ze ging georganiseerd te werk.

Een paar dagen later al belde de makelaar met drie huurappartementen. Ze zei dat ze inderdaad erg klein waren, maar niet al te duur, en vroeg of ze zelf meubels meebracht aangezien de appartementen ongemeubileerd waren. Daar had Natasha nog helemaal niet aan gedacht. De makelaar vertelde haar dat ze wat ze nodig had eventueel online kon kopen en ook dat was weer een nieuwe ervaring. Nu zou ze een echt leven gaan leiden. Niet het leven van de minnares van een rijke man, maar het was niet te vergelijken met haar vroegere leven in Moskou. Ze was dan misschien uit haar luxeleven verbannen, maar ze zou niet ten onder gaan en zodra ze alles verkocht had, zou ze vast genoeg hebben om langere tijd van te leven. Vladimir beschermde haar niet meer, maar vanaf nu zou ze daar zelf voor zorgen. Dat luxeleven had ze eigenlijk alleen te leen gehad en nu gaf ze het terug, in ruil voor haar vrijheid en onafhankelijkheid, en die waren haar veel waard. Het was misschien allemaal erg plotseling gegaan, maar het voelde gek genoeg ook goed.

De makelaar beschreef de drie appartementen, maar zei er wel bij dat ze ze zelf nog niet gezien had. Ze stelde voor ze die middag te bezichtigen. Twee van de drie sleutels had ze al en als Natasha tijd had kon ze ook zorgen dat ze de derde sleutel kreeg.

Natasha was nu vijf dagen koortsachtig in het appartement aan het werk geweest en dacht dat het haar goed zou doen even naar buiten te gaan. Bovendien moest ze onderzoeken waar ze haar kleren kon verkopen. Ze had geen idee wat ze met de sieraden moest doen, behalve ze dan bij Sotheby's of Christie's laten veilen. Maar wat als ze ze pas over een aantal maanden konden veilen en ze het geld eerder nodig had?

Ze raapte haar moed bij elkaar en stemde ermee in de appartementen die middag te bezichtigen. Hoe zouden ze eruitzien? De prijzen klonken haar redelijk in de oren al had de vrouw van de makelaardij haar gewaarschuwd dat ze heel klein waren, absoluut niet het formaat waaraan zij gewend was. Natasha had haar verzekerd dat dat niet zou uitmaken.

Ze nam een taxi naar het eerste adres op de rue du Cherche-Midi en trof de makelaar voor de deur. Natasha was weer eenvoudig gekleed in jeans, maar ze droeg wel hoge hakken en een nette blouse. Ook had ze een van de Birkins bij zich die ze wilde houden, een So Black met zwart beslag die ze uit de verkoopstapel had getrokken voordat ze die in dozen had gedaan. Van een zwartleren Kelly-tas kon ze uiteindelijk ook geen afscheid nemen. Ze kon ze altijd later verkopen als dat nodig zou zijn.

Het appartement was op de tweede verdieping en er was geen lift. Het keek aan de achterkant uit over een binnenplaats en was donker en naargeestig. Ze wisten allebei dat dit gewoon geen optie was, zelfs al was de huur redelijk. De slaapkamer was nauwelijks groot genoeg voor een bed en ook de zitkamer was heel klein. De keuken en badkamer waren vochtig en zagen er verwaarloosd uit.

'Ik denk het niet,' zei Natasha vriendelijk, en de makelaar was het met haar eens. Ze liepen samen naar het volgende adres op de rue Saint-Dominique. Er waren enkele restaurants in de straat en ze dachten allebei dat het er misschien nogal lawaaiig zou zijn. Het appartement op de vierde verdieping was aardig, al was de lift in slechte staat en niet groter dan een telefooncel. Het was lichter dan het vorige, maar wel flink duurder dan de andere twee en Natasha zei dat ze toch liever iets goedkopers had. Dus gingen ze naar het laatste adres op de rue du Bac, om de hoek van een galerie en een kleine bistro. Er waren ook een drogist en een kleine supermarkt in de buurt, wat haar heel praktisch leek. Dit was het goedkoopste van de drie, dus had geen van beiden hoge verwachtingen. Natasha schrok toen ze zag hoe klein het was, maar het gebouw zelf was kleinschalig en charmant en zag er goed onderhouden uit. Het appartement lag op de eerste verdieping en er was geen lift.

'De vrouw van wie het is, bezit het hele gebouw en haar dochter woonde in dit appartement, maar zij is nu getrouwd en heeft net een kind gekregen, dus zijn ze naar boven verhuisd, naar een groter appartement. Ik geloof dat de eigenaresse zelf ook in het pand woont.'

Natasha kon zich niet voorstellen hoe een stel hier ooit had kunnen wonen, laat staan met een baby, maar het zag er gezellig uit en het was zonnig. Net als bij het vorige appartement was de slaapkamer piepklein, maar buiten het raam hingen bloembakken die de ruimte een vrolijke uitstraling gaven. Het was een oud gebouw, en dat betekende hoge plafonds, er was een open haard en de zitkamer was redelijk groot. Er was weinig kastruimte, maar ze wilde toch niet veel kleren houden. Toen de dochter trouwde, hadden ze de keuken opgeknapt en er was een grappige ouderwetse badkamer. Het verschilde hemelsbreed met het appartement aan de avenue Montaigne, maar Natasha zag zichzelf hier wel wonen. Er waren een codeslot en een intercom, zodat er niemand binnen kon komen die er niet thuishoorde. Ook de buurt was veilig.

Ze wilde zo lang mogelijk doen met het geld dat ze had en was dus heel voorzichtig, maar de huur leek te passen in het budget dat ze uiteindelijk waarschijnlijk zou hebben. Er stond niet veel op haar bankrekening, maar genoeg om de huur voorlopig te betalen. En ze zou niet veel meubels hoeven aanschaffen, alleen het hoogstnoodzakelijke: een bank, stoelen, een tafel, een bed en een kast, een paar lampen, een vloerkleed.

'Ik neem het,' zei ze dankbaar. Het kwam vrij op de laatste dag van juli, alsof het zo moest zijn. Wat een geluk had ze met dit appartement, bedacht ze. En ze had ook nog wat geld over om het te meubileren en om van te leven totdat ze een baan vond. Het geld van de kleding en sieraden zou ze bewaren als appeltje voor de dorst.

'Ik hoop dat u hier fijn zult wonen,' zei de makelaar hartelijk. Natasha was beleefd geweest maar had niet veel gezegd en de vrouw had medelijden met haar. Het was duidelijk dat ze een luxeleven achterliet en van de ene op de andere dag gedwongen was om eenvoudig te leven. Ze had er wel zo'n idee van wat er gebeurd was; ze mocht Natasha wel en wilde haar helpen. De makelaar schreef de naam van een woonwinkel op een briefje en gaf het haar.

'Daar vindt u alles wat u nodig hebt: meubels, linnengoed, borden, tapijten, lampen.'

Natasha wilde niet aan Vladimir vragen of ze spullen uit het appartement mee mocht nemen. Ze was er trouwens zeker van dat hij die haar niet zou geven. Ze mocht al blij zijn dat ze van hem haar kleren mocht houden om te verkopen, hij dacht tenslotte dat zij hem verraden had. Hoe was hij daarachter gekomen, vroeg ze zich af. Of had hij het aangevoeld?

Wat haar wel had geschokt was hoe gemakkelijk en snel hij haar aan de kant had geschoven, als een voorwerp dat hij niet langer wilde bezitten. Zonder enig gevoel. Dat vond ze nog steeds heel moeilijk te begrijpen. Ze had willen geloven dat ze van elkaar hielden, maar dat was blijkbaar niet het geval geweest, want ook zij was niet diepbedroefd. Wel verdrietig en een beetje bang voor de toekomst, maar dat was normaal na een relatie van acht jaar die zo plotseling beëindigd was.

'Iemand zal u moeten helpen met het in elkaar zetten van

de meubels.' Natasha keek haar bevreemd aan en de makelaar legde uit hoe het werkte bij de woonwinkel. 'Het komt allemaal in losse onderdelen, maar u kunt vast wel iemand vinden die ze voor u in elkaar wil zetten. Mijn zoon en ik hebben daar een heleboel spullen gekocht voor zijn appartement, en hij is er heel handig in. Het is niet moeilijk, maar je moet er even voor gaan zitten. Ik heb een heel goede Russische klusjesman. Zal ik u zijn naam geven?

Natasha's gezicht klaarde op. 'Dat zou fantastisch zijn. Ik ben niet zo handig met het in elkaar zetten van dingen,' gaf ze toe. Ze moesten beiden lachen.

'Ik ook niet, maar ik heb het geleerd.'

Natasha wist van hun eerdere gesprekken dat ze gescheiden was en twee volwassen kinderen had.

De makelaar beloofde om haar het contract binnen een paar dagen toe te sturen. Het was een standaardhuurcontract, voor drie jaar, met de mogelijkheid om die periode tegen een minimale huurverhoging twee keer te verlengen. Haar opzegtermijn was twee maanden. De makelaar legde uit dat in het Franse huurrecht de huurder meer rechten had dan de verhuurder. Als ze dat wilde en haar situatie niet verbeterde, kon ze dus negen jaar in het piepkleine appartement blijven. Dan zou ze zesendertig zijn. Dat was een geruststellende gedachte en ze was er zeker van dat ze deze huur kon blijven opbrengen als ze een beetje een behoorlijke baan kon krijgen bij een galerie. Natasha wilde niet dat iemand anders haar ooit nog zou moeten helpen met haar huur. Ze wilde iets wat ze zelf zou kunnen betalen.

Ze liep terug naar de avenue Montaigne terwijl ze over haar nieuwe appartementje nadacht. Het verschil tussen de twee woningen was dramatisch. De grandeur, de lambriseringen, de hoge plafonds en al het antiek dat ze gekocht had... Maar ze kon zichzelf niet toestaan daar te lang over na te denken. Ze had nu een dak boven haar hoofd en dat was geweldig. Het had geen zin om achterom te kijken of om haar oude en nieuwe leven te vergelijken. En er was te veel te doen, ze mócht nu gewoon niet de moed verliezen.

Die avond zocht ze op internet de adressen op van diverse veilinghuizen en schreef de telefoonnummers op van enkele die ze kende. Het was tijd om afscheid te nemen van haar bezittingen en van haar oude leven. En nu ze wist waar ze heen ging, had ze ook een beter idee van wat ze kon houden. Ze hing nog meer kleren op de rekken voor de verkoop en maakte zichzelf wijs dat ze die allemaal toch niet nodig had. Maar ze zou zich ook geen nieuwe kleren kunnen veroorloven, dus hield ze alles wat praktisch was en een paar dingen waarin ze zich mooi voelde. De rest had ze allemaal gedragen ter meerdere eer en glorie van Vladimir. Dat hoefde nu niet meer en dat was een troostrijke gedachte.

Haar gesprekken met de veilinghuizen in de dagen erna waren verhelderend. Ze belde de twee belangrijkste van haar lijstje en daar vroegen ze haar of het om een erfenis ging. Natasha vertelde dat dat niet het geval was. Ze wilden weten hoe oud de kleding was en ze zei dat het allemaal vrij nieuw was, soms zelfs van de collectie van dit jaar en nog niet gedragen. Ze vertelden haar dat de kledingstukken verkocht zouden worden voor ongeveer de helft van de aankoopwaarde, of zelfs nog minder, maar dat ze, als ze dat wilde, een limiet kon stellen waaronder de kleding niet verkocht zou worden. Het veilinghuis rekende twintig procent commissie van de prijs waarvoor elk kledingstuk werd afgehamerd. Dat betekende dus dat ze tachtig procent van de helft van wat Vladimir voor de kleding had betaald zou krijgen. Het leek haar acceptabel. Als er mensen tegen elkaar op gingen bieden, zou dat de prijs opdrijven, maar er zouden waarschijnlijk ook stukken zijn die helemaal niet verkocht werden.

Beide veilinghuizen hadden in september een veiling, wanneer Hôtel Drouot – de plek waar ze veilingzalen huurden – in het najaar weer openging. Een van de veilinghuizen zou binnenkort een grote Hermès-veiling organiseren en ze wilden heel graag haar Birkins zien en ze fotograferen voor de catalogus indien Natasha ze bij hen zou willen verkopen. Natasha legde uit dat het er te veel waren om mee te nemen naar hun kantoor, dus zou de expert naar haar toe komen. Ze maakte een afspraak voor de volgende week.

Die avond pakte ze pen en papier en zette op een rijtje wat haar spullen oorspronkelijk gekost hadden en wat ze eventueel op zouden brengen. Ze kwam aan een indrukwekkend bedrag en opgelucht constateerde ze dat ze van dat geld voorlopig zou kunnen leven. Om tien uur besloot ze bij het restaurant verderop in de straat, waar ze met Theo had geluncht, iets te eten te halen. Ludmilla had dat weekend vrij en er was helemaal niets in huis. Ze had niet veel trek maar het was belangrijk dat ze goed voor zichzelf zorgde.

Natasha bestelde een salade om mee te nemen en wat gerookte zalm met gemengde bessen. Het was druk die zaterdagavond en ze ging op het terras buiten zitten wachten tot haar bestelling klaar was. Ze staarde voor zich uit en dacht na over haar gesprekken met de veilinghuizen. Haar hele leven werd stap voor stap ontmanteld en het was uitputtend om dat allemaal te regelen. Maar godzijdank hád ze iets om te verkopen. Als dat niet zo was geweest, zou ze berooid zijn en had ze misschien op straat moeten leven. Dat kon iedereen overkomen, dat wist zij maar al te goed, net als Vladimir. Maar die hoefde zich nergens druk om te maken, hij zorgde voor zichzelf, terwijl zij altijd van hem afhankelijk was geweest.

Opeens drong het tot haar door dat iemand haar naam riep en toen ze omkeek zag ze een lange, oudere man in zwarte jeans en een wit overhemd, met een gouden ketting om zijn nek en een gouden, met diamanten bezette Rolex om zijn pols. Hij was twintig jaar ouder dan Vladimir, maar zag er nog steeds goed uit. Vladimir en hij kenden elkaar uit Moskou. Hij had een aantal malen bij hen op het schip gegeten, altijd met heel jonge Russische meisjes aan zijn arm die allemaal sprekend op elkaar leken en continu zaten te giechelen. Yuri had ze het liefst heel jong.

'Natasha! Blij je te zien!' riep hij, en dat klonk gemeend. Hij keek haar stralend aan. 'Kan ik je voor het eten uitnodigen?'

Als er iets was waar ze nu geen zin in had... Hij praatte druk, was erg joviaal, en daar was ze helemaal niet voor in de stemming. Ze was er eigenlijk nog niet klaar voor om echt met mensen te spreken, en hij had sowieso niet hoog op haar lijstje gestaan om mee uit eten te gaan. Sterker nog, hij stond er helemaal niet op.

'Nee, dank je.' Ze glimlachte naar hem en probeerde niet te tonen hoe uitgeput ze was. Het was een eindeloze, stressvolle week geweest waarin ze doorlopend mentaal had moeten schakelen en waarin ze geconfronteerd was met allerlei angsten voor de toekomst en het nemen van veel beslissingen. Ze had keihard gewerkt, met dozen en koffers gesleept en kasten leeggemaakt, en bovendien had ze haar uiterste best moeten doen om niet aan Vladimir te denken.

'Ik heb net iets om mee te nemen besteld.'

'Maar je móét met me dineren,' drong hij aan, en hij ging ongevraagd tegenover haar aan het tafeltje zitten. 'Wil je champagne?' vroeg hij.

Ze schudde haar hoofd, maar hij bestelde toch en liet de serveerster een glas voor haar inschenken. Ze had niet de energie om te protesteren.

'Ik zag Vladimir twee dagen geleden, in Monte Carlo, in het casino... met vrienden...' Hij aarzelde even en uit de manier waarop hij naar haar keek kon ze ogenblikkelijk opmaken dat

Vladimir een andere vrouw bij zich had gehad. Dat hij haar naar het casino had meegenomen om indruk op haar te maken en dat Yuri dus wist dat Natasha niet langer Vladimirs vriendin was. Hij had er geen gras over laten groeien, dacht ze bitter. Ze wist dat hij geen gokker was en alleen naar het casino in Monte Carlo ging als hij indruk wilde maken op gasten. Om iets anders ging het hem niet, al zette hij grote bedragen in aan de roulettetafel en speelde hij blackjack wanneer hij er was.

'Wat doe je de rest van de zomer?' vroeg Yuri haar breed glimlachend.

Ze vond hem best aardig, maar hij werkte haar op de zenuwen. Hij was een beetje onbehouwen, een ongepolijste diamant, en hij probeerde altijd te concurreren met Vladimir. De man had een zwak voor haar gehad en zei vaak dat hij ontzettend graag een vrouw als zij wilde leren kennen. Vladimir plaagde hem daar regelmatig mee en dat ging ten koste van Natasha. Dan zei hij dat hij dan maar hartje winter de straten van Moskou moest afstruinen op zoek naar een arme vrouw met longontsteking. Ze vonden het beiden een leuke grap, maar zij voelde zich er altijd door in verlegenheid gebracht.

Ze kon haar lachen maar net inhouden bij zijn vraag over de zomer. Wat ze ging doen deze zomer? Ze ging verhuizen naar een piepklein appartement, goedkope meubels kopen, bijna al haar kleren verkopen en in het najaar een baan zoeken. En ze zou zelf het huishouden doen. Als ze hem de waarheid had verteld, zou hij ontzet zijn en medelijden met haar hebben. Ze ging zeker niet naar het casino in Monte Carlo, sterker nog, ze zou helemaal niets doen wat Yuri kon interesseren.

'Ik heb nog niet besloten. Deze maand ben ik druk in Parijs. Misschien ga ik in augustus nog ergens heen,' zei ze vaag. Ze wilde maar dat haar eten snel kwam, maar het restaurant zat vol en de bediening was traag.

'Waarom kom je niet bij mij aan boord?' zei hij, en zijn gezicht begon weer te stralen. Hij had een jacht van tweehonderd voet dat in het niet zonk bij dat van Vladimir, maar het was echt een mooi schip. 'Ik ga naar Ibiza. We zouden het gezellig hebben.'

Ze was er niet zeker van of hij haar gewoon als gast uitnodigde of als potentiële vriendin, maar hoe dan ook had ze geen zin om met hem ergens naartoe te gaan, en al helemaal niet op vakantie. Ze bedankte hem en zei dat ze misschien wel naar vrienden in Normandië zou gaan, een leugentje om bestwil. Het zou heerlijk zijn geweest om de rest van de zomer aan boord van een schip door te brengen, maar niet bij hem.

Het schokte haar om te horen dat hij Vladimir had gezien met 'vrienden', duidelijk een vrouw, maar hij zou om zijn ego te beschermen aan iedereen hebben willen laten zien dat hij haar niet 'kwijt was', maar haar had ingewisseld. Hij zou niet willen dat mensen ook maar een seconde dachten dat zij hem verlaten had, al was dat niet waar, en hij zou er wel voor zorgen dat iedereen dat wist. Waarschijnlijk had hij het ook al aan Yuri verteld, wat vernederend was, maar daar kon ze niets aan veranderen. Als Yuri had gedacht dat Natasha nog steeds met Vladimir was, zou hij haar nooit bij hem aan boord uitgenodigd hebben. Het jachtseizoen was geopend en Yuri wist dat het Vladimir niets meer kon schelen, anders had hij nooit zijn woede durven riskeren door met haar te flirten. Ook dat haalde haar theorie dat ze van elkaar hadden gehouden verder onderuit. Het was duidelijk dat hij dat in elk geval niet had gedaan, aangezien hij razendsnel een eind aan hun relatie had gemaakt. Hij had niet eens gewacht tot hij zeker wist dat ze hem verraden had. Zoals altijd vertrouwde hij op zijn intuïtie en ook deze keer was dat terecht geweest.

'Normandië is saai. Kom mee naar Ibiza,' zei Yuri, en hij legde voorzichtig zijn hand op de hare op tafel.

Natasha trok haar hand onopvallend terug.

'Ik heb aan je zitten denken sinds ik Vladimir zag. Ik wilde je bellen. Hij zei dat je hier was. Ik ben zo blij dat ik je tegen het lijf ben gelopen.'

Zij niet, maar ze glimlachte en knikte. Ze zat gevangen met hem aan het tafeltje, wachtend op haar eten.

Op dat moment bracht de serveerster haar eten, niet om mee te nemen maar geserveerd op een bord. Ze zei dat ze dacht dat Natasha waarschijnlijk met haar vriend wilde eten en bracht tegelijkertijd zijn eten. Het zou onbeschoft zijn om nu weg te gaan, dus glimlachte Natasha en luisterde naar zijn verhalen terwijl ze begonnen te eten.

Yuri was verrukt dat de serveerster deze vergissing had gemaakt. Zoals alle serveersters in het restaurant was ze schaars gekleed in een heel kort minirokje en een haltertopje. Ze was jong en mooi.

'Ik wil met je praten,' zei Yuri.

Natasha probeerde zo snel mogelijk te eten zonder onbeleefd te lijken. Ze wilde maar één ding: naar huis, en ze vond het heel deprimerend om hier met hem te moeten zitten.

'Vladimir vertelde me wat er gebeurd is,' zei hij met zachte stem.

Ze keek hem verwonderd aan. 'En wat zei hij dan?' Ze wilde wel eens weten wat voor verhalen hij rondstrooide, toch zeker niet dat hij haar ervan verdacht de politie ingelicht te hebben omdat hij een kunstdief was die schilderijen had gestolen ter waarde van honderd miljoen dollar?

'Hij zei dat je hem het afgelopen jaar voortdurend aan zijn hoofd had gezeurd over kinderen, dat je er niet te lang meer mee wilde wachten. En hij wil geen kinderen, dus vond hij het alleen maar eerlijk tegenover jou om uit elkaar te gaan zodat jij vrij bent om een man te zoeken die wel een gezin wil stichten. Best netjes van hem, eigenlijk. Hij zei dat het een heel pijnlijke beslissing geweest was, maar dat hij wil dat je gelukkig bent. Hij zei dat hij je het appartement hier gegeven heeft.'

'Echt?' Haar wenkbrauwen schoten de hoogte in. 'Nou, dat heeft hij niet, hoor.' Niet dat het wat uitmaakte. Het was allemaal gelogen, om zijn ego te strelen en zodat hij de held kon uithangen, terwijl hij eigenlijk een gevaarlijke rotzak was.

Yuri keek plotseling ernstig en kneep zo hard in haar hand dat het pijn deed. Ze kon zich niet lostrekken en staarde naar zijn perfecte gebit vol kronen, zijn gouden kettingen en de haartransplantatie die feilloos was uitgevoerd. Ondanks dat alles zag hij er toch precies zo oud uit als hij was. Hij was voor zijn leeftijd best knap, maar op een opzichtige, onechte manier.

'Natasha, laat ik openhartig zijn. Ik heb je altijd leuk gevonden. Ik heb twee kinderen die ouder zijn dan jij en zou het heerlijk vinden om samen met jou nog een kind te hebben. We kunnen zelfs trouwen als je dat belangrijk vindt, dat maakt mij niet uit. Ik vind het prima om van tevoren een groot bedrag voor je vast te zetten als onderdeel van onze afspraak, op een Zwitserse bankrekening op jouw naam. Misschien om te beginnen twintig miljoen, of dertig als je denkt dat dat nodig is, en nog eens datzelfde bedrag wanneer het kind geboren is. Alle rekeningen worden betaald en huizen waar je maar wilt. Ik denk dat we het samen heel goed zouden kunnen vinden,' zei hij met fonkelende ogen. Hij leek er zeker van dat hij haar overtuigd had en misschien had dat bij sommige meisjes ook wel gewerkt.

Het was ook een buitengewoon genereus aanbod, zo vrijgevig was Vladimir niet eens geweest. Met twintig of dertig miljoen dollar op een Zwitserse bankrekening kon je heel veel zekerheid kopen, en hij zou dat bedrag nog eens verdubbelen als ze was bevallen van zijn kind. Het was het soort aanbod waarvan vrouwen zoals zij droomden, en Vladimir en zij waren pas een week uit elkaar! Ze stond versteld.

'Ik zou het appartement hier van Vladimir kunnen kopen als je wilt, dan hoef je niet te verhuizen. Ik verblijf zelf altijd in het George v.'

Ze wist dat hij ook een flat in Londen had. Hij had niet een vloot enorme jachten zoals Vladimir, of zoveel huizen. Hij had niet hele bedrijfstakken in Rusland in zijn bezit en had ook de president niet in zijn achterzak, maar hij was wel heel erg rijk. Volgens Vladimir, en die wist dat soort dingen altijd, was hij een aantal miljarden dollars waard. En het kostte hem geen enkele moeite zich te omringen met mooie vrouwen. Maar daar hoorde zij niet bij.

'Ik weet niet wat ik moet zeggen,' zei ze. Ze realiseerde zich wat Yuri haar aanbood: zekerheid voor het leven, een kind als ze dat wilde en een huwelijk. Dan zou ze in ieders ogen een respectabel leven leiden, maar niet in haar eigen ogen, en in het appartement kunnen blijven wonen waar ze zo dol op was. Ze zou al haar kleren en sieraden gewoon kunnen houden. Ze wist dat hij een vrijgevig man was, ze had gezien wat hij de meisjes met wie hij uitging allemaal gaf.

Hij bood haar het soort zekerheid en het leven aan waaraan ze gewend was. Yuri had jaren op dit moment gewacht, in de hoop dat Vladimir en zij op een gegeven moment uit elkaar zouden gaan.

'Dat is uitzonderlijk genereus van je, Yuri. Maar ik wil me nu niet aan iemand binden. Het is nog te vroeg.' Ze probeerde ingetogen te kijken, maar wat moest ze dan zeggen? Dat ze van hem walgde? Dat ze in een appartementje wilde gaan wonen dat kleiner was dan de kasten die ze nu had? En een baan wilde waarvan ze nauwelijks zou kunnen leven? Dat ze alles wat ze bezat ging verkopen en dat ze geen idee had wat ze moest doen wanneer het geld op was?

Maar wat ze nu wilde was vrijheid. Misschien waren de vrouwen die hun leven en lichaam bij een rijke man inruilden voor zekerheid wel slimmer, zei ze tegen zichzelf. Maar ze wilde zichzelf niet opnieuw als slaaf verkopen, voor geen prijs. Ze was niet meer te koop, maar Yuri zou dat nooit begrijpen, evenmin als Vladimir. In hun hoofd was zij een nuttig voorwerp dat ze konden aanschaffen. Alleen de prijs stond niet vast. Yuri deed haar een heel goed zakelijk voorstel en ze vroeg zich af of anderen dat ook zouden doen. De concurrentie tussen mannen zoals hij en Vladimir was groot en ze dachten allemaal dat ze meer op hem zouden lijken als ze bezaten wat hij had, zelfs als het om de vrouwen ging die hij had afgedankt. Maar er was er maar een zoals Vladimir, en die had zij gehad. Ze wilde er niet nog een, of die nu slechter of beter was. Liever probeerde ze haar eigen weg te gaan, zelfs als ze het niet zou redden. Ze besefte nu pas dat ze dit eigenlijk al jaren wilde en dat Vladimir haar haar onafhankelijkheid op een zilveren dienblad had aangereikt toen hij haar wegstuurde. Ze had geen zin om die nu meteen alweer op te geven. 'Ik ben er nog niet klaar voor,' zei ze vriendelijk tegen hem.

Hij keek teleurgesteld maar zei dat hij het begreep. 'Oké, wanneer je dat wel bent, sta ik klaar. Deze afspraak staat, die veeg ik niet van tafel. En als je denkt dat je meer nodig hebt, kunnen we daarover praten.' Hij was gewend dat vrouwen stevig onderhandelden.

Natasha had dat nooit gedaan, ze had Vladimir nooit iets gevraagd en had veel gekregen, maar dat was altijd op zijn initiatief geweest.

Ze bleef bij Yuri zitten tot ze klaar was met eten en probeerde voor zichzelf af te rekenen, maar dat stond hij niet toe. Hij kuste haar zacht op haar lippen toen ze hem bij het restaurant achterliet en vroeg haar of ze contact wilde blijven houden. Ze wist dat ze dat niet zou doen.

Natasha haastte zich terug naar het appartement. Ze had net nee gezegd tegen een aanzienlijke zakelijke transactie en was misselijk van het idee. Ze wilde zich schoonspoelen onder de douche. Nu pas realiseerde ze zich echt wat ze al die jaren had gedaan. Ze had haar lichaam en ziel verkocht aan een van de rijkste mannen ter wereld. Wat er nu ook zou gebeuren, ze wist dat ze dat nooit meer zou doen. Niemand zou haar ooit nog de wet voorschrijven, en voor geen prijs verkocht ze haar lichaam, haar leven of haar vrijheid weer. Niet aan Vladimir, niet aan Yuri, aan niemand niet. Eindelijk was ze vrij. Ze was niet langer te koop.

14

Een week later werd Natasha's kleding van het schip gebracht en ook die zocht ze uit. Ze hield alleen de witte jeans, de badpakken en een witte Birkin-tas die ze in de zomer kon gebruiken. Ze kon zich niet voorstellen dat ze ooit nog langere tijd aan boord van een schip zou doorbrengen en de rillingen liepen over haar rug als ze aan Yuri's aanbod dacht. Hij bedoelde het waarschijnlijk goed, maar ze werd onpasselijk bij het idee. Veel van de vrouwen die ze bij de mannen die Vladimir kende had ontmoet, zou het waarschijnlijk niet uitmaken hoe oud Yuri was, hoe hij eruitzag en of ze zich überhaupt tot hem aangetrokken voelden. Voor hen ging het er alleen om wat hij bezat en wat zij eruit konden halen. Eigenlijk waren het gewoon dure prostituees, bedacht ze, en ze vroeg zich af of zij dat dan ook geweest was. Ze had glans en inhoud aan haar relatie met Vladimir gegeven door zichzelf wijs te maken dat ze van hem hield en dat hij haar nodig had, maar nu was gebleken dat hij niet van haar hield en haar ook niet nodig had. Ze was zijn bezit geweest, en misschien was wat zij voor hem had gevoeld ook geen liefde geweest maar alleen dankbaarheid en respect. Maar zelfs dat respect was nu verdwenen. En het enige gevoel dat Yuri bij haar opriep was walging, al had hij haar een zeer genereus aanbod gedaan en zou hij nooit begrijpen waarom ze het afwees.

De zakelijke afspraken die ze met de veilinghuizen maakte deprimeerden haar. De vraag of het om een erfenis ging was eigenlijk helemaal niet zo gek, dacht ze. De persoon die ze geweest was toen ze die kleren droeg, was inderdaad gestorven. Ze verkocht de kleding van een dode, van een uitgehold leven. Het zou een aardig bedrag opbrengen om eenvoudig van te leven. Echt veel geld zou ze alleen weer kunnen verdienen als ze haar lichaam verkocht en een aanbod aannam zoals dat van Yuri.

Voor de Birkins met de diamanten sluitingen zou ze waarschijnlijk het meest krijgen. Die gingen op een veiling meestal voor meer geld van de hand dan bij Hermès zelf en dat kwam haar nu goed uit. Ze nam haar sieraden mee naar een juwelier en verkocht ze voor een fractie van de prijs die Vladimir ervoor had betaald. Het geld zette ze op de bank.

Ze ondertekende de papieren bij het grootste van de twee veilinghuizen waarmee ze gesproken had om in september haar kleren bij een haute-coutureverkoping te laten veilen. De Hermès-tassen zouden later die maand geveild worden en de dag voordat ze verhuisde, zouden alle spullen worden opgehaald.

Ze voelde zich opeens merkwaardig bevrijd en onbezwaard toen ze de papieren getekend had. De zichtbare tekens van haar slavernij verdwenen een voor een, als ketenen die van haar af vielen, en dat was goed. Natasha wilde alles wat symbool stond voor haar oude leven kwijt. Ze wilde geen herinneringen aan een verleden waarvoor ze zich nu schaamde.

Inmiddels had ze het huurcontract getekend en een busje gehuurd. Ze had de maten van het appartement opgenomen en alles wat ze nodig had bij IKEA gekocht, inclusief pannen en borden. Het linnengoed en de handdoeken kocht ze bij een iets duurdere winkel. De kwaliteit was niet te vergelijken met wat ze gewend was, maar ze was bereid ook dat op te geven. In haar nieuwe leven zou ze niet meer slapen tussen luxelakens met kanten boorden van Porthault.

Ze belde de Russische klusjesman en hij beloofde om de meubels in elkaar te komen zetten op de dag dat ze verhuisde. Natasha kon bijna niet wachten, ze was nu echt klaar om het appartement aan de avenue Montaigne te verlaten. Dat had een paar maanden als hun thuis gevoeld, maar ze besefte nu dat het dat eigenlijk nooit was geweest. Het was gewoon de zoveelste plek geweest voor de uitstalling van spullen die niet van haar waren. Haar piepkleine appartement was echt, en dat was wat ze wilde: een echt leven dat helemaal van haar was.

Toen ze haar papieren doorkeek, vond ze Theo's telefoonnummer terug op het papiertje dat ze in haar portefeuille had gestopt. Ze dacht aan wat hij had gezegd toen ze hadden geluncht: dat ze hem altijd mocht bellen als ze hulp nodig had of in gevaar verkeerde. Maar dat was niet zo, eigenlijk ging het verbazingwekkend goed met haar. Ze was gewoon blij dat hij zijn schilderijen terug had, blij om te weten dat ze haar steentje had bijgedragen, ook al had dat er misschien voor gezorgd dat Vladimir onraad had geroken en de schilderijen had laten terughangen. Maar ze hoefde niet met Theo te praten en ze wilde zeker zijn medelijden niet. Ook wilde ze niet hoeven uitleggen wat er was gebeurd en wat het haar gekost had dat ze wist wie zijn schilderijen had gestolen. Theo was haar niets verplicht. Ze was dol op het portret dat hij van haar geschilderd had en dat nam ze mee. Het was het enige kunstwerk dat ze bezat. Maar Theo en zij waren vreemden voor elkaar. Hij had zijn leven als kunstenaar en zij moest haar eigen weg nu vinden, zonder hulp van anderen. Dit moest ze echt zelf doen en ze betwijfelde of ze Theo Luca ooit in haar leven nog zou tegenkomen.

Halverwege juli was Maylis weer iedere dag aan het werk in het restaurant. Gabriel had geen zorg meer nodig en voelde zich gelukkig goed. Theo kon zich, nu hij niet meer in het restaurant hoefde te werken, weer aan het schilderen wijden. Ze hadden extra veiligheidsmaatregelen in het restaurant genomen, maar Maylis had nog steeds wel een beetje last van alle stressvolle gebeurtenissen van de afgelopen tijd. Het scheen hun alle drie een wonder toe dat de schilderijen waren teruggebracht, vooral de manier waarop.

Toen Theo haar er een keer naar vroeg, zei Maylis dat Vladimir en Natasha nooit meer in het restaurant waren komen eten. Theo was er nog steeds van overtuigd dat Stanislas bij de kunstroof betrokken was geweest, uit een ziekelijk soort wraak, omdat hij hem het schilderij niet had willen verkopen. Maar ze hadden de schilderijen tenminste terug, al had de politie ondanks hun inspanningen niet kunnen achterhalen wie de daders waren.

Maylis vertelde dat ze van een van haar andere Russische klanten had gehoord dat Stanislas de rest van de zomer met zijn schip naar Griekenland was gegaan.

Theo was opgelucht toen hij dat hoorde. Hij wilde de Rus absoluut niet tegen het lijf lopen, al dacht hij wel af en toe aan Natasha. Op een dag keek hij naar het portret van haar dat hij nooit had afgemaakt en opeens wist hij wat hij ermee moest doen. Hij zette het op de ezel en schilderde eroverheen, zodat het weer een compleet leeg doek was. Hij had één portret van haar geschilderd en dat was genoeg. Eindelijk was hij bevrijd van zijn obsessie. Zij had gekozen voor een leven dat bij haar paste en daar maakte hij geen deel van uit. Ze was het willoos werktuig van een rijke man, en daar kon ze kennelijk mee leven. Maar Theo had zijn eigen leven en daar moest hij nodig de draad van oppakken. Hij had zelfs overwogen om Inez te bellen, alhoewel hij niet zeker wist of hij daar wel goed aan deed. Wat ze beiden van het leven wilden, lag zo ver uit elkaar. Zij wilde een man en meer kinderen en hij was daar nog lang niet aan toe, als dat al ooit zou gebeuren. Op dit moment was zijn kunst het allerbelangrijkste voor hem, dus besloot hij uiteindelijk om haar toch maar niet te bellen. En door de kunstroof had hij de beurs in Londen gemist, dus Emma had hij ook niet meer gezien. Hij moest altijd lachen wanneer hij aan haar dacht en aan de leuke tijd die ze samen hadden doorgebracht. Maar hij wist ook dat hij het niet zou bolwerken om tegelijkertijd productief schilder te zijn en dag in dag uit aan haar krachtige persoonlijkheid blootgesteld te worden. Het was op dit moment eigenlijk goed zoals het was.

Op de dag dat hij Natasha's portret overschilderde kwam Marc toevallig langs en Theo vertelde wat hij had gedaan. Marc was er even stil van. Theo legde uit dat het juist een bevrijding was en trok een fles wijn open. De hele middag dronken, lachten en praatten ze over de eigenaardigheden van vrouwen en alle vriendinnen die niet meer in hun leven waren. Marc was blij te horen dat hij zijn obsessie kwijt was. Geen van beiden had nu een vaste partner en Theo zei dat dat nu even beter voor hem was, dat hij zich zo helemaal kon richten op zijn werk. En hij vond het heerlijk om niet meer in het restaurant te hoeven werken.

'Hoe zit het met de vrouw in die galerie in Cannes? Die zag er goed uit, al leek ze wel een béétje degelijk,' merkte Marc op.

'Meer dan een beetje,' zei Theo. Hij zat aan zijn tweede glas wijn. 'Inez is niet voor mij en ik ben niet de man die zij wil.'

'Misschien blijven we wel altijd eenzame vrijgezelle kunstenaars,' zei Marc treurig. Zijn vriendin en hij waren net uit elkaar en zij was ervandoor met het beetje geld dat hij op dat moment had gehad. Zo ging het vaak. 'Misschien kun je geen liefdesleven hebben als je je kunst serieus neemt,' zei hij bedachtzaam.

Theo lachte. 'Mijn vader had vier langdurige relaties, twee vrouwen en acht kinderen. Het lijkt me dat je best vrouwen én kunst in je leven kunt hebben. Je moet alleen de juiste vinden.'

'Maar dat is het probleem. Die zijn zo verrekte moeilijk te vinden,' zei Marc bedroefd.

Theo knikte en opende nog een fles. Het was de eerste vrije middag die hij zich in weken permitteerde en het was prettig en ontspannend om tijd door te brengen met zijn vriend. Halverwege de middag moesten ze toegeven dat ze allebei te beschonken waren om nog serieus te werken en daarom besloten ze met de bus naar het strand in Antibes te gaan om daar een beetje te zwemmen en in de zon te liggen. Op het strand pikte Marc een meisje op en ging met haar mee naar huis. Theo ging alleen naar huis en dook daar meteen zijn bed in om zijn roes uit te slapen. Hij was blij dat hij niet langer van Natasha droomde en hoopte vooral dat dat zo zou blijven. Hij zou haar loslaten, zodat ze kon verdwijnen in de mist van het verleden. Dat was waar ze thuishoorde.

Nadat de schilderijen teruggebracht waren, kregen Athena en Steve meteen een andere zaak toegewezen, deze keer een grote roofoverval in Saint-Jean-Cap-Ferrat, waarbij al het huispersoneel was vastgebonden en gegijzeld terwijl de bewoners er niet waren. Ze waren uiteindelijk ongedeerd gebleven, maar er waren juwelen ter waarde van tien miljoen dollar verdwenen en een miljoen aan contant geld. Athena vermoedde al snel dat de dieven hulp van binnenuit hadden gekregen en ze kreeg gelijk. Ze losten de zaak in korte tijd op. De butler en de kok werden gearresteerd en beschuldigd van het misdrijf; weer een zaak die ze met succes had afgerond.

Inmiddels was het drie weken geleden dat de schilderijen waren teruggebracht en op een middag zei ze dat ze naar Saint-

Paul-de-Vence ging om met Luca te praten. Athena had nog een afrondend gesprek met hem willen hebben en dat was er niet van gekomen vanwege de inbraak in Cap-Ferrat.

'Ga je alleen?' vroeg Steve.

Ze knikte.

Hij lachte. 'Ik denk dat ik wel weet waar jij op uit bent, lekker even de beest uithangen met een plaatselijke kunstenaar, zeker?'

'Doe niet zo idioot. Dit is gewoon werk, hoor.'

'Ja ja. Maak dat de kat wijs.' Hij zat haar een beetje te stangen.

'Wat denk je dan dat ik ga doen?' vroeg Athena. 'Hem een pistool op het hoofd zetten en hem het bed in sleuren?' Ze grinnikte.

'Waarschijnlijk,' zei hij lachend. 'Maar zorg wel dat je geen sporen achterlaat.'

'Steve, je bent walgelijk.'

'Uit jouw mond een groot compliment.'

Er was een berg administratief werk te doen, dus stroopte Steve zijn mouwen op en ging aan de slag om de papierwinkel op zijn bureau weg te werken terwijl Athena in de auto stapte en naar Saint-Paul-de-Vence reed.

Theo merkte dat hij het leuk vond om haar weer te zien. Ze droeg een eenvoudige witte rok en een blouse, het stond haar goed maar was niet sexy of verleidelijk. Ze was hier gewoon voor werk en om de hele zaak netjes af te ronden. Er waren nog wat details die Theo niet kende en die ze hem toch wilde vertellen. Niet dat het nog iets uitmaakte, maar ze vond in alle redelijkheid dat hij het recht had om het te weten.

Theo bood haar een glas wijn aan, maar dat sloeg ze af. In tegenstelling tot wat haar partner had gezegd, was ze helemaal niet op de versiertoer. Ze zou het best leuk hebben gevonden als hij een poging zou doen, nu de zaak toch gesloten was, maar ze had niet de indruk dat hij op die manier in haar geïnteresseerd was. Hij leek haar een ongecompliceerd type en hun contact was tot nu toe strikt zakelijk geweest. En haar over het algemeen betrouwbare intuïtie zei haar dat hij waarschijnlijk nog steeds verliefd was op Natasha. Het portret dat hij had geschilderd, had hem verraden.

Ze dronken koffie aan zijn keukentafel en Athena keek hem een moment ernstig aan.

'Het verandert nu niets meer aan de zaak, maar we kregen op het laatst toch nog een tip.'

Haar woorden verrasten hem en hij was benieuwd wat ze te zeggen had.

'Ik heb Natasha, de vriendin van Stanislas, bezocht, onder het voorwendsel dat ik hém wilde spreken. Ik wilde kijken of ik erachter kon komen of zij iets wist over de schilderijenroof. Dat vermoeden had ik namelijk. We praatten enige tijd, maar ze leek vrij nerveus en een beetje afgeleid. Kennelijk waren kort daarvoor piraten er bijna in geslaagd hun schip te enteren voor de kust van Kroatië. Stanislas had toen het bevel gegeven om de wapens tevoorschijn te halen. Ze hebben AK-47's aan boord en de bemanning weet ermee om te gaan. Dat bootje is werkelijk van alle gemakken voorzien,' zei ze zuur. 'Ze zat me dat allemaal te vertellen, maar omdat er geen echte informatie boven water kwam, wilde ik weg. Terwijl ik achter haar aan liep naar beneden, draaide ze zich op de trap opeens om en fluisterde dat de schilderijen in de wapenkamer waren, dat zij ze daar had gezien. Ik was totaal verbijsterd en realiseerde me pas later dat ze opzettelijk niet de lift genomen had omdat daar bewakingscamera's zitten en natuurlijk niemand mocht zien wat ze deed.

Dat de schilderijen in de wapenkamer lagen was het enige wat ze zei. Uit alle macht probeerde ik daarna om een huiszoekingsbevel voor die boot te krijgen, maar mijn chef zei dat ik niet genoeg aanwijzingen had. Ik wilde mijn bron niet onthullen en dat maakte het nog moeilijker. Ik was namelijk bang dat Stanislas haar iets zou aandoen als hij erachter kwam. Die vent vertrouw ik niet en als hij het risico liep de gevangenis in te draaien vanwege haar... God mag weten wat hij dan zou doen. Dat risico wilde ik haar niet laten lopen. Toen ik jonger was heb ik die fout wel eens gemaakt met informanten. Dat loopt niet goed af en nu bescherm ik mijn bronnen altijd heel zorgvuldig.'

'Heeft zij ze gezien?' vroeg Theo geschokt.

'Die wapenkamer is normaliter afgesloten, maar misschien liep ze net langs op het moment dat ze de wapens uitdeelden om zich tegen de piraten te beschermen. Hoe dan ook, ik kreeg geen huiszoekingsbevel en ze zeiden tegen me dat ik het maar moest vergeten. En toen kwamen de schilderijen opeens op raadselachtige wijze terug. Ik weet niet of Stanislas weet dat ze het mij verteld heeft. Of dat iemand haar gezien heeft bij de wapenkamer of dat hij alleen iets vermoedt. Als hij wist dat ze de schilderijen had gezien, dan is dat misschien de reden dat hij ze heeft laten terugbrengen. We zullen het nooit weten en kunnen niet bewijzen dat hij achter de diefstal zat. In ieder geval hebt u ze terug, mogelijk omdat zij het me vertelde. Ik weet het gewoon niet. Maar ik vond dat u moest weten dat ze de moed had om het me te vertellen, dat was heel dapper van haar. Daarmee heeft ze wellicht haar leven geriskeerd.'

'En is alles nu in orde met haar?' vroeg Theo bezorgd. 'Heeft iemand haar sindsdien nog gezien?' Wat als hij haar vermoord had? Of haar op het schip gevangen hield of haar martelde? Theo's fantasie sloeg op hol bij het horen van Athena's woorden.

'Ik weet het niet. Het jacht ligt hier niet en naar verluidt is Stanislas voor de rest van de zomer naar Griekenland gegaan. Dat zou ik kunnen checken als u dat wilt, maar ik denk dat het niet hoeft. Mijn partner heeft namelijk wat gedronken met een paar dekknechten van de *Princess Marina* vlak voor ze wegvoeren en die zeiden dat er nogal geheimzinnig over werd gedaan, maar dat Stanislas haar geloosd had op de dag nadat u uw schilderijen terugkreeg. Op dezelfde dag eigenlijk. Tussen twee en vier uur in de ochtend die dag kwamen de schilderijen terug en hij zette haar aan het begin van de avond zonder pardon op de kade af. Hij zou zogenaamd met haar uit eten gaan, maar zei in plaats daarvan opeens dat hun relatie voorbij was en dat ze naar Parijs kon gaan om haar spullen te pakken. Als hij haar al verdacht, heeft ze geluk gehad dat hij haar liet gaan. Het jacht vertrok een paar dagen later, dus is hij niet bij haar. Ik weet niet waar ze nu is. Misschien wel terug naar Rusland.'

'Dat betwijfel ik,' zei Theo, terugdenkend aan wat ze hem tijdens die lunch had verteld over haar leven daar. Hij was in één klap weer helemaal in de ban van Natasha. Hij wist het adres van haar appartement in Parijs, maar had geen telefoonnummer. Ze had het hem nooit gegeven en ze had hem zelf ook niet gebeld.

'Denkt u echt dat hij haar definitief aan de kant gezet heeft?'

'Dat zeggen ze. De bemanning was nogal van slag. Ze waren acht jaar samen geweest en ze zeiden allemaal dat het een heel aardige en vriendelijke vrouw was. En hij vertelde haar in drie zinnen dat het voorbij was, liet haar achter op de kade, stapte in de tender en ging terug naar de boot. Zonder nog één blik achterom te werpen. Die kerels zijn echt bikkelhard en bij het minste of geringste maken ze je een kopje kleiner. Ik hou helemaal niet van die types.'

'Ik ook niet,' stemde hij in. 'Dank u dat u me dit bent komen vertellen.'

'Misschien wist Stanislas dat ze het gezien had en maakte hij zich zorgen over de risico's. Hij zal heus niet staan te trappelen om de gevangenis in te gaan. En hij kon haar niet meer vertrouwen, zelfs als hij alleen maar vermoedde dat ze iets tegen me had gezegd. Vrouwen zoals zij zien veel van wat er zich allemaal rond die kerels afspeelt. Hij kan het niet gebruiken dat zijn metgezellin met de politie praat.'

Theo knikte weer, en even later stond Athena op, wenste hem succes en vertrok. Op weg naar huis ging ze even langs het bureau. Steve was er nog. Hij leek verbaasd haar te zien.

'Dat was snel! Helemaal niet de beest uitgehangen?' Hij had gedacht dat ze daar uren zou zitten als ze het met elkaar aan zouden leggen.

'Nee, niet de beest uitgehangen. Ik heb mezelf opgeofferd, voor een ontluikende liefde.' Want daarom was ze naar hem toe gegaan. Als hij verliefd was op Natasha, zoals ze vermoedde, had hij er recht op te weten wat ze voor hem had gedaan en de prijs die ze daarvoor had betaald. Athena had hem alles verteld wat ze wist en nu was het aan Theo om daar wel of niet iets mee te doen. Deze informatie was een geschenk voor hen geweest.

Die avond zat Theo nog lang over Natasha en alles wat hij had gehoord na te denken, zich afvragend wat hij met die informatie zou doen: dat Natasha Vladimir aangegeven had, dat ze niet meer aan boord woonde en mogelijk in Parijs was nu, en dat Vladimir zijn relatie met haar had beëindigd.

Hij lag in bed te woelen en vroeg zich af of hij naar Parijs moest gaan om haar op te zoeken. Zou het wel goed met haar gaan? Maar als zij contact met hem wilde, zou ze toch zelf wel gebeld hebben? Schaamde ze zich misschien, of had ze hulp nodig en kon ze hem niet bellen? Hij deed die nacht nauwelijks een oog dicht en had al bijna besloten om naar Parijs te gaan toen zijn moeder hem 's ochtends belde. Ze was thuis van de laatste traptree gegleden en had haar enkel verstuikt. Ze was net terug van de spoedeisende hulp en vroeg hem of hij een weekje voor haar kon invallen. Het speet haar echt en ze bood haar excuses aan, maar ze had enorm veel pijn en kon niet uit de voeten. De dokter had haar krukken gegeven.

'Tuurlijk, maman.' Hij kon altijd over een week naar Parijs gaan. Bovendien was hij er nu wel aan gewend om het restaurant te leiden en vond hij het niet zo erg meer als vroeger. 'Heb je verder nog iets nodig?'

'Nee, Gabriel bedient me op mijn wenken.'

Theo nam een besluit. Zodra zijn moeder weer terug was in het restaurant, zou hij naar Parijs vliegen om Natasha op te zoeken en haar te bedanken voor wat ze had gedaan. Hij koesterde geen enkele illusie dat dat het begin van een relatie zou zijn, zelfs nu Vladimir en zij niet langer samen waren. Hij begreep haar leven nu beter, en ook hoe ongeschikt ze was om met 'gewone' mensen om te gaan. Of het nu met Vladimir was of met iemand anders, ze leefde in een compleet andere wereld en Theo was er zeker van dat ze waarschijnlijk vrij snel een andere man zou vinden zoals hij. Of misschien was dat al gebeurd. Hij hoopte maar voor haar dat dat dan een aardiger iemand zou zijn, die minder gevaarlijk was dan Vladimir. Hij wilde Natasha gewoon opzoeken om haar te bedanken dat ze de moed had gehad om iets tegen de politie te zeggen. Nog nooit had iemand zoiets genereus en moedigs voor hem gedaan. Hij zou er waarschijnlijk nooit achter komen of Vladimir zich gedwongen had gevoeld de schilderijen terug te brengen omdat zij hem bij de politie had aangegeven, maar haar bedanken was wel het minste wat hij kon doen.

15

𝒟e laatste week in het appartement aan de avenue Montaigne ging razendsnel voorbij. Natasha was constant bezig en er was nauwelijks tijd voor emoties. Ze pakte in wat ze mee wilde nemen. Bij de dozen zaten ook zakken met nieuw linnengoed dat ze door Ludmilla had laten wassen zodat ze dat niet hoefde te doen in een wasmachine die ze met het hele gebouw deelde, want in haar nieuwe appartement zou ze geen eigen wasmachine hebben.

Ze had alle meubels die ze nodig had bij IKEA gekocht en zou alles met haar nieuwe klusjesman Dimitri in elkaar zetten. Zoals afgesproken hadden de veilinghuizen op de dag voor haar vertrek alles opgehaald wat ze wilde verkopen. Het deed Natasha niets dat bijna haar hele garderobe wegging. Er was zoveel dat de veilingmedewerkers alle kleding hangend aan de rekken meenamen en dan waren er nog de stapels Birkins, in hun originele Hermès-verpakking, en dozen vol niet-gedragen schoenen, allemaal van bekende ontwerpers. Toen ze klaar waren zat hun vrachtwagen helemaal vol.

Op de dag van de verhuizing huurde Natasha weer een busje om haar koffers, een paar dozen en haar portret te verhuizen.

Dimitri hielp haar de spullen naar beneden te dragen en in te laden. Ze schudde Ludmilla de hand, bedankte haar vriendelijk en gaf haar een royale fooi voor haar hulp in de afgelopen weken. Natasha was blij te zien hoe opgetogen de vrouw over het bedrag was. Ze bedankte ook de conciërge beleefd toen ze vertrok, maar gaf haar niet haar nieuwe adres. Ze verwachtte toch geen post: familie of vrienden had ze niet en de paar zakelijke berichten die ze kreeg kwamen binnen via de e-mail. Haar creditcard, die bij Vladimirs bankrekening hoorde en altijd zonder enige limiet was geweest, was inmiddels geblokkeerd. Ze had van haar bank een nieuwe gekregen, met een zeer beperkte bestedingsruimte.

In het nieuwe appartement ging Dimitri aan de slag met de meubels: de kledingkasten, het bed, een ladekast, en een bureau.

Natasha pakte dozen uit, ruimde kasten in, hing haar eigen portret op boven de haard en zette in een vaas een mooi boeket bloemen neer. Ze had zelfs een paar kleden kunnen kopen die ze mooi vond en in de loop van de dag begon het appartement er steeds beter uit te zien. Er waren lampen, twee comfortabele fauteuils en een mooie leren bank. Het appartement had een vrolijke en uitnodigende uitstraling, het zou een fijne plek zijn om in thuis te komen. Ze werkten allebei tot laat die avond door, tot alles gedaan was. Dimitri rekende haar een belachelijk laag bedrag voor al zijn werk en ze bedankte hem met een grote fooi.

Het had haar een maand gekost om het allemaal te organiseren, maar het was gelukt en nu voelde het alsof ze echt alle banden met haar verleden had verbroken. Ze had niets meer van Vladimir gehoord en verwachtte dat ook niet meer. Met Yuri had ze geen contact opgenomen en dat was ze ook in de toekomst niet van plan. Ze had nu een dak boven haar hoofd en genoeg geld op de bank om voorlopig van te leven en dat was het belangrijkste. Natuurlijk moest ze op zoek naar een baan, maar ze wist dat ze daar pas in de herfst mee kon beginnen. In de zomer was iedereen op vakantie en waren de meeste galeries gesloten. En ze overwoog zich in te schrijven voor een cursus kunstgeschiedenis aan de École du Louvre. Al dat soort dingen waren nu mogelijk.

Toen ze op de eerste avond in haar nieuwe appartement om zich heen keek, voelde het alsof ze was thuisgekomen. Ze realiseerde zich dat ze helemaal niet aan de avenue Montaigne hoefde te wonen, of aan boord van een jacht van vijfhonderd voet, in een fabelachtige villa in Saint-Jean-Cap-Ferrat of een huis in Londen. Ze had hier alles wat ze nodig had en alles was ook echt van haar. Er zouden ongetwijfeld nog momenten komen dat ze bang of onzeker zou zijn, maar dan zou ze zich voorhouden dat ze nu voor zichzelf kon zorgen. En als ze iets nog niet kon, dan zou ze dat leren.

Het kostte Maylis een week langer dan ze gehoopt had om weer op de been te komen met haar verstuikte enkel. Du moment dat ze weer terug was in het restaurant boekte Theo voor de volgende dag een vlucht naar Parijs. Hij wilde Natasha persoonlijk bedanken, en daarna zou hij de zaak voor altijd laten rusten. Het was nu de eerste week van augustus en Parijs was uitgestorven. De meeste winkels en restaurants waren gesloten, de straten praktisch verlaten en er was nauwelijks verkeer. Parijs lag er in het zomerse weer bij als een spookstad, vond hij, terwijl hij over de avenue Montaigne liep, op weg naar nummer 15. Hij had niet tegen zijn moeder gezegd waar hij heen ging en had haar ook niet verteld dat Natasha Vladimir bij de politie had aangegeven. Hoe minder mensen het wisten, hoe beter dat voor haar was, meende hij. Hij wilde niets doen wat haar nog meer in gevaar kon brengen.

Het gebouw zag er verlaten uit. Omdat er niemand reageerde toen hij bij Natasha's appartement aanbelde, drukte hij op de bel van de conciërge. Ze kwam op sloffen en met een schort voor aan de deur en keek hem argwanend aan toen hij naar Natasha vroeg.

'Waarom wilt u dat weten,' vroeg ze.

'Ik ben bevriend met haar,' zei hij, de waarheid een beetje oprekkend.

'Ze woont hier niet meer. Ze is een week geleden verhuisd.'

Hij had haar net gemist! 'Hebt u haar nieuwe adres?' vroeg hij teleurgesteld.

'Nee, dat heb ik niet. En als u inderdaad bevriend met haar was, zou u wel weten waar ze nu woont. Ik weet het in ieder geval niet. Ze heeft me niets verteld. Zij krijgt hier trouwens toch geen post, alles is voor hem.'

Dat verbaasde hem niet en hij knikte.

'De dag voor ze vertrok is alles weggehaald. Ze had zelf alleen een paar koffers bij zich. En er was een Russische man bij haar.'

'Meneer Stanislas?' vroeg hij bezorgd.

De conciërge schudde haar hoofd.

'Nee, iemand anders.'

Ook dat verbaasde Theo niet. Dat was precies wat zijn moeder had gezegd toen ze het de eerste keer over Natasha hadden gehad. Vrouwen zoals zij moesten op zoek naar een man die hen kon onderhouden; dat was de enige manier waarop ze wisten te overleven. Daar veroordeelde hij haar niet om, hij hoopte maar dat deze man fatsoenlijker zou zijn dan Vladimir. Ze had er trouwens geen gras over laten groeien, bedacht Theo.

'Hij heeft het appartement net verkocht,' zei de conciërge. 'De hulp is gisteren vertrokken. Ze zei dat ze niet terug zou komen.'

Theo knikte. Hij vond het jammer dat hij Natasha net gemist had, hij had haar heel graag bedankt en afscheid van haar genomen. Maar alle wegen naar haar liepen nu dood. Hij had geen idee waar hij haar zou kunnen vinden en kon het aan niemand vragen.

Hij bedankte de conciërge en liep langzaam terug over de avenue Montaigne in de richting van het restaurant waar hij met haar geluncht had. Dat was in januari geweest, maar het leek wel eeuwen geleden. In die zeven maanden was er heel veel gebeurd en was haar leven compleet veranderd.

Hij liep langs het restaurant en een glimlach speelde om zijn lippen toen hij aan die lunch dacht. Waar zou ze nu zijn, en met wie, vroeg hij zich af.

Die avond vloog hij terug naar Nice. Het vliegtuig zat vol gezinnen in strandkleding die uitkeken naar de vakantie. Zodra hij geland was, haalde hij zijn auto uit de parkeergarage en reed naar huis.

De rest van de zomer schilderde Theo als een bezetene en telkens wanneer zijn moeder hem sprak, zei hij dat het goed ging. Maylis was weer elke dag in het restaurant te vinden en ze hadden nog nooit zo'n goed seizoen gedraaid. Eind augustus besloot ze het restaurant de hele maand september en misschien nog wel langer te sluiten. Gabriel en zij wilden gaan reizen, maar eerst zou ze een paar weken met hem in zijn appartement in Parijs doorbrengen. Het was de eerste keer dat ze dat deed en het was meer dan dertig jaar geleden dat ze voor het laatst in Parijs was geweest. Gabriel was in de wolken met haar besluit.

Sinds ze terug waren gekomen uit Florence hadden ze zich als tortelduifjes gedragen en Theo was heel blij met de keuzes die zijn moeder nu maakte. Hij beloofde dat hij elke dag even bij het restaurant en haar huis zou langsgaan om te kijken of alles in orde was en ook de twee nachtwakers hielden ze aan, zodat ze zich nergens zorgen om hoefde te maken.

Voor ze vertrokken vertelde ze Theo dat Gabriel en zij al een tijdje met een plannetje rondliepen. Ze overwoog het restaurant aan het eind van het jaar voorgoed te sluiten en er een klein museum over Lorenzo's werk van te maken, wat het eigenlijk ook al was. Gabriel zou haar daarbij helpen.

'We zullen iemand nodig hebben voor de dagelijkse leiding. Ik wil niet het hele jaar hier vastzitten. We willen tijd doorbrengen in Parijs en vrij zijn om te reizen.' Maylis was als een andere vrouw, veel gelukkiger dan in de periode dat ze had gerouwd om Lorenzo. Ze zou hem altijd in ere houden, maar Gabriel kwam nu op de eerste plaats. Ze verzorgde hem als een moederkloek en onder haar liefdevolle aandacht bloeide hij helemaal op. Ook Gabriels dochter Marie-Claude vond het heerlijk dat ze samen naar Parijs zouden komen.

Aan het eind van augustus verlieten ze Saint-Paul-de-Vence. Maylis keek enorm uit naar alle dingen die Gabriel en zij in Parijs wilden gaan doen, de tentoonstellingen die ze wilde zien, de musea waar ze al die jaren niet meer geweest was en alle restaurants waar ze met Gabriel zou gaan eten.

Ze installeerden zich in Gabriels appartement, dat plotseling nogal klein leek nu ze er met z'n tweeën verbleven maar wel erg gezellig was. De dag daarop gingen ze bij Marie-Claude en haar gezin eten. Er werd veel gepraat en gelachen, het eten was heerlijk en de kinderen en hun vrienden praatten honderduit. Maylis had jachtschotel gemaakt, er was genoeg voor allemaal en iedereen vond het heerlijk. Ze zei dat ze het had leren maken van de chef in het restaurant. Het voelde alsof ze allemaal familie waren, samen aan de eettafel op zondagavond.

Dit was precies waar Marie-Claude al die jaren op had gehoopt voor haar vader. Ze was blij dat Maylis nu wist hoe belangrijk Gabriel in haar leven was, en hoeveel ze van elkaar hielden.

'Dank je,' fluisterde ze tegen Maylis toen ze haar een zoen gaf bij het afscheid.

'Ik moet jou juist bedanken. Ik ben een enorme geluksvogel,' zei Maylis. Ze keek naar Gabriel, die met zijn schoonzoon en kleinzoon stond te praten. 'Dank je wel dat je het al die jaren met me uitgehouden hebt. Ik was blind.'

'Dat zijn we allemaal wel eens,' zei Marie-Claude, en ze knuffelde haar nog eens voor ze weggingen.

De hele maand september hadden Maylis en Gabriel het druk met tentoonstellingen, evenementen en de vele antiekbeurzen, waar ze allebei graag rondsnuffelden. Ook gingen ze vaak langs bij Gabriels galerie aan de avenue Matignon. Gabriels gezondheid was beter dan ooit en ze waren samen intens gelukkig. Ze hadden plannen gemaakt om in oktober naar Venetië te gaan en Maylis vertelde hem dat ze het vreselijk vond om uit Parijs weg te gaan.

Gabriel moest er hard om lachen. 'Dat is een heel nieuw geluid!' Ze was zo ontspannen en gelukkig tegenwoordig dat hij haar nauwelijks herkende. Jarenlang was er het verborgen verdriet geweest omdat ze maar bleef rouwen om Lorenzo en nu had ze eindelijk echt afscheid van hem genomen. Ze deelde haar leven nu met Gabriel en had hem geheel en onvoorwaardelijk in haar hart gesloten.

'Hmm, misschien vind je dit leuk,' zei Gabriel op een ochtend toen hij zijn post had geopend. Hij gaf haar een catalogus van een veiling van vintage en nieuwe Hermès-tassen.

Op het omslag stond een prachtige rode tas. Maylis bladerde door de catalogus, die Birkins en Kelly-tassen van gewoon en krokodillenleer bevatte in alle denkbare kleuren. De veiling werd gehouden in Hôtel Drouot, het beroemdste veilinghuis van de stad, dat wel vijftien veilingzalen had en waar elke week vijfenveertig veilingen werden gehouden.

'Waarom gaan we niet even kijken?' vroeg Gabriel. Hij kende de veilingen bij Drouot en ging er graag naartoe.

'De bedragen zijn echt gestoord, zeg,' zei ze een beetje spijtig na een blik op de richtprijzen. 'Ze zijn net zo duur als een nieuwe tas die je bij Hermès zou kopen.'

'De meeste tassen op deze veiling zijn ook nieuw,' merkte hij op. 'Het enige verschil is dat je geen drie jaar hoeft te wachten om er een te bemachtigen.'

Eigenlijk wilde Maylis er dolgraag gaan kijken.

Ze liet de catalogus op zijn bureau liggen en een week later, op een vrijdag, herinnerde hij haar eraan dat het vandaag de kijkdag was en vroeg of ze wilde gaan.

'Ik schaam me het te zeggen, maar dat wil ik heel graag,' zei ze schaapachtig.

'Kijk maar niet zo schuldig,' zei hij plagend. 'Je kunt het je veroorloven. Als er een is die je echt mooi vindt, koop je hem toch gewoon?'

Ze had haar oog laten vallen op een prachtige zwarte Birkin van krokodillenleer, de rode tas op de omslag en een donkerblauwe. Ze hadden precies de maat die ze prettig vond en ze waren vreselijk chic, heel geschikt voor haar nieuwe Parijse leven. Ze had al in geen jaren meer nieuwe kleren gekocht. In Saint-Paul-de-Vence had ze niet zoveel nodig, maar nu ze in Parijs waren, was Gabriel met haar gaan winkelen en daar genoot ze van.

Die middag gingen ze naar de kijkdag in Hôtel Drouot. Het was er druk en antiekhandelaren liepen in en uit. Gabriel en Maylis maakten aantekeningen en overlegden waar ze op zouden bieden de volgende dag. Er werd niet alleen antiek op de veilingen aangeboden. Er was werkelijk van alles te vinden, van vintage kleding tot tuingereedschap, militaire uniformen en onderscheidingstekens, moderne meubels, Perzische tapijten, wijn, oude boeken en opgezette dieren. Alles wat je maar kon bedenken, kon je bij Drouot vinden en de veilingen waren altijd spannend. Soms bood Gabriel telefonisch, vooral als er kunst geveild werd, maar hij vond het ook heerlijk om naar schatten te zoeken in het enorme aanbod en liet Maylis nu kennismaken met het plezier van de jacht naar dat ene bijzondere voorwerp. Ze liepen van de ene ruimte naar de andere, langs de uitgestalde voorwerpen van alle vijftien veilingen, totdat ze bij de zaal met de Hermès-tassen kwamen. De tentoongestelde handtassen waren werkelijk een lust voor het oog. Maylis bekeek er een aantal nauwkeurig. Die met de diamanten sluitingen vond ze eigenlijk niet mooi en bovendien waren ze belachelijk duur.

'Nou, gelukkig maar,' zei Gabriel plagerig, 'aangezien ze vijf keer zo duur zijn als die andere.'

'Dat zijn toch absurde bedragen,' zei ze smalend. Ze bekeek de drie tassen waarop ze wilde bieden en ze spraken af de volgende dag terug te komen voor de veiling. Die werd in dezelfde ruimte gehouden en daartoe zou de tentoonstellingsruimte ontmanteld worden en zouden er klapstoelen neergezet worden, een verhoging voor de veilingmeester en een lange tafel met diverse telefoontoestellen voor de telefonische biedingen. De dag erna werden dan alle zalen weer vol gezet met nieuwe schatten en zo werden er om de andere dag steeds vijftien veilingen gehouden. Gabriel was trots op alle 'oorlogsbuit' die hij hier in de loop der jaren had kunnen bemachtigen.

Hij waarschuwde Maylis dat het verslavend werkte, en dat geloofde ze graag. Ze keek uit naar het bieden op de tassen de volgende dag. Ze was van plan er maar één te kopen, als dat al zou lukken. Ze waren niet goedkoop, maar ze waren alle drie in perfecte staat, alsof ze nooit gebruikt waren, en zaten in de originele oranje Hermès-dozen. Alleen de zwarte krokodil zou wel eens echt duur kunnen zijn.

De volgende dag kwamen ze aan toen de veiling net was begonnen. De tassen waarin Maylis geïnteresseerd was, zouden wat later pas aan bod komen en dus zaten ze ontspannen te kijken naar het levendige spektakel van het bieden. De veilingmeester was begonnen met enkele kleinere stukken en een paar oudere, wat minder interessante handtassen. De Birkins van krokodillenleer waren het pièce de résistance en de veilingmeester bewaarde die voor later, zodat de kopers tot het eind zouden blijven.

Een halfuur later was als eerste de marineblauwe leren tas aan de beurt, een heel chic exemplaar. Maylis had niet verwacht dat er zo hoog geboden zou worden. Eerst stak ze haar hand nogal weifelend op, maar onder Gabriels toeziend oog werd ze al snel zelfverzekerder. Toch bood ze niet genoeg en ging de tas naar een ander. Ze fluisterde hem toe dat ze haar zinnen eigenlijk gezet had op de roodleren tas of die van zwart krokodillenleer; die zou ze vast vaker gebruiken.

Gabriel glimlachte naar haar en knikte goedkeurend.

Terwijl ze zaten te praten, zag ze aan de andere kant van het gangpad een bekend gezicht. Het was een jonge vrouw in een camelkleurige jas met haar haar in een vlecht. Ze was eenvoudig maar toch stijlvol gekleed en Maylis kon haar niet meteen plaatsen. Ze zag dat ze niet bood, maar de verkopen wel aandachtig volgde. Een paar minuten later realiseerde Maylis zich wie het was en fluisterde ze Gabriel in zijn oor terwijl ze in haar richting knikte.

'Dat is de minnares van Stanislas. Het verbaast me dat ze haar tassen hier koopt. Je zou denken dat hij toch alles voor haar kan kopen wat ze maar wil.'

'Ach, iedereen is toch gek op een koopje,' fluisterde hij terug, alhoewel de tassen hier vandaag allesbehalve goedkoop van de hand gingen.

Telkens wanneer de prijzen door het plafond gingen, vooral van de tassen met diamanten sluiting, zag ze Natasha verheugd glimlachen. Ze noteerde de prijzen waarop alle tassen afgehamerd werden in haar catalogus en merkte hen niet op. Ze ging te zeer op in de verkoop.

'Ze koopt niks,' fluisterde Gabriel. Hij had ook naar haar zitten kijken. 'Ik denk dat ze aan het verkopen is.'

'Echt?' Maylis keek verbaasd. 'Niet te geloven.'

'Je zou versteld staan hoe vaak je hier bekenden ziet die beide doen.'

'Nou, zij hoeft zeker niets te verkopen,' merkte Maylis op.

'Misschien geeft hij haar niet genoeg zakgeld,' fluisterde Gabriel. 'Ik heb gehoord dat veel van de Russische meisjes de geschenken die ze krijgen verkopen. Daar krijgen ze een fortuin voor. Een kerel die ze nauwelijks kennen geeft ze een kroko-Birkin en die verkopen ze onmiddellijk weer. Dat is makkelijk verdiend.'

'Maar ze is toch geen hoer, zeg, ze is zijn minnares! En ik heb gezien hoe ze zich kleedt. Hij is vast heel vrijgevig voor haar, ze is altijd van top tot teen in haute couture gehuld.'

Gabriel keek weer naar Natasha. In zijn ogen zag ze eruit zoals elk schoolmeisje in spijkerbroek. Ze leek wel zestien.

'Oké, misschien vandaag niet,' zei Maylis. 'Maar ze droeg echt kleding uit de nieuwste haute-couturecollecties toen ze naar het restaurant kwamen. Ze is vandaag zeker incognito en probeert discreet te doen.'

De volgende tas die verkocht werd was een van de belangrijke stukken, een Birkin van krokodillenleer met een diamanten sluiting. Die ging voor het dubbele bedrag weg dat de andere tot nu toe hadden opgebracht, omdat twee vrouwen zeer vasthoudend de strijd met elkaar aangingen. Er werd een schokkend hoog bedrag afgehamerd, en Natasha grijnsde van oor tot oor. Dat bevestigde Gabriels vermoeden waarom ze hier was en Maylis was het met hem eens: het was duidelijk dat ze aan het verkopen was. Toen was de rode tas die Maylis wilde hebben aan de beurt en ze kon hem inderdaad bemachtigen. Verrukt keek ze Gabriel aan; het was een goede deal geweest.

'Ik zei toch dat je verslaafd zou raken!' zei hij grinnikend.

Toen de zwarte krokotas aan bod kwam, bood ze bescheiden en hield er al snel mee op. Vlak voor de tas voor een veel hogere prijs zou worden afgehamerd, stak Gabriel tot haar verbijstering zijn hand op. De zwarte tas was voor hem. Maylis staarde hem met open mond aan, want hij had er een fortuin voor neergeteld.

'Wat heb je nou gedaan?'

'Leuk om hem in Parijs te gebruiken. Hij zal je heel goed staan,' zei hij, toen ze na de veiling in de rij stonden om te betalen en de twee tassen op te halen.

Terwijl ze stonden te wachten zag Maylis Natasha weer. Ze zag er anders uit dan toen ze met Stanislas in het restaurant had gegeten. Ze droeg geen make-up en viel in de massa niet op. Maylis keek om zich heen maar zag de Rus nergens. Ze vroeg zich af of hij wist dat Natasha hier was en haar Birkins verkocht. Na de veiling haalde Natasha niets op, ze had niets gekocht. In plaats daarvan stopte ze haar catalogus in de eenvoudige zwartleren Birkin met onopvallend zwart beslag die ze bij zich had, deed de kraag van haar jas omhoog en haastte zich met een verheugd gezicht de deur uit. Maylis vond het allemaal maar vreemd.

'Ik vraag me af wat er aan de hand is,' zei ze tegen Gabriel, nadat ze hem uitbundig voor zijn genereuze aankoop had bedankt. 'Misschien moeten we Theo maar niet vertellen dat we Natasha gezien hebben,' bedacht Maylis. 'Hij had het een tijdje behoorlijk te pakken van haar, zo'n obsessie voor een onbereikbare vrouw. Het lijkt of hij er nu overheen is, maar ik wil het niet weer bij hem oprakelen.'

Hij knikte. 'Ik zal niets zeggen. Beloofd. Het is wel een knap meisje, trouwens.'

'Tuurlijk is ze dat. Ze is de minnares van een miljardair en dat zal ze altijd zijn. Zo werkt dat nu eenmaal. Ze moet niets hebben van een jongen als Theo.' Nu ja, een jongen was hij niet meer, hij was al eenendertig. 'En een obsessie is een raar ding. Hij schilderde een prachtig portret van haar en ik geloof dat hij het aan haar gegeven heeft.'

'Ik weet welk doek je bedoelt. Ik zei tegen hem dat hij het moest inbrengen in de tentoonstelling want het was een van zijn beste stukken. Voor een kunstenaar kan een obsessie best nuttig zijn.'

'Maar niet in het dagelijks leven.' Ze wilde dat haar zoon gelukkig was en niet gekweld werd door gedachten aan een vrouw die hij niet kon krijgen. Maylis was absoluut niet van plan hem te vertellen dat ze haar gezien had, dat zou hem alleen maar van zijn stuk brengen.

Ze liep tevreden de deur van Hôtel Drouot uit. De tas die Gabriel voor haar gekocht had, was echt prachtig en in perfecte staat. 'Ik vind Drouot heel leuk,' zei ze blij tegen hem in de taxi die hen naar huis bracht, en hij beloofde haar dat ze later nog een keer zouden gaan. Parijs was eigenlijk best leuk, moest ze toegeven.

En in de metro op weg naar het 7e arrondissement zat ook Natasha verheugd naar de catalogus te kijken. Ze kon lange tijd leven van wat ze vandaag op de veiling verdiend had en stukje bij beetje voelde ze zich zekerder worden. Het ging goed met haar nieuwe leven.

16

*N*et zoals ze gedaan had voor het appartement aan de avenue Montaigne, kocht ze af en toe spulletjes voor haar flatje aan de rue du Bac, maar nu deed ze het rustiger aan. Ze vond een paar bijzondere stukken bij Drouot: beeldjes van jade voor een absurd laag bedrag om in haar boekenkast te zetten, een ontzettend leuke Italiaanse tafel en stoelen voor in haar keuken, en zelfs een paar schilderijen. Het waren geen van alle dure spullen, maar ze zagen er goed uit en lieten zien hoe smaakvol haar keuzes waren. Natasha voelde zich helemaal thuis in haar sfeervolle en gezellige appartement.

De verkoop van haar haute-couturekleding bij Drouot was gelukkig heel goed gegaan. De opbrengst had de verwachtingen van het veilinghuis ruimschoots overtroffen en als ze de opbrengst van de Hermès-verkoop daarbij optelde, had ze genoeg geld op haar rekening om zich voorlopig geen zorgen te hoeven maken. In januari zou ze serieus op zoek gaan naar een baan, maar nu zou ze het nog een paar maanden rustig aan doen, zodat ze kon wennen aan haar nieuwe leven.

Natasha genoot van de cursus twintigste-eeuws modernisme, waarmee ze die week was begonnen. Het was precies wat ze altijd al had willen doen. Ze kreeg steeds meer zelfvertrouwen nu alles zo goed leek te gaan. Wel schaamde ze zich voor wat ze de afgelopen jaren had gedaan. Ze had nu het gevoel dat ze zich jarenlang had geprostitueerd, al had ze dat toen niet zo ervaren. Ze moest leren zichzelf te vergeven en het verleden achter zich te laten. Gelukkig kon ze trots zijn op de manier waarop ze nu leefde, ze had echt een nieuw begin gemaakt. Maar de eerlijkheid gebood haar ook toe te geven dat ze zonder Vladimir nooit uit Moskou had kunnen vertrekken en dat ze daar misschien wel ziek en wanhopig aan haar eind zou zijn gekomen.

Natasha miste de kleding of sieraden die ze had verkocht helemaal niet, en haar leven met Vladimir evenmin. Ze had niets meer van hem gehoord sinds hij haar op de kade had achtergelaten en was opgelucht dat ze Yuri niet meer tegen het lijf was gelopen. Hij kon geen contact met haar opnemen, want haar nieuwe mobieltje had een afgeschermd nummer, dus kon hij zijn aanbod gelukkig ook niet herhalen. Haar telefoon gebruikte ze eigenlijk nauwelijks, want er was niemand die ze kon bellen. Het was gek, maar zelfs zonder Vladimir leefde ze eigenlijk nog steeds volledig geïsoleerd. Ze was gewoon te druk met haar huis en alles wat ze moest regelen om een normaler leven te leiden, waarin ze ook vrienden zou maken, maar ze vertrouwde erop dat dat in de toekomst allemaal wel zou komen.

Die herfst schilderde Theo nog steeds alsof de duivel hem op de hielen zat en in oktober wilde Jean Pasquier dat hij naar Parijs kwam om over een nieuwe expositie te praten. Hij vroeg of Theo daar voldoende nieuw werk voor had en Theo zei dat dat geen enkel probleem zou zijn. Jean wilde in februari de volgende expositie organiseren. De vorige was zeer succesvol geweest en hij wilde vooral de vaart erin houden.

Ze brachten bijna de hele dag met elkaar door, dineerden

's avonds samen en spraken een definitieve datum voor de expositie af. De galerie en alle gesprekken met Jean brachten ook het portret van Natasha weer in Theo's herinnering. Hij vroeg zich af hoe het nu met haar ging en of ze gelukkig was met de nieuwe Rus over wie de conciërge het had gehad. Het scheen hem een treurig leven toe. Ze zou voor altijd een vogel in een vergulde kooi zijn, maar dit was het enige leven dat ze kende. Het stond lichtjaren af van zijn eigen wereld; bij hem draaide alles nu alleen nog maar om zijn werk. Hij realiseerde zich dat gedachten aan Natasha lange tijd zijn leven hadden beheerst, ze had voortdurend in zijn hoofd rondgespookt. Er was een periode geweest dat hij zich letterlijk ziek had gevoeld elke keer dat hij haar naast Vladimir had gezien, en dat hij volledig van slag was geweest wanneer hij haar tegen het lijf liep. Hij vond het achteraf eigenlijk een beetje gênant en bijna onbegrijpelijk dat het hem zo ongeveer zijn hart had gebroken en hem bijna zijn gezondheid had gekost. Nu voelde hij zich gelukkig sterk en was hij totaal gericht op zijn werk. In de negen maanden na Inez was er geen andere vrouw in zijn leven geweest. In september was hij haar bij een kunstevenement in Cannes nog tegengekomen en toen had ze hem verteld dat ze een relatie had met een man die zelf twee kinderen had. Ze leek heel gelukkig.

Theo's moeder en Gabriel waren in Venetië en zouden daarna nog een maand in Parijs doorbrengen voordat ze teruggingen naar Saint-Paul-de-Vence. Het restaurant was al die tijd dicht. Maylis was van plan het rond de feestdagen nog een keer voor korte tijd te openen en het daarna voorgoed te sluiten en er inderdaad een museum van te maken. Zo zou ze afscheid nemen van Da Lorenzo en al hun trouwe klanten. Het zou een bitterzoet laatste hoofdstuk worden van een avontuurlijke periode in haar leven. Het restaurant was belangrijk en zinvol voor haar geweest, maar ook dat kon ze nu loslaten. Ze was klaar om verder te gaan met haar leven, en wilde dat doen voordat het restaurant meer een last dan een lust zou worden. Gabriel en zij wilden nu vrij zijn, wilden al hun tijd samen doorbrengen en alle plekken bezoeken waar ze van droomden. Maylis had Theo uit Venetië opgebeld en had geklonken als een jong meisje.

Ze had hem ook verteld hoeveel ze hadden genoten van de veilingen bij Drouot en aangezien het regende en hij toch niets anders te doen had – hij vloog pas die avond terug naar Nice – besloot hij er de middag voor zijn vertrek zelf ook een kijkje te gaan nemen. Zijn moeder had hem de indruk gegeven dat er werkelijk juweeltjes te vinden waren.

Hij liep door een zaal vol sombere gotische schilderijen en een met allemaal popart, daarna door een zaal met werkelijk foeilelijke schilderijen en tot slot nog een vol spullen die eruitzagen alsof ze van de zolder van iemands grootmoeder kwamen, compleet met kanten kleedjes, oeroude bontjassen en ouderwetse schoentjes. Er waren ook een zaal met verfijnd porselein, inclusief een achtenveertigdelig servies met een koninklijk wapen, en een zaal met foto's, die hij veel interessanter vond. Vervolgens kwam hij in een zaal vol standbeelden en opgezette dieren en ook enkele schilderijen die hij echt heel mooi vond. De richtprijzen waren laag. Hij volgde de gecompliceerde route langs de ruimtes, liep een hoek om en botste bijna tegen een jonge vrouw op. Hij stond net op het punt zich te verontschuldigen toen hij zich met een schok realiseerde wie het was. Van schrik praatten ze door elkaar heen.

'O mijn god... Natasha... alles in orde?'

'Sorry, ik keek niet waar ik liep,' zei ze.

'Ik ook niet,' gaf hij meteen toe. Ze droeg geen make-up en haar haar was nat van de regen. Wat zag ze er jong en fris en zelfs gelukkig uit! Het ging vast goed met haar.

'Wat doe jij hier?' vroeg ze nieuwsgierig.

'Ik dood de tijd een beetje, totdat mijn avondvlucht gaat. Ik was in Parijs om met mijn kunsthandelaar te spreken. Hij organiseert in februari weer een expositie van mijn werk. Deze keer is er geen portret van jou bij, hoor,' zei hij plagerig.

Ze moest lachen. 'Het schilderij staat echt prachtig in mijn nieuwe appartement. Het hangt boven de open haard in de zitkamer.' Ze vertelde hem maar niet dat het appartement ongeveer even groot was als het schilderij.

Theo veronderstelde dat ze in een soort vorstelijk *hôtel particulier* woonde dat haar nieuwe vriend voor haar had aangeschaft, vergelijkbaar met het appartement aan de avenue Montaigne.

'Waar woon je nu?' vroeg hij belangstellend.

'In het 7e.'

Hij keek haar ernstig aan. 'Ik was hier afgelopen zomer om je te bedanken, maar ik kwam net te laat. Je was al verhuisd. Athena, die rechercheur, vertelde me wat je hebt gedaan. Dat was ongelooflijk dapper van je. Ik ben blij dat dat geen nare gevolgen voor je heeft gehad.'

Ze glimlachte bij zijn woorden, want dat was niet helemaal hoe het was gegaan. Maar, bedacht ze, de slechte dingen waren uiteindelijk goede dingen gebleken. *Un mal pour un bien*, zoals de Fransen dat zo mooi uitdrukten.

'Ben je niet meer met Vladimir?' Het was meer een opmerking dan een vraag, want hij wist dat dat zo was.

Ze schudde haar hoofd.

Hij wilde haar niet vertellen dat de conciërge in haar oude gebouw hem verteld had over haar nieuwe Russische man. Als hij dat zei, leek het net of hij uitgebreid over haar had staan roddelen.

Ja, ze zag er echt anders uit, jonger en gelukkiger. Lichter, op de een of andere manier. Hij vroeg haar niet naar haar nieuwe man, hij wilde het ook eigenlijk niet weten. Het was voldoende om te zien dat het goed met haar ging en dat haar niets ernstigs overkomen was. En hij had haar nu eindelijk kunnen bedanken, iets wat hij drie maanden geleden al had willen doen.

'Reis je veel?' Hij probeerde het gesprek met haar wat langer te laten duren. Maar deze keer voelde hij zich niet duizelig of misselijk wanneer hij naar haar keek. Hij voelde geen schrijnend verlangen naar iets wat hij niet kon hebben, hij had hun gescheiden levenspaden volledig geaccepteerd.

'Niet meer.'

'En ben je nog wel eens in het zuiden?'

'Nee,' zei ze bondig.

'Deze keer geen schip?'

Die opmerking klonk haar vreemd in de oren. Ze keek hem verbaasd aan. 'Wat bedoel je met deze keer?'

'Ik bedoel... nou ja... je weet wel... als er een nieuwe man in je leven is na Vladimir.'

'Die is er niet,' zei ze zacht. 'Waarom zou die er zijn?'

Nu kon hij niet meer terug. 'Toen ik je kwam opzoeken om je te bedanken zei de conciërge van de avenue Montaigne dat je met een Russische man was vertrokken, dus dacht ik...'

Ze barstte in lachen uit. 'Ik denk dat ze mijn klusjesman, Dimitri, bedoelde. Hij heeft me geholpen met de verhuizing. Ik woon alleen, in een appartement zo groot als een postzegel. Je portret van mij is het grootste ding daar.' Ze glimlachte trots.

'Geen jacht dus?' Hij was sprakeloos.

'Geen jacht,' bevestigde ze.

'Sorry dat ik dat aannam. Ik dacht...'

'Jij dacht dat ik bij de volgende man ingetrokken was, iemand net als Vladimir. Ik heb wel zo'n aanbod gekregen, trouwens,' zei ze openhartig. 'Maar ik heb besloten dat ik niet langer mijn ziel wil verkopen voor een leefstijl. Dat heb ik met Vladimir overigens ook niet gedaan. Het was allemaal een soort samenloop van omstandigheden, hoe mijn leven was en de bescherming en veiligheid die hij me toen bood. Maar dat wil ik niet meer. Bovendien,' zei ze met een ondeugende glinstering in haar ogen, 'het jacht van die andere vent was veel te klein. Maar tweehonderd voet. Het was trouwens wel een prachtig aanbod dat hij deed, hoor. Dertig miljoen op een Zwitserse bankrekening, en nog eens dertig als ik zijn kind kreeg. Ik had, nog geen maand nadat Vladimir me van boord gooide en op de kade in Antibes achterliet, precies weer zo'n leven kunnen hebben. Maar dat doe ik dus niet meer.'

'Heeft Vladimir je van boord gegooid?' vroeg Theo geschrokken.

'Niet letterlijk. Hij heeft me naar de wal gebracht en afscheid genomen, voor altijd. Het gaat echt prima met me nu,' verzekerde ze hem glimlachend. 'Echt waar. Ik heb mijn leven op orde. En niemand legt me meer regels op, leest me de les, koopt mijn kleding, vertelt me wanneer ik op moet komen draven of moet vertrekken, met wie ik mag praten of wanneer ik de kamer moet verlaten.' Nu ze aan zichzelf had toegegeven hoezeer hij haar in zijn greep had gehad, was ze geschokt geweest. Ze wist dat ze dat nooit meer zou laten gebeuren.

'Waarom belde je me dan niet? Heeft hij je weggestuurd om mij?'

'Misschien, wie weet? Hij dacht dat ik hem had verraden en daar had hij gelijk in. Dat heb ik ook gedaan. Ik moest wel. Wat hij gedaan had met de schilderijen was zo fout, dat kon ik gewoon niet laten gebeuren. Maar waarschijnlijk zou hij me uiteindelijk toch wel weggestuurd hebben en me door een ander hebben vervangen. Zo is hij nu eenmaal.'

Ze had waarschijnlijk gelijk, dacht Theo. Hij had gezien hoe razend Vladimir was op die avond dat hij had geweigerd het schilderij aan hem te verkopen. De kunstroof was natuurlijk zijn wraak geweest.

'Ik heb je niet gebeld omdat ik het allemaal voor mezelf op een rijtje moest zetten, wat ik wil doen, wie ik wil zijn, hoe ik wil leven en wat ik de afgelopen acht jaar gedaan heb. Ik had veel om over na te denken. En ik wilde niet dat iemand me daarbij hielp, zelfs jij niet. Behalve dan mijn klusjesman, Dimitri.' Ze grinnikte. 'Hij is echt geweldig. Hij heeft al mijn IKEA-meubels in elkaar gezet.'

'Heb jij IKEA-meubels? Dat wil ik zien!' Theo moest lachen.

'Kom maar eten, de volgende keer dat je in Parijs bent, als ik heb leren koken.'

Hij glimlachte naar haar. Zijn moeder had het bij het verkeerde eind gehad en hij ook. Ze was niet opnieuw het speeltje van een Russische miljardair. Ze woonde gewoon op zichzelf. 'Wil je even ergens koffiedrinken voordat ik naar het vliegveld moet?'

Ze aarzelde even, knikte toen en samen verlieten ze Drouot. Het stortregende en een straat verderop konden ze een taxi krijgen. Theo gaf het adres op van een bistro waar hij soms met Gabriel naartoe ging.

Ze gingen aan een tafeltje achteraf zitten en bestelden koffie. Hij nam een broodje en vroeg of zij ook iets wilde eten, maar ze sloeg zijn aanbod af. Twee uur lang praatten ze over van alles en nog wat. Hij vertelde ook over het plan van zijn moeder om het restaurant te sluiten en er permanent een museum van te maken. En dat ze af en toe met Gabriel in Parijs verbleef nu ze eindelijk het licht had gezien.

Theo zei dat het mooi was om te zien hoe gelukkig ze samen waren. 'Sommige mensen komen pas laat tot de jaren van verstand. Zo is het bij haar in ieder geval gegaan.'

Natasha knikte. 'Het klinkt alsof hij een heel aardige en lieve man is,' zei ze zacht.

'Dat is hij ook. Hij is altijd zo goed voor haar geweest. Veel beter dan mijn vader ooit was. Dat was een geniale schilder en een onmogelijke man. Gabriel is zoals iedereen zich een vader zou wensen. Hij is altijd vriendelijk, verstandig en behulpzaam. En hij kan het uithouden met mijn moeder.' Theo lachte. 'En wat ga jij nu doen?' vroeg hij.

Even viel er een stilte. Toen zei ze: 'Daar ben ik nog niet helemaal uit. Ik heb een appartement gevonden. Ik volg een cursus aan het Louvre. Ik heb alles wat Vladimir me gegeven heeft verkocht, zodat ik geld heb om van te leven plus nog een beetje spaargeld. Ik wil op zoek gaan naar een baan. Maar eerst wil ik die cursus afmaken. Meer plannen heb ik nog niet.'

'Wil je in Parijs blijven?'

'Misschien... waarschijnlijk... ja... ik denk het wel.'

Weer zag ze eruit als een jong meisje, en hij glimlachte naar haar.

'Mijn moeder is straks op zoek naar iemand die het museum kan leiden. Ze wil niet meer zo gebonden zijn zoals met het restaurant. Dat was heel lang leuk, maar nu wil ze vrij zijn om bij Gabriel te zijn.'

'Dat wil ik ook. Vrij zijn, bedoel ik. Ik heb acht jaar geleefd als een robot, een soort slaaf bijna. Een pop die hij aankleedde om mee te pronken. Dat zou ik nooit meer kunnen. Soms vind ik het best eng, wanneer ik niet weet wat ik doe of waarheen ik op weg ben. Maar dan herinner ik mezelf er weer aan dat ik daar vanzelf wel achter zal komen en dat alles goed zal gaan. Dat denk ik tenminste. Het is niet zo erg als toen hij me op mijn negentiende aantrof. Toen had ik helemaal niets. Nu ben ik zevenentwintig. Het gaat me lukken.'

'Ik ben eenendertig en vraag me zelf soms ook af waar ik naar op weg ben. Het ziet er vaak uit alsof anderen het beter doen. Misschien weet niemand wel hoe het moet.'

'Ik probeer erachter te komen wat ík wil. Zonder dat iemand

anders me vertelt wat ik moet doen.' Dat was echt een grote verandering, dat ze haar eigen beslissingen nam. Het voelde nog heel nieuw allemaal.

'Bel je me als je hulp nodig hebt, Natasha?' drong hij aan. Hij wist dat ze alleen was en geen familie of vrienden had. Dat had ze hem immers verteld, lang geleden toen ze samen hadden geluncht.

'Misschien. Ik weet het niet. Ik heb je nummer bewaard, voor het geval dat. Maar ik wilde het niet gebruiken.'

Hij kon alleen maar raden hoe angstig de afgelopen vier maanden voor haar geweest moesten zijn, nadat Vladimir haar eruit had gegooid, terwijl hij haar eerst zo volledig had afgeschermd en onder controle gehouden. Maar ze leek haar zaakjes op orde te hebben en daar bewonderde hij haar om.

'In het begin wilde ik met niemand praten en wilde ik niet dat iemand me hielp. Ik moest het zelf doen. En ik geloof dat ik het goed heb gedaan. Ik heb nog niet alles uitgevogeld, ik heb nog geen baan bijvoorbeeld, maar ik heb nog tijd.'

'Denk er dan eens over of je in ons nieuwe museum zou willen werken. Dat is misschien interessant, als je in het zuiden zou willen wonen.' Dat deed hem aan nog iets anders denken. 'O, en het huis staat nu leeg. Er zijn boven zes slaapkamers. Vroeger verhuurde mijn moeder die wel eens. Als je een plek nodig hebt om te wonen, of gewoon eens even de tijd wilt nemen om alles op een rijtje te zetten, kun je komen logeren. Zo lang je maar wilt. Die kamers worden deze winter toch niet gebruikt, behalve dan om kunst in op te slaan of tijdelijk als kantoor. Kom maar wanneer je wilt. Je hoeft me niet eens te zien. Ik heb mijn eigen huis, een paar kilometer verderop en ik zou je niet lastigvallen. En mijn moeder woont in de oude studio, of nu in Parijs. Je zou het huis voor jezelf hebben, met nog twee lijfwachten ook om je te beschermen.'

'Dat is een aardig aanbod.'

Hij voelde dat ze er geen gebruik van zou maken. Het enige wat ze nu wilde was onafhankelijk zijn.

'Heb je misschien een nummer waarop ik je kan bereiken?' vroeg hij nonchalant. 'Voor het geval dat.' Ze had het hem niet aangeboden, maar hij wilde niet vertrekken zonder te weten waar ze woonde of hoe hij haar kon bereiken. Ze schreef het nummer op een stukje papier en reikte het hem plechtig aan.

'Jij bent de enige die dit nummer heeft.'

'Ik stuur je een sms'je als ik naar Parijs kom. Ik hoop dat je naar mijn expositie zult komen.' Die was pas over vier maanden en hij hoopte haar voor die tijd al weer gezien te hebben, maar daar was hij niet zeker van. 'En vergeet mijn aanbod niet, hè. Je kunt altijd in het huis in Saint-Paul-de-Vence verblijven. Als je je wilt verstoppen.'

'Dank je wel,' zei ze, en ze liep achter hem aan het restaurant uit.

Hij riep een taxi aan om hem naar het vliegveld te brengen en zij rende naar de metro. Toen de taxi haar passeerde zwaaide hij naar haar.

Theo liet zijn hoofd tegen de rugleuning vallen. Het duizelde hem dat hij haar weer had gezien, haar stem had gehoord. Het was niet te geloven, maar hij begon weer verliefd op haar te worden en deze keer was het nog veel erger. De vorige keer was Natasha een soort gevangene en waren de obstakels onoverkomelijk geweest. Nu was ze eindelijk vrij, maar eigenlijk nog steeds even onbereikbaar. Ze had gezworen dat niemand ooit meer haar vleugels zou kortwieken. Het leek voor Theo of ze altijd net buiten zijn bereik zou zijn.

17

Met frisse moed stortte Theo zich na zijn bezoek aan Parijs weer op zijn werk. Hij keek uit naar zijn volgende expositie en wilde een aantal nieuwe werken daarvoor op tijd afkrijgen. Hij had ook energie gekregen van zijn ontmoeting met Natasha. Ze was voor hem nog steeds betoverend en ongrijpbaar, maar het grote verschil was dat ze nu een normaal leven leidde. Of daar in ieder geval haar uiterste best voor deed. Hij belde haar niet op het nummer dat ze hem gegeven had. Als ze met hem wilde praten zou ze zelf wel bellen, redeneerde hij. Maar dat deed ze niet, de hele maand november bleef het stil.

Marc kwam af en toe langs, als hij even afstand van zijn eigen werk wilde nemen. Hij had een grote opdracht aangenomen voor een plaatselijk museum en het ging goed met hem. Hij beloofde dat hij deze keer wel naar Parijs zou komen voor Theo's expositie.

Maylis was in Parijs, waar ze met Gabriel genoot van de stad. Ze bleef maar zeggen dat ze snel terug zouden komen, maar ze waren duidelijk bezig met het inhalen van alle verloren tijd. Ze lieten zelfs doorschemeren dat ze waarschijnlijk in het voorjaar zouden gaan trouwen. Hun kinderen vonden het aandoenlijk en gunden het hun allebei van harte.

Aan het eind van november raakte het zuiden in de greep van het winterweer. Elke ochtend was de grond bevroren en op de laatste dag van de maand sneeuwde het zelfs licht. Theo vond het een mooi gezicht, maar er was geen verwarming in zijn atelier en hij had ijskoude handen, wat het schilderen nogal bemoeilijkte.

Die avond was hij weer even gaan kijken bij het gesloten restaurant of alles in orde was. Hij draaide net in de schemering de oprit van zijn eigen huis weer op toen hij haar zag. Daar stond ze, met sneeuw op haar haar in de kou. Ze kon er nog niet lang hebben gestaan, want hij was pas een halfuur geleden weggegaan. Haar auto stond op de oprit, maar toch stond ze daar glimlachend buiten, in de neerdwarrelende sneeuw, in haar warme jas en zware laarzen.

Hij wilde niet vragen waarom ze gekomen was, maar Natasha las de vraag in zijn ogen. 'Ik kwam om te vragen of je het meende,' zei ze zacht toen hij voor haar stond.

'Wat meende?' Hij hield zijn adem in, bang als hij was om haar af te schrikken, alsof ze een vogel was die op zijn hand zat en zou wegvliegen als hij maar één beweging maakte.

'Dat ik een tijdje boven het restaurant kon logeren.'

'Natuurlijk kan dat!' Het was zes weken geleden dat hij haar in Parijs had gesproken en hij had sindsdien niets van haar gehoord. En nu stond ze hier plotseling voor zijn neus. Wat een onvoorstelbaar en onverwacht geluk!

'Mijn cursus aan het Louvre is afgelopen en ik ben op zoek naar een baan.' Ze wilde niet laten merken hoe bang dat haar maakte. Ze had het gevoel dat ze niets in haar mars had. Wie zou haar aannemen, op haar leeftijd, met alleen haar werkervaring in de fabriek acht jaar geleden? 'Ik had waarschijnlijk moeten bellen voor ik kwam,' zei ze verontschuldigend. 'Als het niet uitkomt ga ik wel naar een hotel.'

'We hebben zes lege kamers,' zei Theo en zijn stem klonk schor. Hij wilde zeggen dat ze ook wel bij hem kon logeren, maar dat durfde hij niet. 'Ik breng je er wel even heen als je wilt. Er is geen eten, maar we kunnen inkopen doen nadat we je spullen daar hebben gebracht. Zal ik met je meerijden?'

Ze stapten in de auto die Natasha had gehuurd. Ze was helemaal uit Parijs komen rijden, omdat ze er behoefte aan had gehad om haar hoofd leeg te maken. De tocht had tien uur geduurd, maar dat had ze niet erg gevonden.

Een paar minuten later waren ze bij het restaurant. De twee beveiligers, die buiten op wacht stonden, begroetten hem vriendelijk en Theo vertelde hun dat Natasha in het huis zou verblijven. Hij opende de voordeur, schakelde het alarm uit en zette de verwarming aan.

In de zitkamer deed hij de lampen aan. Natasha bekeek de schilderijen die ze eerder ook had gezien en ze waren nog mooier dan ze zich herinnerde. Het was vreemd om samen met Theo in het huis te zijn. De vorige keer had ze hier met Vladimir de kunstwerken bekeken. Ze stopte voor een van de schilderijen en keek Theo glimlachend aan.

'Ik zou eigenlijk ook een van die NIET TE KOOP-bordjes moeten dragen.'

'Maar dan steelt iemand je misschien wel,' zei hij zacht. 'Dat zou ik niet willen.'

'Ik ook niet.' Haar ogen leken heel groot in haar gezicht.

Theo droeg haar tas naar boven en liet haar daar de slaapkamer uitzoeken die ze het prettigst vond. Ook boven draaide hij de verwarming omhoog zodat het er warm zou zijn wanneer ze terugkwamen. Glimlachend liep ze achter hem aan weer naar beneden. Ze gingen naar een restaurantje in de buurt waar ze *socca* serveerden, iets wat Natasha nog niet kende. Tijdens het eten praatten ze honderduit en haalden herinneringen op aan de keren dat ze elkaar gezien hadden.

'Ik weet nog goed dat je me al die vragen stelde toen we samen in Parijs lunchten,' zei ze ernstig. Dat leek nu eeuwen geleden.

'Ik probeerde de keuzes te begrijpen die je had gemaakt. Maar je bent niemand uitleg verschuldigd, hoor.'

'Ik zei toen tegen je dat ik van hem hield en dat hij van mij hield,' zei ze nadenkend. 'Maar nu is me wel duidelijk dat wij eigenlijk geen van beiden wisten wat dat was.' Dat hoofdstuk van haar leven had ook zijn goede kanten gehad, zeker in het begin. Alleen het eind was onplezierig geweest, maar zonder Vladimir zou ze het in Rusland waarschijnlijk niet eens overleefd hebben.

Theo kon het maar niet uit zijn hoofd zetten dat Natasha uiteindelijk alles op het spel had gezet, misschien zelfs haar leven, om hem te helpen. Hij wist dat hij dat nooit zou vergeten. En hij zag dat ze in de maanden dat ze alleen was geweest haar verleden had leren accepteren en er nu vrede mee had. Theo respecteerde de keuzes die ze in haar jonge jaren had gemaakt. Niemand kon weten wat zij in Moskou allemaal had moeten doorstaan en hoe dat haar levensloop had beïnvloed. Hij veroordeelde haar niet, waarom zou hij ook? En alles was nu veranderd, er was een nieuw evenwicht tussen hen.

Natasha bedacht hoe heerlijk het was dat ze nu eindelijk een normaal leven had en zelf keuzes kon maken. Daar had ze zo naar gesnakt. Al het goede wat ze wilde en hoopte lag opeens onder handbereik. Er zouden jaren volgen waarin ze kon leren en groeien, vriendschappen sluiten en echte liefde vinden.

Theo keek haar glimlachend aan toen ze klaar waren met eten.

'Waar kijk je naar?' vroeg ze.

'Je bent geen portret meer, je bent echt.' Nu kon hij haar daadwerkelijk aanraken.

Na het eten maakten ze een wandeling. Het was een kille novemberavond, maar de koude lucht voelde heerlijk fris op hun gezicht. Ze konden doen wat ze wilden en niemand zou hen tegenhouden. Theo stond stil, sloeg zijn armen om Natasha heen en kuste haar. Hand in hand liepen ze terug naar de auto. Het verleden lag achter hen en de toekomst was veelbelovend en vol hoop. Ze hadden elkaar eindelijk gevonden en daarvoor veel moeten overwinnen. Maar nu was de vrouw die zo lang in zijn hoofd had rondgewaard eindelijk bij hem. Hij kuste haar opnieuw en Natasha sloeg haar armen om hem heen en drukte hem dicht tegen zich aan.

Van Danielle Steel zijn verschenen:

Hartslag * Geen groter liefde * Door liefde gedreven * Juwelen * Palomino * Kinderzegen * Spoorloos verdwenen * Ongeluk * Het geschenk * De ring van de hartstocht * Gravin Zoya * Prijs der liefde * Kaleidoscoop * Souvenir van een liefde * Vaders en kinderen * Ster * Bliksem * Het einde van een zomer * Vijf dagen in Parijs * Vleugels * Stille eer * Boze opzet * De ranch * Verslag uit Vietnam * De volmaakte vreemdeling * De geest * De lange weg naar huis * Een zonnestraal * De kloon en ik * Liefde * Het geluk tegemoet * Spiegelbeeld * Bitterzoet * Mijn Russische oma (Oma Danina) * De bruiloft * Onweerstaanbare krachten * De reis * Hoop * De vliegenier * Sprong in het diepe * Thuiskomst * De belofte * De kus * Voor nu en altijd * De overwinning * De villa * Zonsondergang in St.Tropez * Eens in je leven * Vervulde wensen * Het grote huis * Verleiding * Veranderingen * Beschermengel * Als de cirkel rond is * Omzwervingen * Veilige haven * Losprijs * Tweede kans * Echo * (On)mogelijk * Het wonder * Vrijgezellen * Het huis * Het debuut * De kroonprinses * Zussen * Hollywood hotel * Roeping * Trouw aan jezelf * De casanova * Een goede vrouw * Een tijd van hartstocht * Een speciaal geval * Geheimen * Familiealbum * Elke dag is er een * Door dik en dun * De weg van het hart * Het warme Zuiden * Familieband * Erfenis * Hoop is een geschenk * Charles Street 44 * De verjaardag * Hotel Vendôme * Bedrog * Vrienden voor het leven * De fouten van de moeder * Tot in lengte van dagen * Op het eerste gezicht * Puur geluk * Winnaars * Het spel van de macht * Een perfect leven * Pegasus * Verloren zoon * Pluk de dag * Dubbelleven * Van onschatbare waarde * Magie * Vriendschap * Een vrouw van adel